REISE KNOW-HOW im Internet

Aktuelle Reisetipps und Neuigkeiten
Ergänzungen nach Redaktionsschluss
Büchershop und Sonderangebote
Weiterführende Links zu über 100 Ländern

www.reise-know-how.de
info@reise-know-how.de

Wir freuen uns über Anregung und Kritik.

Außerdem in dieser Reihe:

KulturSchock Ägypten
KulturSchock Argentinien
KulturSchock Australien
KulturSchock Brasilien
KulturSchock Cuba
KulturSchock Golfemirate und Oman
KulturSchock Indien
KulturSchock Iran
KulturSchock Islam
KulturSchock Japan
KulturSchock Marokko
KulturSchock Mexiko
KulturSchock Pakistan
KulturSchock Russland
KulturSchock Spanien
KulturSchock Thailand
KulturSchock Türkei
KulturSchock Vietnam
KulturSchock: Leben in fremden Kulturen

Hanne Chen
KulturSchock China

„Mund und Herz sind zweierlei."
Chinesisches Sprichwort

Impressum

Hanne Chen
KulturSchock China

erschienen im
REISE KNOW-HOW Verlag Peter Rump GmbH
Osnabrücker Str. 79
33649 Bielefeld

© Peter Rump 1996, 1998, 1999, 2001, 2002
6., aktualisierte Auflage 2004

Alle Rechte vorbehalten.

Gestaltung
Umschlag: Günter Pawlak (Layout und Realisierung)
Fotos: Stefanie Bechert und Prof. Dr. Rudolf Hauber (sb),
  Chao-kung Chen (ckc), Henrik Jäger (hj), sonst die Autorin
Zitate: die Rechteinhaber lt. Quellenverzeichnis auf Seite 246–248.
 Abdruck mit freundlicher Genehmigung

Lektorat (Aktualisierung): Klaus Werner

Druck und Bindung: Fuldaer Verlagsagentur

ISBN 3-8317-1075-9
Printed in Germany

Dieses Buch ist erhältlich in jeder Buchhandlung der BRD,
der Schweiz, Österreichs, Belgiens und der Niederlande.
Bitte informieren Sie Ihren Buchhändler über folgende Bezugsadressen:
BRD
  Prolit GmbH, Postfach 9, 35461 Fernwald (Annerod)
  sowie alle Barsortimente
Schweiz
  AVA-buch 2000
  Postfach, CH-8910 Affoltern
Österreich
  Mohr Morawa Buchvertrieb GmbH
  Sulzengasse 2, A-1230 Wien
Niederlande, Belgien
  Willems Adventure
  Postbus 403, NL-3140 AK Maassluis

Wer im Buchhandel trotzdem kein Glück hat,
bekommt unsere Bücher auch direkt bei:
Rump Direktversand Heidekampstraße 18,
D-49809 Lingen (Ems) oder über
unseren **Büchershop im Internet:**
www.reise-know-how.de

*Wir freuen uns über Kritik, Kommentare
und Verbesserungsvorschläge.*

*Alle Informationen in diesem Buch sind von
der Autorin mit größter Sorgfalt gesammelt
und vom Lektorat des Verlages gewissenhaft
bearbeitet und überprüft worden.*

*Da inhaltliche und sachliche Fehler nicht ausgeschlossen
werden können, erklärt der Verlag,
dass alle Angaben im Sinne der Produkthaftung
ohne Garantie erfolgen und dass Verlag wie
Autorin keinerlei Verantwortung und
Haftung für inhaltliche und sachliche Fehler
übernehmen.*

*Der Verlag sucht Autoren für weitere
KulturSchock-Bände.*

Hanne Chen

KulturSchock
China

Danksagung
Für die vielen Verbesserungs- und Korrekturvorschläge danke ich meinem Lektor,
Frau Dr. Gudula Linck, sowie Hans und Martin Redies;
für die bereitwillige Auskunft zu den neuesten Trends in China Frau Jing Wang.
Für die gespendeten Fotos danke ich Stefanie Bechert und Prof. Dr. Rudolf Hauber.
Nicht zuletzt möchte ich mich bei meinen Studentinnen und Studenten bedanken,
deren Fragen mich erst auf die Idee gebracht haben, dieses Buch zu schreiben.

Inhaltsverzeichnis

Der kulturhistorische Rahmen: Weltsicht, Geschichte, Sprache

Konfuzianismus, Daoismus, Buddhismus	11
Kult und Magie	25
Kalender und Feste	31
China zwischen 1911 und 1949	35
Die Geschichte der VR China 1949 bis 1976	45
Die Volksrepublik China seit den achtziger Jahren	59
Taiwans neuere Geschichte – von der Militärdiktatur zur Demokratie	67
Die moderne chinesische Umgangssprache	73
Die klassische Schriftsprache	79
Die Schrift	83

Der chinesische Alltag

Höflichkeit	93
Anderer Leute Kinder sterben nie aus	103
Beziehungen	113
Strategien der Konfliktbegrenzung	125
Die Rolle der *Danwei* in der VR China	133
Bildungselite im Wandel der Zeit	137
Die Familie – eine lebenslange Disziplin	143
Frauenrollen früher und heute	149
Hochzeiten in der VR China und in Taiwan	161
Haohan – der tolle Kerl	167
Essen	171
Freizeit	179
Spielsucht – eine sehr chinesische Geschichte	183
Naturliebe und Naturzerstörung	187
Tiere	193

Fremde im chinesischen Kulturkreis

Zwischen Ressentiments und Gastfreundschaft	199
Freundschaften und Mischehen	207
Fremdeln oder die gegenseitige Wahrnehmungsverzerrung	211
„Richtig chinesisch!" – worauf Ausländer achten sollten	227
Unterwegs in Taiwan	227
Unterwegs in der VR China	233

Anhang

Anmerkungen	246
Quellennachweise	248
Lesetipps	249
Glossar	253
Landkarte China	262
Über die Autorin	264

Vorwort

Wie wohl kein zweites Land hat gerade China den Westen immer wieder fasziniert, herausgefordert und verunsichert. Darauf sind viele Chinesen ausgesprochen stolz. „Ihr versteht uns nie!" hört man oft, und dabei denken Chinesen nicht nur an Konventionen wie Essen mit Stäbchen, sondern auch an Phänomene wie z. B. elterliche Liebe, die sie für eine speziell „chinesische" kulturelle Eigenheit halten. Was einem Westler an der chinesischen Kultur tatsächlich fremd ist, wissen die wenigsten einzuschätzen

Umgekehrt kann sich auch kaum ein westlicher Ausländer vorstellen, was ihn in China erwartet und wie er auf die Begegnung mit der fremden Kultur reagieren wird. China-Reportagen im Fernsehen, Dia-Vorträge und Reiseberichte haben uns zwar mit der exotischen Kulisse vertraut gemacht, doch den eigentlichen Kulturschock erfahren wir erst nach Wochen oder Monaten im Land selbst: wenn wir nämlich nach und nach feststellen müssen, dass oft sogar auf der vermeintlich „allgemein menschlichen" Ebene die Verständigung mit den Einheimischen nicht annähernd gelingt. Ständig scheinen wir gegen Wände zu stoßen, in Fettnäpfchen zu treten, uns in Missverständnisse zu verwickeln oder ins offene Messer zu laufen. Den Höhepunkt der Verzweiflung über das schiere Nicht-Verstehen erreichen die einen früher, die anderen später. Warum sagen die Menschen hier ja, wenn sie nein meinen? Warum ist es so schwierig herauszufinden, was sie denken? Warum laden sie jemanden mehrfach mit großer Herzlichkeit ein, wenn sie gar nicht wollen, dass er kommt? Warum behandeln sie ihr Land wie eine Müllkippe? Warum hilft keiner der angefahrenen Frau auf der Straße? Wo ist die berühmte chinesische Höflichkeit? Die Liste ließe sich noch lange fortsetzen, doch die wichtigste Frage lautet vielleicht: Warum komme ich trotz besten Willens mit den Menschen hier nur so schwer zurecht?

China schockiert nicht nur, es erschüttert auch das Selbstverständnis, und nicht wenige Ausländer reagieren darauf mit Abwehr und Zynismus. Das China, das in ihrer Vorstellung existierte, und das China, das sie tatsächlich vorfinden, scheinen nur wenig miteinander zu tun zu haben. Sie fühlen sich regelrecht betrogen. Andere erkennen nach einer Weile, dass die Erfahrung des realen Chinas sie sehr viel mehr bereichert, als das China ihrer Phantasie es je vermochte. Ganz allmählich finden sie auch durch persönliche Begegnungen Zugang zu Chinas Kultur und seinen Bewohnern. Doch dies ist ein langwieriger und mühsamer Prozess, der oftmals von vielen Rückschlägen begleitet ist.

Dieses Buch will helfen, gängige China-Klischees abzubauen und auf die mentalitätsbedingten Schwierigkeiten vorzubereiten, mit denen jeder Westler auf Dauer in China konfrontiert wird. Es kann dem Kulturschock nicht vorbeugen, denn davon wird niemand in China verschont, aber es kann Verständnishilfen anbieten, die ihn abmildern. Wer erkannt hat, worin sich unsere Kulturen voneinander unterscheiden, wird eines Tages mit Staunen wahrzunehmen beginnen, in wie vielen Bereichen sie einander auch gleichen.

Der chinesische Kulturkreis, der hier angesprochen ist, umfasst **das chinesische Kernland** (*ohne* die Gebiete, die von den Minderheiten besiedelt sind, wie etwa Tibet oder Xinjiang) **sowie die Republik Taiwan.** Zwar unterscheidet sich die inzwischen demokratische und kapitalistische Insel vor allem in zivilisatorischer Hinsicht deutlich vom chinesischen Festland, doch andererseits verbindet die Chinesen hier und dort immer noch sehr viel. Vor allem in Südchina werden derzeit die alten chinesischen Traditionen wieder lebendig, die wir auch auf Taiwan finden.

Der erste Teil des Buches ist den kulturhistorischen Rahmenbedingungen gewidmet. Das heutige China ist ohne Kenntnis seiner jüngsten Vergangenheit, seiner Sprache und Schrift und natürlich auch der weltanschaulichen Strömungen nicht zu verstehen. Teil II handelt vom chinesischen Alltag, ist also mitten aus dem Leben gegriffen, während der letzte Teil der Situation des Ausländers bzw. Reisenden in China gewidmet ist.

Zur Transkription

Verwandt wird hier die festlandschinesische Umschrift *hanyu pinyin*, die sich allgemein durchgesetzt hat. Sie hat den Nachteil, dass dem Laien, der sich an ältere Umschriften gewöhnt hat, manche Namen fremdartig erscheinen. Nachfolgend eine Umschriftenliste der häufigsten Namen und Begriffe:

ältere Umschrift	**hanyu pinyin**
Chiang Kaishek	*Jiang Kaishek* (eigtl. *Jiang Jieshi*)
Chou En-lai	*Zhou Enlai*
Kuo-min-tang	*Guomindang*
Lao-tse	*Laozi*
Li Tai-peh	*Li Bai*
Lu Hsün	*Lu Xun*
Majong	*Majiang*
Mao Tse-tung	*Mao Zedong*
Tai-chi	*Taijiquan*
Taoismus	*Daoismus*
Tao-te-king	*Daodejing*
Teng Hsiao-ping	*Deng Xiaoping*
Toufu	*Doufu*

Eventuell unbekannte Worte wie etwa *Xiaojie* oder *Doufu* findet der Leser im **Glossar** kurz erklärt.

Der kulturhistorische Rahmen:

Weltsicht, Geschichte, Sprache

Konfuzianismus, Daoismus, Buddhismus

„Tue nichts, was der Sitte widerspricht!"
(Konfuzius)

„Wenn Ihr die Welt nicht um ihre Einfalt brächtet,
so könntet Ihr Euch mit dem Winde treiben lassen
und verlöret doch nicht eure Mitte."
(Zhuangzi, Buch 14)

„Horche auf den Ton einer Hand!"
(Buddhistisches Meditationsrätsel)

Buddha sei Dank, Frau *Wang* hat ein Söhnchen bekommen. Monatelang hat sie pfundweise Walnüsse gegessen, damit der kleine Schatz schöne schwarze Haare und Augen bekäme. Sie wird ihn *Jinben* nennen: Goldener Ursprung, denn das ist der Name, den der Wahrsager als besonders glücksbringend ausgetüftelt hat.

Es sind drei recht unterschiedliche Weltanschauungen, die sich hier kreuzen und die alle drei von der Wiege bis zur Bahre das Leben der meisten Chinesen begleiten. Konfuzianismus, Daoismus und Buddhismus wurden oft totgesagt, während sie tatsächlich nur vorübergehend unterdrückt waren.

Konfuzianismus

Vor allem der Konfuzianismus hat der chinesischen Gesellschaft ihre typischen Züge verliehen: Er formte ihr Klassendenken, ihre Familienstruktur und ihr schwer durchschaubares Beziehungsgeflecht, in dem die Macht eines einzelnen stets mehr wert war als das Gesetz. Benannt nach dem Philosophen *Konfuzius* (6./5. Jahrhundert v. Chr.), war der Konfuzianismus in seinen Anfängen eine sehr diesseitige Ideologie.

Konfuzius-Statue

„Man ehrt Geister und Dämonen, aber man hält Abstand zu ihnen." [1]
lautete eine der pragmatischen Erkenntnisse des Weisen, denn:

„Wir wissen noch kaum etwas vom Leben, was wüßten wir dann vom Tode?" [2]

Seine Weltzugewandtheit war sein Erfolgsrezept. Es waren drängende praktische Fragen, die die frühen Konfuzianer beschäftigten, allen voran die nach einer soliden Gesellschaftsordnung. Denn *Konfuzius* und seine Schüler lebten in einer Zeit, in der China in viele Einzelreiche zersplittert war: Überall flammten Kämpfe auf. Diesem „Chaos unter dem Himmel" verdankt die Nachwelt allerdings eine später nie mehr erreichte Vielfalt des geistigen Lebens. Die unterschiedlichsten philosophischen Strömungen wetteiferten darum, den Problemen der Epoche zu begegnen.

Das Konzept der Konfuzianer war einseitig und durchsetzungsfähig. Sie sahen die Lösung in einem absolut hierarchischen Herrschaftssystem, das selbst in den privatesten Bereichen wirksam war, da die Familie als kleinste Einheit der Gesellschaft Vorbildcharakter hatte:

„Ist die eigene Person in Ordnung, so ist die Familie in Ordnung. Ist die Familie in Ordnung, so ist der Staat in Ordnung. Ist der Staat in Ordnung, so ist die Welt in Ordnung." [3]

Der einzelne zeichnete sich durch eine Reihe von Tugenden aus, die ungebärdigen, rebellischen und freiheitsliebenden Geistern ein Greuel gewesen sein müssen.

„Ein jüngerer Sohn muß im Hause kindliche Liebe zeigen und außerhalb des Hauses Respekt vor dem Alter, er muß ernst und wahrhaftig sein, überfließen in Liebe zu allen und sich stets zu den Tugendhaften halten. Wenn er nach Ausführung all dessen noch Kraft in sich fühlt, dann mag er sich noch mit Wissenschaft beschäftigen." [4]

Der „Edle" war durchdrungen von Pflichtbewusstsein und Ehrgefühl, er hielt korrekt auf formale Vorschriften bzw. Riten und zügelte sein Temperament. Er war innerlich ausgeglichen, weil er sich stets an das hielt, was recht war:

„Was Sitte und Anstand nicht entspricht, das sieht er nicht; was Sitte und Anstand nicht entspricht, das hört er nicht; was Sitte und Anstand nicht entspricht, das spricht er nicht; was Sitte und Anstand nicht entspricht, das tut er nicht." [5]

Als Sohn diente er seinen Eltern in absolutem Gehorsam. Als Vater war er streng, unnachgiebig, aber wohlwollend, als Beamter unbestechlich und integer. Lieber ließ er sein Leben, als dass er von seinen Prinzipien abwich:

„Fisch liebe ich und Bärentatzen liebe ich auch. Wenn ich die beiden nicht zusammen haben kann, dann verzichte ich auf Fisch und nehme die Bärentatzen. Ebenso liebe ich das Leben und ebenfalls die Gerechtigkeit. Wenn ich beides nicht zusammen haben kann, gebe ich das Leben preis und wähle die Gerechtigkeit." [6]

Der konfuzianische Gelehrte kannte seine Lektüre, die konfuzianischen Klassiker, auswendig. Sein Eifer im Studium durfte niemals nachlassen.

„Lernt so, als ob ihr das Ziel nie erreichen würdet und immer noch fürchten müßtet, es wieder zu verlieren." [7]

Lernen nach konfuzianischen Regeln war noch im vorigen Jahrhundert nahezu hundertprozentig reproduktiv. Lehrer brauchten keine pädagogischen Kenntnisse, da ihre Hauptaufgabe darin bestand, Schüler, denen beim Auswendighersagen Fehler unterliefen, dafür schmerzhaft zu bestrafen (Siehe auch das Kapitel „Bildungselite"). Für Widerspruch, Zweifel oder Kreativität war im Unterricht kein Platz. Dieses Bildungsideal wirkt übrigens noch bis heute nach. Immer noch kann man in Festland-China oder Taiwan auf Lehrer treffen, die im Unterricht ausschließlich Satz für Satz aus dem Lehrbuch vorlesen und die Klasse nachlesen lassen.

Innerhalb der Gemeinschaft war der Konfuzianer Teil einer einfachen, aber strengen Rangordnung. Sie bestand aus den fünf Grundbeziehungen: zwischen Hoch und Niedrig, zwischen Eltern und Kindern, zwischen Mann und Frau, zwischen jüngerem und älterem Bruder und zwischen jüngerem und älterem Freund. Grundbeziehungen heißen sie deswegen, weil sie alle denkbaren Beziehungskonstellationen (außer der gleichberechtigten) abdecken sollen. Sie stehen für die Überlegenheit des männlichen über das weibliche Geschlecht, für den Vorrang des Alters gegenüber den Jungen und die Macht des Hochgestellten über die Untergebenen.

Zwischen Befehlsgeber und Befehlsempfänger sollte eine feinabgestimmte, ungleiche Wechselbeziehung herrschen. Der Herrschende war dazu angehalten, Güte und Menschlichkeit walten zu lassen, die Beherrschten sollten es mit Gehorsam und Pflichterfüllung danken. *Konfuzius* selber ist sich vielleicht des delikaten Gleichgewichts solcher Verhältnisse noch bewusst gewesen:

„Der Fürst ist das Schiff. Seine Untertanen sind das Wasser. Das Wasser ist dasjenige, was das Schiff trägt, aber es kann es auch umwerfen …" [8]

In der Realität dürfte das Verhältnis zwischen denen, die hauptsächlich Rechte, und denen, die hauptsächlich Pflichten hatten, einseitiger gewesen sein. Die

Despotie des Patriarchats spürte jeder einzelne zunächst in der eigenen Familie. Daran hat sich in der bäuerlichen chinesischen Welt bis heute nicht viel geändert, und etwa 80 % der chinesischen Bevölkerung leben auf dem Land. In Taiwan trägt selbst die städtische Gesellschaft noch zum Teil stark patriarchalische Züge, was vielleicht auch der japanischen Besatzungszeit zu verdanken ist: „Es gibt fünf Naturgewalten", lautet ein japanisches Scherzwort, „Feuer, Wasser, Hagel, Blitz und Vater." Dass sich in der solcherart legitimierten Rolle des Familienherrschers vor allem tyrannische und brutale Männer wohlfühlten, ist in der chinesischen Frauenliteratur ein Thema mit geringen Variationen. Gewalttätigkeit auf der einen und Ohnmacht auf der anderen Seite beherrschten in den entsprechenden Schilderungen einen freudlosen Familienalltag, der vielerorts noch nicht der Vergangenheit angehört.

„Kindespietät" war das Stichwort, das jedes Aufbegehren der Jüngeren im Keim ersticken sollte. Vor allem ging es dabei um die Pietät des Sohnes: Neben blindem Gehorsam in Alltagsdingen zeigte sich dessen rechte Gesinnung zum Beispiel auch bei der Wahl seiner Gattin. Seine persönlichen Neigungen hatten hintenanzustehen. Ausgesucht wurde die Frau, die seinen Eltern gefiel. Auch heutzutage sind arrangierte Ehen in ländlichen Gebieten Festland-Chinas keine Seltenheit. Die meisten Zehnjährigen sind schon verlobt.

Zu den wichtigsten Pflichten des Sohnes (zumal des ältesten Sohnes) und seiner Frau gehörte im traditionellen China die **Versorgung der Alten und die Ahnenverehrung**. Die leiblichen Töchter der Familie eigneten sich nicht dazu. Sie waren so nutzlos wie „verschüttetes Wasser", denn sie heirateten und sahen dann ihre Ursprungsfamilie nur noch selten wieder. Die Verantwortung lag damit allein bei den männlichen Nachkommen. Das Schlimmste, was sie sich an Respektlosigkeit gegenüber den Vorfahren leisten konnten, war, keine Söhne in die Welt zu setzen, denn das bedeutete das Aussterben der Familie. Nicht erst in neuerer Zeit machen sich so manche Familien erst gar nicht die Mühe, ein neugeborenes Mädchen aufzuziehen (siehe auch das Kapitel „Fauenrollen") Tochtermord hat lange Tradition. Im Jahre 1083 berichtete der Dichter *Su Dongpo* über die Bauern von Wuchang:

„Besondere Abneigung zeigen sie, mehrere Töchter großzuziehen, was zur Folge hat, daß es in diesem Gebiet mehr Männer als Frauen, also viele Junggesellen, gibt. Oft wird ein Neugeborenes sofort, wenn es das Licht der Welt erblickt hat, in kaltem Wasser ertränkt." [9]

Zurzeit hat China einen Männerüberschuss von fünfzig Millionen.

In seiner **Staatslehre** vertraute der Konfuzianismus ebenfalls auf das patriarchalische Erfolgskonzept. Das Verhältnis zwischen Regierenden und Regierten dachte man sich so wie das zwischen Vater und Sohn mit der Befehlsgewalt auf jener und der Gehorsamspflicht auf dieser Seite. Die Jüngeren hatten gegen die Älteren keine Chance, ein Prinzip, das heutzutage niemand krasser vor Augen führt als die KPCh selbst, deren mächtigste Bonzen zwischen siebzig und neunzig sind.

Die erzieherische Kraft vorgelebter Tugenden wurde höher eingeschätzt als Vorschriften und Gesetze. Der konfuzianische Beamte regierte kraft seiner **ethischen Autorität:**

„Wenn man das Volk mit Verwaltungsmaßnahmen lenken und mit Strafe regieren will, dann wird es die letzteren zu vermeiden suchen, aber keine Scham empfinden. Lenkt man es dagegen mit Tugend und regiert man es mit Schicklichkeit, dann wird es Scham empfinden und gute Grundsätze haben." [10]

Kritiker werfen dem Konfuzianismus vor, auf diese Weise der Geringschätzung verbindlicher Gesetze Vorschub geleistet und dem menschlichen, allzu menschlichen Faktor im gesellschaftlichen Leben zu viel Spielraum gegeben zu haben. Sicher ist, dass die moralische Selbstkontrolle, die der herrschenden Elite theoretisch auferlegt war, in der Praxis nicht immer so funktionierte, wie sie sollte. Da die konfuzianische Hierarchie in erster Linie personen- und nicht gesetzesgebunden war, wurden ihre Vertreter fast automatisch zu Willkür und Machtmissbrauch ermuntert.

Dennoch blieb der Konfuzianismus über zwei Jahrtausende lang die einzige dauerhaft erfolgreiche staatstragende Kraft. Seine Doktrin entsprach den bäuerlichen Strukturen des Landes; die von ihm propagierten ethischen Werte passten mühelos zu fast jeder diktatorischen Regierungsform, und seine Bürokratie überzeugte durch ihre undemokratische Effizienz. Die späteren „roten Mandarine" der KPCh sollten manches davon übernehmen. Seine größte Wirkung entfaltete der Konfuzianismus im familiären Bereich. Er war das geistige Fundament für den chinatypischen Familienegoismus und das Rangdenken innerhalb einer Gemeinschaft. Gerade hier ist er heute so aktuell wie eh und je.

Daoismus

Das Gegenstück zum Konfuzianismus ist der Daoismus, der etwa zeitgleich entstand. Konfuzianischer Staatstreue setzte er eine geradezu anarchistische Verspieltheit entgegen, statt des Familienegoismus betonte er den Egoismus des einzelnen, und den strohtrockenen Tugenden des Edlen begegnete er mit humorvollem Gelächter.

Er ist die wohl schillerndste geistige Strömung Chinas. Zunächst eine Lebensphilosophie, verband er sich später, als er in breiten Volksschichten populär wurde, mit religiösen und folkloristischen Elementen. Als seine Gründungsväter werden **Laozi** (6./5. Jh. v. Chr.?) und *Zhuangzi* (4./5. Jh. v. Chr.?) angesehen. *Laozi*, der unter der Schreibung Lao-tse bekannter war, hinterließ der Legende nach ein schmales Bändchen mit 81 Sprüchen, die dunkel genug waren, um über zwei Jahrtausende lang die Intellektuellen der Welt zur Interpretation herauszufordern:

„Es gibt ein Wesen, gebildet aus dem Unfaßbaren, welches vor Himmel und Erde bestand. Still war es, leer, ganz für sich und unveränderlich. Es bewegte sich nach allen Richtungen, ohne zu erlöschen. Ich kenne seinen Namen nicht, doch sein Zeichen liest sich „Dao". Müßte ich einen Namen für es finden, hieße ich es groß. Groß bedeutet „sich ausdehnen". Sich ausdehnen bedeutet Ferne. Ferne bedeutet Wiederkehr." [11]

Neben solchen mystischen Ausführungen begegnen wir in dem Werk auch handfester **Zivilisationskritik** und Ideen, die zur Grundausrüstung jedes Tyrannen gehören könnten, aber zweifellos ganz naiv gemeint waren:

„Im Altertum regierten die, die sich auf das Dao verstanden, das Volk nicht, indem sie es wissend machten, sondern indem sie es in Einfalt beließen. Denn wenn ein Volk schlecht zu lenken ist, dann liegt es daran, daß es viel weiß. Wer mit Hilfe von Wissenden den Staat regiert, wird zum Räuber am Staate. Wer ohne sie regiert, ist des Staates Segen." [12]

Am besten ist überhaupt der Regent, der sich gar nicht in die Belange seiner Untertanen einmischt:

„Ich handele nicht, und das Volk wandelt sich von selbst. Ich liebe die Ruhe, und das Volk wird von selbst rechtschaffen. Ich verfolge keine Absichten, und das Volk wird von selber reich. Ich habe keine Wünsche, und das Volk ist von selber einfach." [13] Das zufriedene Volk *„hat Schiffe und Wagen, doch keiner fährt damit. Es hat Waffen und Truppen, doch keiner läßt sie antreten."*

Es benutzt keine Schriftzeichen, sondern kehrt zum Gebrauch der Knotenschnüre zurück, denn Einfachheit *„versüßt sein Essen, verschönt seine Kleidung, gibt seinen Wohnstätten Frieden und seinen Sitten Freude. Es kann das benachbarte Reich in der Ferne erblicken, es hört die Laute von dessen Hühnern und Hunden herüberschallen, und doch erreicht man in diesem Volk das höchste Alter, ohne jemals (im Nachbarreich) gewesen zu sein."* [14]

Was wir heute als die gesellschaftliche **Utopie** kulturmüder Aussteiger belächeln mögen, erwies sich im Verlauf der chinesischen Geschichte immer wieder als brisanter Nährboden für Bewegungen gegen das politische Establishment. Eine der erfolgreichsten asiatischen Durchsetzungsstrategien, der passive, gewaltfreie Widerstand, könnte von *Laozi* erfunden worden sein: „*Das weiche Wasser besiegt den harten Stein.*"

Regen Zulauf hatte der Daoismus immer in Zeiten politischer Wirren. Er bot all jenen eine geistige Heimat, die mit der Welt, so wie sie war, nicht zurechtkamen. Das innere Exil der Genügsamkeit und meditativen Versenkung in ein „höheres Wesen" blieb eine Alternative zur Weltsicht der mehr am Diesseits orientierten Konfuzianer.

Im Westen ist es nahezu unbekannt, aber in China selbst fast noch populärer als die Sprüche *Laozis*, es handelt sich um das dem Philosophen **Zhuangzi** zugeschriebene **„Wahre Buch vom Südlichen Blütenland"**. Es ist das mit Abstand pointierteste, humorvollste und poetischste Werk der chinesischen Philosophie, und sicherlich ist es nicht übertrieben, es als das Kultbuch der künstlerischen und geistigen Elite Chinas schlechthin zu bezeichnen: Spuren seines Einflusses finden sich in modernen Romanen ebenso wie in alten Gemälden oder Gedichten.

Das Buch selbst enthält eine Fülle von Anekdoten, Gleichnissen, Diskussionen, Fabeln, Reimsprüchen und alten Mythen, die sich aus den verschiedensten Quellen speisen. Gemeinsam scheint den Verfassern vor allem eins gewesen zu sein: Sie waren wie die frühen Konfuzianer Kinder einer chaotischen und wirren Zeit. Die Schlüsse, die sie aus dem Elend der wankenden Welt zogen, waren allerdings andere. Statt sich aktiv für die Veränderung bestehender Verhältnisse zum Guten einzusetzen, solle der Mensch sich aus dem törichten Treiben der Welt zurückziehen und seinen **Seelenfrieden** im Einklang mit dem großen Dao finden, jenem mystischen Urgrund alles Seienden, das mit Worten nicht zu beschreiben ist. *Wu wei*, **Nicht-Eingreifen** in den natürlichen Lauf der Dinge, lautete die Maxime, denn alle Unordnung in der Welt rühre von denen her, die ihr eine künstliche Ordnung aufzwingen wollten, sprich den Konfuzianern. Sie hätten erst mit ihrem Gerede von Pflichten und Rechten, von Gut und Schlecht, von Oben und Unten Verwirrung in den Herzen der Menschen gestiftet und sie von ihren natürlichen Anlagen entfremdet. Gepriesen der Mensch, der sowenig verwertbare gesellschaftliche Fähigkeiten besitzt, dass er von seinen Zeitgenossen schlichtweg übersehen wird! Er hat Zeit, sich in den großen Frieden der Natur zu versenken und das wahre Leben zu finden. Ein liebevolles späteres Gedicht über *Zhuangzi* lautet:

> „*Der Mann von einst war kein borniter Schreiber.*
> *Er mochte sich kein Amt der Welt erwählen.*
> *Der Zufall gab ihm einen kleinen Posten:*
> *In aller Muße ein paar Bäume zählen.*"
> (Wang Wei, 8. Jh.)

Die hier zutage tretende Verweigerungshaltung erklärt sich wohl zum einen aus den Gefahren, die in politisch unruhigen Zeiten mit weltlicher Verantwortung verbunden waren. Wer nicht aufstieg, konnte nicht tief fallen. Zum anderen wurzelt sie wohl auch in der Autarkie des bäuerlichen Lebens, denn was kümmerte den Bauern in der Provinz die Tagespolitik der Hauptstadt! Ein uraltes Volkslied lautet:

> *„Die Sonne geht auf, dann arbeiten wir.*
> *Die Sonne geht unter, dann rasten wir.*
> *Wir graben Brunnen und trinken.*
> *Wir pflügen Felder und essen.*
> *Was geht des Kaisers Macht uns an?"*

Eine Einstellung zur Obrigkeit, die sich bis heute erhalten hat.

Sowenig der Daoismus eines *Zhuangzi* den aktiven, staatstragenden Kräften gefallen konnte, so sehr hat er doch Chinas Ruheständler stets fasziniert. Der konfuzianische Beamte, der sich nach langen Dienstjahren auf einen Landsitz zurückzog, um das Dao zu studieren, ist geradezu zum Klischee geworden. Das Buch *Zhuangzis*, voll Witz und geistiger Kapriolen, war am Lebensabend eine sehr vergnügliche Lektüre. Denn charakteristisch für *Zhuangzis* Stil ist die

---

Der Dichter *Li Bai* (Tuschezeichnung aus dem 13. Jh.)

Spannung zwischen dem erklärten Ideal der **Selbstvergessenheit** und hellwachem, ja spitzbübischen **Intellekt:**

„Der Kaiser des Südmeeres hieß der Eilige, der Kaiser des Nordmeeres hieß der Plötzliche, der Kaiser der Mitte hieß der Unbewußte. Der Eilige und der Plötzliche trafen sich oft im Reich des Unbewußten, und der Unbewußte behandelte sie stets sehr freundlich. Eines Tages überlegten der Eilige und der Plötzliche, wie sie des Unbewußten Güte vergelten könnten und sprachen: 'Alle Menschen haben sieben Öffnungen zum Sehen, Hören, Essen und Atmen. Nur er allein hat keine. Wir wollen sie ihm bohren.' Jeden Tag bohrten sie ihm eine Öffnung. Am siebten Tage war der Unbewußte tot." [15]

„Huizi sagte zu Zhuangzi: 'Deine Worte sind zu nichts nutze!' Zhuangzi entgegnete: 'Erst wenn man das Unnütze kennt, kann man beginnen, mit seiner Hilfe über das Nützliche zu reden. An Himmel und Erde ist nichts, was nicht riesig wäre. Doch wenn der Mensch geht, so ist ihm jeweils nur soviel von Nutzen, wie seine Fußabdrücke umfassen. Würde man nun zu Seiten der Füße (alle Erde) weggraben bis zur Unterwelt, wäre (die Erde unter seinen Füßen) dann noch immer nützlich?' Huizi sagte: 'Nein.' Zhuangzi sagte: 'Daran erweist sich der Nutzen des Unnützen.'" [16]

„Einst träumte Zhuangzi, daß er ein Schmetterling sei, ein flatternder Schmetterling, der überall hinfliegen konnte und nichts von Zhuangzi wußte. Plötzlich wachte er auf und merkte, daß er tatsächlich Zhuangzi war. Und nun wußte er nicht, ob Zhuangzi nur geträumt hatte, daß er ein Schmetterling sei, oder ob der Schmetterling nur träumte, daß er Zhuangzi sei?" [17]

Bis heute sind übrigens Darstellungen von Schmetterlingen im ganzen ostasiatischen Raum Anspielungen auf diese Geschichte.

Aus dem Daoismus der frühen Mystiker, die der Kraft ihres Geistes und ihres Herzens vertrauten, um Tod und Leben mit einverständlichem Gleichmut hinzunehmen, wurde im Lauf der Jahrhunderte eine bunte Mischung aus schamanistischen Allmachtsphantasien, Magie, Alchemie und diversen dem **Volksglauben** entspringenden Praktiken, die der Verlängerung des Lebens oder gar der Erlangung der Unsterblichkeit dienen sollten. Letzteres machte den Glauben politisch zu einem Risikofaktor. Rebellen, die dank daoistischer Einflüsterungen von ihrer eigenen Unversehrbarkeit überzeugt waren, standen an der Spitze so mancher Volksaufstände wie z. B. des so genannten „Boxeraufstandes" um die Jahrhundertwende. Das Ziel seiner Anhänger war es gewesen, die „fremden Teufel" der Westmächte aus dem Land zu jagen. Stattdessen starben die Boxer zu Tausenden im offenen Kanonenfeuer der Fremden. Ihr Glaube, für weltliche Waffen unverwundbar zu sein, wurde ihnen zum Verhängnis und bescherte China eine Niederlage mehr.

Auch die **Yin-Yang-Philosophie,** Chinas vielleicht älteste Gedankenströmung, verschmolz mit dem volkstümlichen Daoismus. Die Begriffe *yin* und *yang* bezeichnen das weibliche und das männliche Prinzip, das in allen Wesen wirkt. Die Vorstellung leitet sich ab von der Beobachtung, dass Berge eine Sonnen- und eine Schattenseite haben, wobei die Sonnenseite yang und die Schattenseite yin ist. Yang und yin sind also Gegensätze, die sich ergänzen. Die männliche Kraft yang wirkt am stärksten in Licht, Feuer, Trockenheit, Luft, Leichtigkeit, Hitze, Härte oder in der sommerlichen Jahreszeit. Die weibliche Kraft yin wirkt in Dunkel, Wasser, Feuchtigkeit, Schwere, Kälte, Weichheit oder der winterlichen Jahreszeit. Alle Wesen können letzten Endes yin bzw. yang zugeordnet werden. Ein typisches Yin-Tier ist zum Beispiel der Fisch, weil er im Wasser lebt. Ein typisches Yang-Tier ist dagegen der Vogel oder der fliegende Drache. Das Yin-Yang-Denken erfasste jeden Bereich des Lebens, sogar die Küche. Noch heute essen Schwangere vermehrt bestimmte Yang-Speisen in der Hoffnung, dass ihr Kind ein Junge werde! Die traditionelle chinesische Medizin wäre ohne die daoistische Yin-Yang-Philosophie nicht denkbar. Wenn das Gleichgewicht zwischen Yin und Yang im Organismus gestört ist, treten Krankheiten auf, deren Symptome für den Schweregrad der Störung sprechen. Wahrsager und Kalenderspezialisten, die glücksverheißende Tage, Namen oder Taten vorschlagen, berechnen die Yin-Yang-Einflüsse ebenso wie Hongkonger Architekten, die den Bau von Banken und Hotels planen.

Obschon solche magischen Vorstellungen der kühlen Rationalität des frühen Konfuzianismus zuwiderliefen, so waren Daoismus und Konfuzianismus sich dennoch nicht unbedingt spinnefeind. Seine reinsten Vertreter befehdeten sich zwar, aber im Grunde spiegelten beide Richtungen Wesenszüge der chinesischen Volkskultur wider. Der Durchschnitts-Chinese verhielt sich konfuzianisch gegenüber der eigenen Familie, verließ sich bei wichtigen Entscheidungen sicherheitshalber auf seinen Wahrsager und legte gegenüber Staat und Gesellschaft daoistische Nonchalance an den Tag. Soziale Verantwortung übernahm man nur für die Seinen.

Buddhismus

Der Buddhismus, ursprünglich indischer Herkunft, ist die jüngste der großen chinesischen Religionen: Er konnte sich erst in den Jahrhunderten nach der Zeitenwende in China etablieren. Obwohl er sehr viel mit dem Daoismus gemeinsam hat, stieß er doch im Lauf der Zeit auf große Resonanz. Er füllte eine Lücke im geistigen Leben, denn er gab der Sterblichkeit des Menschen einen Sinn. Der Konfuzianismus befasste sich mit trauerrituellen Einzelheiten, der Daoismus bewegte sich angesichts des Todes zwischen Schicksalsergebenheit und Unsterblichkeitsphantasien. Dem Buddhismus blieb es vorbehalten, die Lebenden mit ihrer Vergänglichkeit zu versöhnen. Sein Leitgedanke ist, dass Leben Leiden sei und die **Erlösung vom Leiden** das Eingehen ins Nichts (Nirwana). Um dorthin zu gelangen, muss ein Wesen in allen möglichen Reinkarnationen wiedergeboren werden beziehungsweise einen allmählichen Läuterungsprozess durchlaufen, der im Menschsein gipfelt. Nur dem Menschen ist es möglich, die Erleuchtung zu finden, die den **Weg ins Nirwana** weist. Nur er kann sich frei machen von all den Begierden und Vorlieben, die ihn in irdische Qualen verstricken. Wenn er alle Empfindungen in sich abgetötet hat, außer der des grenzenlosen Mitleids mit den Kreaturen, die den Kreislauf des Lebens und des Sterbens weiter durchlaufen müssen, dann gilt er als Boddhisattva.

Ein **Boddhisattva** weilt im Diesseits, um anderen zur Erleuchtung zu verhelfen, obwohl er eigentlich schon das Jammertal der Illusionen verlassen hat und als Buddha ins Nichts eingehen könnte. Der ferne Trost der Entsagung ist letztes Ziel aller irdischen Hoffnungen:

> *„In späten Jahren heim zur Stille kehren:*
> *Die tausend Dinge rühren nicht das Herz.*
> *Bleibt nur der Wunsch, nichts weiter zu begehren.*
> *Die Leere kennend zieh ich wälderwärts.*
>
> *Ein Wind aus Kiefern weht und löst die Bänder.*
> *Der Bergmond leuchtet auf die Pipa-Saiten.*
> *Du fragst, was ist der Sinn des Seins am Ende?*
> *Das Lied der Fischer auf des Stromes Weiten ..."*
> (Wang Wei, buddhistischer Dichter, 8. Jh.)

Das hier anklingende hohe esoterische Ideal ist in China von alltagsfreundlicheren Varianten bis zur Unkenntlichkeit verändert worden. Nichts, so scheint es, ist den meisten Menschen zu wenig: In der Blütezeit des chinesischen Buddhismus existierte eine **Vielzahl von Glaubensrichtungen,** die mehr oder weniger simple Methoden zur Erlangung ewiger Seligkeit anboten. So gab es die Lehre des „reinen Landes", die besagte, dass alle Menschen, die guten Willens seien und sich ein bis sieben Tage darauf konzentrierten, den Buddha anzurufen, auch in ihrer Todesstunde von ihm selbst ins Paradies geleitet werden würden. Andere Glaubensrichtungen verließen sich darauf, dass das Rezitieren eines bestimmten Sutra aus jeder Not erretten könnte, oder sie ließen sich wie die katholische Kirche im Mittelalter die Erlangung des Seelenheils teuer bezahlen. Im neunten Jahrhundert war die ursprünglich vom Ideal der Besitzlosigkeit beseelte buddhistische Kirche so reich geworden, dass der Staat in Sorge um seine Pfründe eingriff. Tausende von Klöstern wurden beschlagnahmt, die Mönche und Nonnen in den Laienstand zurückgeschickt und die goldenen Buddhastatuen eingeschmolzen. Von diesem Schlag hat sich der Buddhismus in China nicht wieder erholt. Seine verschiedenen Schulen und Sekten bestanden weiterhin und bis in unser Jahrhundert, doch eine breite, alle Schichten der Gesellschaft mobilisierende Volksreligion sollte er nicht mehr werden.

Eine buddhistische Sekte sei an dieser Stelle ausführlicher besprochen, einerseits weil ihr Einfluss auf Ostasiens intellektuelle Elite sehr groß war, andererseits weil sie auch im Westen viel Neugierde und Interesse weckt. Hierzulande ist sie unter dem Namen **Zen** bekannt und wird von vielen für eine japanische Form des Buddhismus gehalten. Tatsächlich kommt Zen aus China – die chinesische Aussprache ist **Chan** – und wurde im 6. Jahrhundert nach Chr. entwickelt. Chan vertraut auf die **plötzliche Erleuchtung** eines Augenblicks: Weder Studien der Lehre Buddhas noch langwierige geistige Übungen müssen dem vorangegangen sein. Die Wahrheit mag einer beim Holzhacken oder Wassertragen spontan erschauen oder ein Meditationsrätsel in seiner völligen

Chan-Malerei: „Zikade" von Bada Shanren (1625–1705)

Unlösbarkeit verhilft zur schlagartigen Erkenntnis. Feste Regeln gibt es dafür nicht. Ebensowenig bürgt die klösterliche Hierarchie für den Erkenntnisstand ihrer Repräsentanten. So sind die Lieblingshelden des Chan nicht etwa ehrwürdige Patriarchen und Äbte, sondern der Koch *Hanshan* und sein Küchenjunge *Shide*, die sich ihre Zeit im Kloster mit allerlei Jux vertrieben und das Weite suchten, als Wissbegierige sie besuchen wollten.

Die chan-typische **Betonung des Spontanen** und Ungekünstelten beeinflusste Literatur und Kunst Ostasiens stark. Eines der schönsten Beispiele dafür ist die chinesische Tuschemalerei. Tuschebilder kann man nicht wie Ölbilder umpinseln, übermalen und umgestalten. Der erste spontane Entwurf muss sitzen. Formen, die der Pinsel vielleicht nur andeutet, vervollkommnen sich im Auge des Betrachters zu anrührenden Stimmungsbildern. Ein Bild, das schlicht „Abendglocken eines fernen Tempels" heißt und aus ein paar dünnen Strichen und zerlaufenen Klecksen besteht, erzeugt bei längerem Hinsehen eine Illusion von Weite und Abendfrieden, in der man das Läuten zu hören meint. Die Kunst des Andeutens, die in der chinesischen Malerei traditionell gepflegt wurde, erreichte in den scheinbar flüchtig hingeworfenen Werken der Chan-Maler ihren einsamen Höhepunkt.

In unserem Jahrhundert gehören die großen buddhistisch inspirierten Kulturleistungen Chinas schon der Vergangenheit an. Auf dem chinesischen Festland standen die buddhistischen Klöster in den letzten Jahrzehnten genauso unter argwöhnischer staatlicher Observation wie religiöse Aktivitäten aller anderen Glaubensrichtungen. So manche heilige Stätte überdauerte überhaupt nur als Touristenattraktion. Ob das derzeit in Südchina wieder aufblühende religiöse Leben zu einer Erneuerung der buddhistischen Kirche führt, wird die Zeit zeigen. In Taiwan beschränkt sich der gläubige, praktizierte Buddhismus im wesentlichen auf die Klöster. Davon abgesehen findet sich buddhistisches Gedankengut auch im Volksglauben wieder, wo er sich harmonisch mit anderen Vorstellungen vermengt.

Das einzige Land innerhalb des „chinesischen" Kulturkreises, in dem eine Variante des Buddhismus noch heute unvermindert lebendig und wichtig ist, ist Tibet. Der **Lamaismus** (tantrischer Buddhismus) wie der tibetische Glaube heißt, eint ein ganzes Volk im gewaltfreien Widerstand gegen die Okkupanten. Die Ermordung eines Fünftels der tibetischen Bevölkerung und die Unterdrückung alles religiösen Lebens seit vierzig Jahren hat nichts daran ändern können.

Kult und Magie

*„Opfert den Geistern so,
als ob es Geister gäbe!"
(Konfuzius, Lun yu, 3.12)*

Die zweite Strophe der auch in China wohlbekannten kommunistischen Internationale lautet:

> *Es rettet uns kein höh'res Wesen, / kein Gott, kein Kaiser, kein Tribun.*
> *Uns aus dem Elend zu erlösen, / können wir nur selber tun.*

Genau unter einer Tafel mit der chinesischen Übersetzung dieses Verses gegen den „Aberglauben" opferten zwei ältere Frauen Räucherstäbchen, zündeten sie an und verrichteten ihre Gebete. Das war 1984 in der südchinesischen Stadt Kanton. Schon damals gab es also Anzeichen dafür, dass es der Partei nicht gelungen war, die religiöse Praxis auf Dauer auszurotten. Inzwischen sind zehn Jahre vergangen, offiziell verboten ist das Brauchtum immer noch, doch Südchina-Reisende erleben ein reges religiöses Leben – ähnlich wie es auf Taiwan zu finden ist.

Ahnen

Anlässlich hoher Festtage und wichtiger Familienangelegenheiten gedenken Chinesen traditionell ihrer Ahnen, denn deren Segen ist für das Wohlergehen der ganzen Familie wichtig. Sie werden über sich anbahnende Heiraten ebenso auf dem laufenden gehalten wie über schwere Krankheiten oder große Sorgen, die die Nachkommen heimsuchen.

Auf Taiwan und in einigen Gegenden Südchinas haben viele Familien ihr eigenes **Ahnentempelchen,** meist ein schlichter, überdachter Raum, der zu einer Seite offen ist. Bild- oder Texttafeln erbaulichen Inhalts können sich darin befinden, dazu ein Sandbecken, in das die Räucherstäbchen gesteckt werden. Sie werden von verschiedenen Familien, die einen gemeinsamen Vorfahren haben, benutzt. Hausaltäre sind kleiner und nur für eine Familie da, erfüllen aber den gleichen Zweck. Zu besonderen Anlässen wird hier symbolisch Essen und Wein geopfert. Die Toten nähren sich von dessen Duft; was übrig bleibt, verzehren die Lebenden. So haben alle etwas davon. Sogar Geld wird gespendet, aber es ist kein diesseitiges Geld, denn das Jenseits hat eine andere Währung. Die Toten benutzen das Totengeld, das ist grobes, gelbes Papier, das am Ende aller Gebete bündelweise angezündet wird und in eigens bereitgestellten Blecheimern verglimmt. Es gibt Tricks, die die Papierpacken schneller entflammen lassen, indem man sie auffächert und lamellenförmig ineinander schiebt. In Taiwan, Hongkong und in Chinas ländlichen Gebieten ersetzt das Totengeld Warnhinweise auf gefährlichen Straßenabschnitten. Wo man die gelben Blätter liegen sieht, hat sich erst kürzlich ein tödlicher Unfall ereignet.

Zum *baibai* (beten) nimmt sich zunächst jedes Familienmitglied (und jeder anwesende Gast) ein paar glimmende Räucherstäbchen. Der oder die Sippenälteste berichtet daraufhin den Ahnen das Wichtigste über die Familie in Kürze, bittet sie um Wohlwollen und verneigt sich dabei mehrfach leicht mit Kopf und/oder vorgebeugtem Oberkörper. Die Umstehenden verneigen sich mit – bei zügigen Betern macht das manchmal einen ziemlich hektischen Eindruck. Anschließend werden die Räucherstäbchen ins Becken gesteckt, das Totengeld verbrannt und das Essen nach einer Weile wieder eingesammelt. In Südchina schließen sich Clans mit gemeinsamen Clannamen zusammen, um gemeinsam in aufwändigen Zeremonien ihren Vorfahren zu opfern. In nordchinesischen Städten, in denen die Parteidisziplin noch eher das Leben bestimmt, wird man Ahnenopfer kaum zu sehen bekommen.

Auch bei **Beerdigungen** gehen die Vorstellungen der Regierenden und Regierten weit auseinander. Die eigentliche chinesische Beerdigung ist die Erdbestattung. Bei mehr als einer Milliarde Menschen bringt das einige Probleme mit sich: der Holzbedarf für die Särge, die Grundwasserverschmutzung und nicht zuletzt schierer Platzmangel! Seit Mitte der achtziger Jahre ist es verboten, Ackerland in Grabstätten umzuwandeln. Dennoch ist die Zahl der Feuerbestattungen auf dem Land rückläufig. Nach konfuzianischer Vorstellung soll eine Leiche möglichst unversehrt sein. Die traditionelle Beisetzungszeremonie beginnt im Haus des Verstorbenen mit einer dreitägigen Totenwache. Gegenstände, die der Tote im Jenseits gebrauchen kann, werden aus Papier nachgebildet und bereitgestellt: Auto, Fernseher, Eisschrank usw. Solche Papiersachen können äußerst kunstvolle Gebilde sein, die gar nicht billig sind. Kurz vor der eigentlichen Bestattung werden sie verbrannt und so im Rauch dem Jenseits überantwortet. Nach der Totenwache lädt man Freunde und Verwandte zu einem Festessen ein. Die Gäste erscheinen in Weiß, der chinesischen Trauerfarbe, und der eine oder andere von ihnen hält eine Rede auf den Verstorbenen. Die Beisetzung *(chubin)* ist Sache der engeren Familienmitglieder und Freunde. Die Grabstätten befinden sich meist auf Hügeln und sind je nach finanzieller Lage mehr oder weniger prächtig. Nach sieben Jahren folgt der zweite Teil der Bestattung: Das Grab wird geöffnet, und die Knochen werden in eine Urne umgefüllt, die auf dem Grab aufgestellt wird. In der Erde ist Platz für die nächste Leiche.

Eine besonders phantasievolle Art, mit dem Jenseits in Kontakt zu treten, entspringt wahrscheinlich uralten **schamanistischen Traditionen.** Sie sind in der Volksrepublik China ebenfalls offiziell verboten, leben in ländlichen Gebieten aber wieder auf. Auf Taiwan kann man mit etwas Glück auch in den Gassen von Großstädten hier und da etwas davon beobachten, zum Beispiel einen halbnackten jungen Mann, der einen Schwerttanz um ein kleines offenes Feuer vollführt. Auf diese Weise versetzt er sich in Trance, um mit einem Geist zu kommunizieren. Manche Leute machen daraus einen Beruf. Sie gelten als medial besonders begabt und stellen die Verbindung zu einem Verstorbenen im

Auftrag von dessen Angehörigen her. Einmal in Trance geraten, so erzählt man, sprechen die Medien genau mit der Stimme, dem Tonfall und dem Dialekt des herbeigerufenen Toten. Aber es gehört sich nicht, ohne zwingenden Grund einen Verstorbenen herbeizuzitieren. Einfach nur Neugierige werden zu solchen Sitzungen nicht zugelassen.

Ein eindrucksvolles Schauspiel bieten auf Taiwan und in ländlichen Gebieten Südchinas die bunten **Geisterumzüge,** die der Vertreibung oder der Anlockung übersinnlicher Mächte dienen. Pauken und Lautsprecher kündigen jeden Umzug schon von weitem an, denn Kult und Krach gehören vor allem in Südchina traditionell eng zusammen. Sehr beliebt ist das Abfackeln von Knallfroschgirlanden, das die größeren Festivitäten begleitet und der Alptraum aller Straßenhunde ist. Nichtortsansässige Chinesen können übrigens auch nicht sagen, welchem Gott oder Geist dabei gehuldigt wird. Die Volksreligion kennt eine Vielzahl kleiner Götter und Geister mit örtlich begrenztem Wirkungsbereich. Da gibt es Stadtgötter, Erdgötter (zuständig für die Dörfer) und Haus- bzw. Herdgötter in den einzelnen Familien. Letztere haben jedes Neujahr im Himmel über die Haushaltsmitglieder Bericht zu geben. Darum schmiert man den kleinen Götterstatuen am Vorabend der „Himmelfahrt" Honig um den Mund, der ihre Rede versüßen soll.

Manche **Lokalgeister** entstehen aus Erzählungen, die sich um Verstorbene, aber auch besondere Tiere oder Naturereignisse ranken. Es gibt Geister, die die Gestalt eines großen schwarzen Hundes annehmen; es gibt Hungergeister, die den Besitz des Unglücklichen auffressen, den sie verfolgen; und es gibt die gefürchteten Geister der Selbstmörder, deren Verzweiflung im Jenseits fortdauert und die Unheil über die Lebenden bringen. Erst nachträglich scheinen sich Geisterlegenden mit buddhistischen und daoistischen Inhalten gefüllt zu haben. Letzten Endes sind solche Zuordnungen aber von keinerlei Bedeutung.

Magie

Eine wichtige Rolle spielen sowohl auf dem Land als auch im Leben moderner städtischer Chinesen die **Kalenderspezialisten.** Man erfragt von ihnen günstige Termine für Hochzeiten, Reiseantritte oder Geschäftsabschlüsse. Fürs Heiraten gilt zum Beispiel der Tag des Frühlingsfestes als besonders günstig. An diesem Tage wimmelt es in den Restaurants der Städte von Hochzeitsgesellschaften.

Praktisch für jede größere Unternehmung gibt es Tabu-Zeiten – das können Tage, Monate oder Jahre sein. Dabei gibt es sehr große lokale Unterschiede. Die Minnan-Chinesen etwa glauben, dass ein Mann, der 29 Jahre alt ist, nicht heiraten soll, weil in ihrem Dialekt „neun" wie „Hund" klingt und somit Unglück verheißt.

Im „Geistermonat" (ca. Juli/August) sind nach buddhistischer Tradition sogar sämtliche riskanten Aktivitäten für die Lebenden verboten, weil dann die Hölle ihre Pforten öffnet und die bösen Geister für einen Monat auf die Erde entlässt: Gefahr droht allen, die reisen, heiraten, umziehen oder ans Meer zum Schwimmen gehen (was die Chinesen ohnehin nicht lieben). Wer jemals in tropischen Gegenden gelebt hat, mag den Sinn dieser Tabus auch anders verstehen. Es ist die heißeste Zeit, und zusätzliche Anstrengungen vermeidet man automatisch.

In einer Athmosphäre, in der der Glaube an spirituelle Kräfte so vital ist, blüht das Geschäft der **Wahrsager.** Obschon *suanming*, das Wahrsagen, nach kommunistischer Ideologie verwerflich ist, suchen auch hohe Kader den Rat der Wahrsager. Es gibt Experten, die aus der Physiognomie, aus den Handflächen, ja sogar aus den Füßen die Zukunft lesen, es gibt andere, die nur Namen, Geburtsort und -datum dazu benötigen. *Suanming* unterscheidet sich von der westlichen Vorstellung vom „Wahrsagen" dadurch, dass es feste Regeln kennt. Das Schicksal wird nicht vorhergesehen, sondern vorausberechnet: *suan* heißt wörtlich rechnen, *ming* ist das Schicksal. Man konsultiert die Wahrsager übrigens nicht nur, um etwas über die Zukunft zu erfahren, sondern sogar, um nachzufragen, ob der Name, den man einem Neugeborenen geben möchte,

Goldfische bringen Glück: Fisch „yu" und Überfluss „yu" klingen gleich

Glück bringt oder ob ein Stellenbewerber seinem Geburtsdatum und Namen nach zum Betrieb passt. Einzelne Vertreter der Wahrsage-Zunft, die mit ihren Voraussagen erschreckend häufig ins Schwarze treffen, verleihen der ganzen Branche die Autorität unumschränkter Glaubwürdigkeit. Fast jeder kennt Beispiele wie dieses: Herrn W. wurde geweissagt, ein Jahr später im Juli an den Folgen eines Verkehrsunfalls zu sterben. So ist es geschehen: Er war auf dem Hintersitz eines Autos eingeschlafen, als das Fahrzeug plötzlich scharf abbremste. Der Mann prallte noch schlafend mit dem Kopf auf eine harte Kante, lag ein paar Wochen im Koma und starb – im Juli. Die vielen anderen, die die ihnen vorhergesagte Todesstunde bei bester Gesundheit überlebt haben, werden da nicht weiter erwähnt.

Eine lange Tradition hat die chinesische **Geomantie** oder das *fengshui*, eine Mischung aus (Landschafts-) Architektur und Geisterbeschwörung. *Fengshui* sorgt dafür, dass unheilvolle Einflüsse von den Wohnstätten der Menschen durch besondere bauliche Vorrichtungen abgelenkt werden, die richtigen Farben an den richtigen Orten zur Geltung kommen und die Möbel so stehen, dass sie den Verkehr der guten Geister nicht behindern. Dass man bei den meisten chinesischen Hotels z. B. durch den Eingang geradeaus auf eine Wand mit Bildschmuck zuläuft, ist auch *fengshui*: Die bösen Geister prallen davor zurück und müssen umkehren. *Fengshui* hat einige einfache Grundregeln wie die, dass Bauwerke mit der Rückfront nach Norden, am besten zu einer nördlichen Hügelkette, liegen und mit der Eingangsfront nach Süden blicken sollten, und eine Vielzahl ungleich komplizierterer Detailvorschriften, von denen einige wohl auch praktisch begründet werden können. *Fengshui* gehört zum Know-how vieler Architekten und wird bei der Errichtung von Hochhäusern, Banken oder Universitäten ebenso berücksichtigt, wie man es zur Erklärung von Krankheiten, Pleiten und Unglücksfällen heranzieht.

Von großer Bedeutung im Alltag ist ferner die **Magie**, **die der** Gleichklang verschiedener **Worte** entfaltet. Viele Krankenhäuser haben in Hongkong und Taiwan (der Bezeichnung nach) keine vierte Etage, weil „vier" auf Mandarin ähnlich ausgesprochen wird wie „Tod" und kein Kranker auf dem vierten, also dem Todesstock liegen möchte. Fische als Wanddekoration zeugen vom Wunsch ihrer Besitzer nach Wohlhabenheit, denn „Fisch" und „Überfluss" klingen ähnlich. Hierin wurzelt die chinesische Vorliebe für Goldfische. Auch bei Geschenken sind Wortgleichklänge zu berücksichtigen. Einem Chinesen eine Wanduhr zu schenken, ist unerhört. Die „Uhr" und das „Ende" haben die gleiche Aussprache: „Mögest du bald sterben!" besagt ein solches Geschenk. Ketten und Armbänder bedeuten dagegen, dass man den Beschenkten an sich „ketten" und „festbinden" möchte.

Kalender und Feste

„Mehre dein Vermögen!"
(Traditioneller chinesischer
Neujahrswunsch)

Der Drache, Symbol des reinen Yang

Mond- oder Bauernkalender

Die verwirrende chinesische Feststellung, dass eine Schwangerschaft zehn Monate dauere, ist nicht der Vorliebe für runde Summen zuzuschreiben, sondern dem alten **Bauernkalender.** Er richtet sich zum Teil nach dem Mond, zählt aber trotzdem 29 bis 30 Tage pro Monat. Ein Jahr hat zwölf Mondmonate, doch müssen in periodischen Abständen Jahre mit dreizehn Mondmonaten zwischengeschaltet werden, damit die Jahreszeiten mit dem Kalender in Übereinstimmung bleiben. Der Mondkalender ist neben dem offiziellen Gregorianischen Kalender auch heute noch in Gebrauch.

Die chinesischen **Festtage** richten sich nach dem alten Bauernkalender, fallen also jedes Jahr auf unterschiedliche Daten des Sonnenkalenders.

Chinesischer Tierkreis

In einem Zwölf-Jahres-Rhythmus lösen sich die chinesischen **Tierkreiszeichen** ab: Ratte, Büffel, Tiger, Hase, Drache, Schlange, Pferd, Schaf, Affe, Hahn, Hund und Schwein. Ähnlich wie mit unseren Sternzeichen verknüpfen sich mit den Tierkreiszeichen bestimmte Vorstellungen, gute und schlechte Eigenschaften, die die in dem betreffenden Jahr geborenen Kinder haben sollen. Im groben orientieren sie sich an denen, die man der betreffenden Tierart zuschreibt: Rege ist die Ratte, geduldig der Büffel, furchtlos der Tiger, bescheiden der Hase, dynamisch

der Drache, schlau die Schlange, liebenswürdig das Pferd, friedlich das Schaf, geschickt der Affe, stolz der Hahn, treu der Hund und gutmütig das Schwein.

Auch Natur und Politik stehen unter dem Einfluss des Tierkreises. Das Jahr 1976 war zum Beispiel das ganz besonders unheilvolle dreizehnmonatige Jahr des Drachen: Es brachte das Erdbeben vom Tangshan, bei dem Hunderttausende starben, sowie den Tod *Zhou Enlais* und des trotz der Kulturrevolution noch hochverehrten *Mao Zidongs*. Glückbringende Jahre sind dagegen die normalen, zwölfmonatigen Drachenjahre. Junge Paare, die kurz davor heiraten, versuchen, ihren Nachwuchs möglichst im Drachenjahr auf die Welt zu bringen. Es sind die besonders geburtenstarken Jahrgänge in China.

Der Chinesische Tierkreis sieht, auf die Jahre verteilt, so aus:

Ratte	1912	1924	1936	1948	1960	1972	1984	1996	2008
Büffel	1913	1925	1937	1949	1961	1973	1985	1997	2009
Tiger	1914	1926	1938	1950	1962	1974	1986	1998	2010
Hase	1915	1927	1939	1951	1963	1975	1987	1999	2011
Drache	1916	1928	1940	1952	1964	1976	1988	2000	2012
Schlange	1917	1929	1941	1953	1965	1977	1989	2001	2013
Pferd	1918	1930	1942	1954	1966	1978	1990	2002	2014
Schaf	1919	1931	1943	1955	1967	1979	1991	2003	2015
Affe	1920	1932	1944	1956	1968	1980	1992	2004	2016
Hahn	1921	1933	1945	1957	1969	1981	1993	2005	2017
Hund	1922	1934	1946	1958	1970	1982	1994	2006	2018
Schwein	1923	1935	1947	1959	1971	1983	1995	2007	2019

Feste

Das wichtigste Fest im Jahr ist das **Neujahrs- oder Frühlingsfest** *(chunjie)*, das am ersten Neumond nach dem 29. Januar stattfindet. Es ist das chinesische Familienfest schlechthin, vergleichbar dem westlichen Weihnachten. Genau wie bei uns kann diese Zeit des trauten Beieinanderseins aller Lieben von den intensivsten familiären Misshelligkeiten begleitet sein – ein offensichtlich kulturübergreifendes Phänomen. Zu Neujahr beschenken die Eltern ihre Kinder: Üblich sind kleinere oder größere Geldsummen in den „roten Umschlägen" *(hongbao)*. Ansonsten besteht die Feier aus einem großen Festessen, viel Knallerei (wie bei uns zu Sylvester), Verwandtenbesuchen und natürlich Opfern für die Ahnen, die bei keiner Gelegenheit vergessen werden dürfen. Die Wohnung wird schon Tage vorher herausgeputzt, und an die Türen werden die neuen Segenszeichen geklebt: Das sind leuchtendrote Papiervierecke, auf die ein chinesisches Zeichen in Gold gedruckt ist, zum Beispiel „Frühling" oder „Glück". Sie werden umgekehrt, also mit dem Kopf nach unten, auf die Tür geheftet, denn „umgekehrt" *(dao)* klingt auf chinesisch wie „gekommen" *(dao)*. Das umgekehrte Zeichen für Frühling an der Tür symbolisiert: „Der Frühling ist gekommen!" Konnte sich früher das chinesische Neujahrsfest über zwei, drei Wochen hinziehen, so dauert es heute in Festland-China und auf Taiwan wenig länger als drei Tage – für viele Leute die längsten und einzigen Ferien des Jahres, denn in ländlichen Gegenden kennt man keinen Sonntag!

Kleinere **Feste** zur Vorbereitung bzw. zum Abschluss des Neujahrsfestes sind das **des Küchengottes** *(zaoshen)*, der im Himmel über „seine" Familie am Jahresende Bericht erstattet, und das **Laternenfest** *(yuanxiaojie)* zwei Wochen nach Neujahr mit Fackelumzügen für die Kinder. Es erinnert an unser Sankt-Martins-Fest.

In den April fällt das **Grabreinigungsfest** *(qingmingjie)*, auch Fest der Klaren Helligkeit genannt. Es ist in der Volksrepublik zu einem Volkstrauertag geworden, an dem man der Kriegs- und Bürgerkriegstoten im Namen der Revolution gedenkt.

Das **Drachenbootfest** *(duanyangjie* oder *duanwujie)* (Mai/Juni) ist eine besondere Attraktion für in- und ausländische Touristen. Es bezieht sich auf einen Dichter im 4. Jahrhundert v. Chr., der sich in einem See aus Verzweiflung über die herbe Niederlage der Vernunft im politischen Leben ertränkte. Die trauernde Bevölkerung, so die Legende weiter, habe daraufhin Reis ins Wasser geworfen, damit die Fische sich nicht vor Hunger an seinem Leichnam vergingen. Zum Andenken daran isst man bis heute an diesem Tag *zongzi*, das sind in Bambusblätter gewickelte Klebreisklumpen mit Fleischstücken, Pilzen, Erdnüssen u. a. Auch die bunt bemalten Drachenboote erinnern an den tragischen Selbstmord. Ursprünglich dazu gedacht, auf Chinas Seen nach der Seele des toten Dichters zu suchen, erfüllen sie heutzutage eher weltliche Zwecke: Die südchinesischen und taiwanesischen Drachenbootrennen sind der bejubelte Höhepunkt des ganzen Festes.

Das leiseste aller Feste ist das **Fest der Verliebten** *(qingrenjie)*. Es findet nach dem Mondkalender im August oder September statt. Dann kommen der Legende nach der „Kuhhirt" und die „Weberin", zwei Sterne, die durch die Milchstraße voneinander getrennt sind, für eine einzige Nacht im Jahr zusammen. Krähen und Elstern bilden im Weltall eine Luftbrücke mit ihren Körpern zwischen ihnen, so dass sie über den Sternenstrom hinwegbalancieren und sich treffen können.

Das **Mittherbst- oder Mondfest** *(zhongqiujie)* wird beim ersten Vollmond im Herbst gefeiert: Es fällt nach dem Bauernkalender auf den 15. Tag des achten Mondmonats. Zum Mondfest verschenkt man kleine kreisrunde Mondkuchen mit pastetenartiger kalorienreicher Füllung. Manchmal ist noch ein Eigelb darin eingebacken, das den runden Herbstmond symbolisiert. Nur wenige scheinen die Küchlein wirklich gern zu essen, doch sind sie sehr verbreitet. Reinheit und Schönheit des Mondes, in vielen Gedichten gefeiert, stehen im Mittelpunkt dieses Festes, das man gemeinsam mit Familie oder guten Freunden verbringt oder derer man aus der Ferne an diesem Tag besonders innig gedenkt. Während man in alten Zeiten oft gemeinsam einen Berg bestieg, um den Mond zu betrachten, feiert man heute prosaischer, indem man zusammen isst und trinkt.

China zwischen 1911 und 1949

*„Ich habe noch das Alte China gesehen,
das für Jahrtausende zu dauern schien.
Ich habe seinen Zusammenbruch miterlebt
und habe erlebt,
wie aus den Trümmern neues Leben blühte.
Im Alten wie im Neuen
war doch etwas Verwandtes:
eben die Seele Chinas, die sich entwickelte,
aber die ihre Milde und Ruhe nicht verloren hat
und hoffentlich nie verlieren wird."
(Richard Wilhelm 1925, in: Die Seele Chinas)*

*„Wenn China nicht untergeht, ist Gott blind"
(Hu Shi um 1919)*

Sun Yat-Sen, der Vater des neuen China

Chinesen sind sich nicht nur ihrer Tradition, sondern auch ihrer Geschichte sehr bewusst. Dynastien wechselten, Kaiser kamen und gingen, und doch wurden die zwei Jahrtausende seit Gründung des Kaiserreiches (221 v. Chr.) als historische Einheit betrachtet. Das Alte China schien unverwüstlich.

Die Abdankung des Kaiserhauses im Jahre 1911 und die Gründung einer modernen Republik nach westlichem Vorbild kam einem Weltuntergang gleich. Die Erschütterungen, die folgen sollten, führten China in eines der blutigsten Jahrhunderte seiner Geschichte.

Die Republik von 1911

Seit den Opiumkriegen, durch die sich die westlichen Mächte gewaltsam Zugang zu China verschafft hatten, gärte es im Lande. Die Regierung, die unfähig war, mit den „fremden Teufeln" fertig zu werden, hatte die Unterstützung weiter Kreise längst verloren. Putschversuche und Aufstände waren in den letzten Jahren der Dynastie häufiger geworden. 1911 gelang es einer Gruppe von Putschisten mit Hilfe des Militärs, das Kaiserhaus zur Abdankung zu zwingen. Der junge Arzt **Sun Yatsen,** der an die Spitze der revolutionären Bewegung gespült worden war, rief im Januar 1911 offiziell die chinesische Republik aus. Wenig später trat er zurück und überließ in realistischer Einschätzung der Machtverhältnisse die Regierung einem General.

Arm an praktischen Erfolgen, aber reich an politischer Phantasie gilt *Dr. Sun* den einen als weltfremder Träumer, den anderen als der „Vater des Neuen China". Größere Bedeutung erlangte die von ihm mitbegründete **Guomindang** (im Folgenden **GMD** abgekürzt) **oder Nationale Volkspartei,** die sich vor allem in den späteren Jahren der Republik als stärkste politische Kraft erweisen sollte. *Sun* hat ihren Aufstieg nicht mehr erlebt. Er starb 1925 als Chef einer kleinen lokalen Regierung in Kanton, wohin er und seine Anhänger sich wegen des Bürgerkriegs in China geflüchtet hatten. Die „drei Grundprinzipien", deren Verwirklichung *Sun* sein politisches Leben gewidmet hatte, nämlich Nationalismus, Demokratisierung und soziale Gerechtigkeit waren jedoch so unscharf und großzügig gefasst, dass auch die mit der GMD konkurrierende KPCh ihre Ziele darin wiedererkennen konnten. Beiden Parteien gilt *Sun* als Visionär eines neuen Zeitalters.

Die Warlords 1916-1927

Fünf Jahre nach ihrer Gründung war die junge Republik bereits vom Verfall bedroht. Die Armee war gespalten; die Truppen bekämpften sich unter der Führung ehrgeiziger Generäle und Abenteurer gegenseitig auf Kosten der Bevölkerung:

"Jeder dieser Kriegsherren verfügte über eine eigene Armee, oft dazu über einen ausländischen Schutzherren und regierte stets seine eigene Provinz, die seine Soldaten durch im voraus zu bezahlende Steuern niederdrückten." [18]

Man erfand Steuern auf Straßennummern, auf Neujahrsschweine, Zähne, Weinkrüge, Straßen, Bankette, Dorfreinigungen, eine Steuer auf die Länge der Tür und die Breite der Fenster, eine Haar- und Blutsteuer, eine Steuer auf Gewichte und Waagen, ja sogar eine Steuer auf die Faulheit. Letztere war für die bestimmt, die keinen Mohn anbauten, denn Opium gehörte zu den begehrtesten Gütern der Warlords. Die Mohnbauern selbst, die oft unter der Aufsicht von Soldaten arbeiten mussten, wurden mit wenig mehr als Almosen entlohnt.[19]

Und auch sonst verbreiteten die Warlords Angst und Schrecken unter der zivilen Bevölkerung. Allein in Sichuan wurden eintausendvierhundert Kriege geführt. Die Zustände in Chengdu (Tschengtu) schilderte *Han Suyin*:

"In Tschengtu waren selbst die Straßen durch gegnerische Parteien zerissen; (...) von einer Straßenseite auf die andere überzuwechseln war mit der Entrichtung von 'Zollgebühren' verbunden, bedeutete es doch, neues Territorium betreten. (...) zu bestimmten Zeiten fanden auf den Hauptstraßen regelmäßig Schlachten statt. Da einer von (den Warlords) einmal etwas von Panzern gehört hatte, beschlagnahmte er alle Karren, auf denen sonst die menschlichen Fäkalien auf die Felder gefahren wurden, umkleidete sie mit Blechkarosserien und schickte in diesen Fahrzeugen seine Soldaten zum Angriff auf den 'Feind'. Die bedauernswerten Düngerkulis mußten die Soldaten in die Schlacht karren wie früher den Dünger auf das Feld und waren von allen Beteiligten am schlimmsten betroffen. (...) Bereits 1917 war Szetschuan eine bankrotte Provinz." [20]

Die Warlords sind geschichtsbewussten Chinesen noch heute in bedrohlicher Erinnerung. Man fürchtet, der Krieg der Armeen könnte sich am Ende des 20. Jahrhunderts wiederholen, wenn nach dem Tode *Deng Xiaopings* ein Machtvakuum entstehen sollte. Die Scharmützel, die den Gerüchten nach 1989 zwischen der Pekinger Division und der Truppeneinheit aus der chinesischen Mongolei wegen des Massakers von Tian'anmen stattfanden, gelten als ungutes Omen.

Die 4.-Mai-Bewegung von 1919

Das Jahrzehnt der Warlords markierte nicht nur den Beginn einer nahezu ununterbrochenen Folge von Heimsuchungen, unter denen vor allem die Bauern zu leiden hatten. Es war zugleich eine Epoche folgenschwerer geistiger Umwälzungen. Sie begann mit dem Entschluss der Allierten, nach dem ersten Weltkrieg die deutschen Hoheitsgebiete in China an Japan zu übertragen, statt sie den Chinesen zurückzugeben. Tief in ihrem Nationalstolz getroffen, organisierten Studenten am **4. Mai 1919** eine Protestdemonstration, der sich weite Teile der Bevölkerung spontan anschlossen. Um China vor dem Untergang zu retten, glaubte man, radikal mit allen überlieferten Vorstellungen brechen zu müssen. Es war die Geburtsstunde der **Generalabrechnung mit dem Konfuzianismus,** dem man die Schuld an aller Schmach gab, die das Land zu erdulden hatte. Sein unflexibles Herrschaftssystem, in dem soziale Ungerechtigkeit und Ungleichheit der Menschen geradezu zum Programm gehörten, seine schwerfälligen elitären Rituale und seine Rückwärtsgewandtheit wurden für Chinas Elend verantwortlich gemacht. Anarchisten, Utopisten und Marxisten drängten auf radikale Lösungen:

„Unsere Zeit ist eine Zeit der Befreiung, und unsere Kultur ist eine Kultur der Befreiung. Das Volk fordert vom Staat Befreiung, die Provinz von der Zentrale, die Kolonien von den Kolonialmächten, die Schwachen von den Starken, die Bauern von den Großgrundbesitzern, die Arbeiter von den Kapitalisten, die Frauen von den Männern und die Kinder von den Altvorderen. Jede gesellschaftliche oder politische Bewegung ist heutzutage eine Befreiungsbewegung!"

„Wir sollten nicht ständig in den Städten umherstreifen und uns zu außerhalb der arbeitenden Gemeinschaft stehenden Kulturstreunern machen, sondern uns persönlich in die Dörfer begeben und auf den grünen Feldern in Nebel und Regen arbeiten, Hacke und Pflug ergreifen und den hart arbeitenden Bauern beistehen. (...) Jene nicht arbeitende, doch essende Intellektuellen-Klasse sollte genauso wie die Kapitalisten hinausgeworfen werden. Die heutige Lage in China ist so, daß Dörfer und Städte zu Gegensätzen, ja zu zwei fast ganz verschiedenen Welten geworden sind. Die Probleme in den Städten, ihre sich ändernde Kultur, berühren die Dörfler nicht im geringsten. Und was das Dorfleben angeht, so hat wahrscheinlich auch kein Städter dafür Interesse oder weiß überhaupt etwas davon. (...) Wir sollten in unserer freien Zeit in die Städte kommen, um uns weiterzubilden und in der Arbeitszeit auf dem Felde den Bauern bei der Arbeit zu helfen. So erst wird sich die Luft der Kultur mit der Luft der schattigen Bäume und dörflichen Kamine vermischen, und aus den stummen alten Dörfern werden neue lebendige Dörfer werden. Die große Gemeinschaft dieser neuen Dörfer wird unser Junges China sein." [21]

Doch das jahrtausendealte Reich „der Lumperei" *(Lin Yutang)* änderte sich nicht von heute auf morgen. Auf die Tagespolitik vermochten die aufgebrachten Revolutionäre kaum Einfluss zu nehmen. Ihre Forderungen wirkten zunächst fast nur auf ideellem Gebiet:

„Leider ist es fast unmöglich, China zu verändern. Schon um einen Stuhl zu verrücken oder einen Ofen zu reparieren, ist Blutvergießen nötig. Aber daß Blut vergossen wird, heißt noch nicht, daß der Stuhl auch verrückt, der Ofen auch repariert ist. Wenn es nicht mit einer großen Peitsche den Rücken ausgepeitscht bekommt, wird China keinen Zentimeter nachgeben. Ich hoffe, daß die Peitsche eines Tages kommen wird - ob im Guten

oder im Bösen ist eine andere Frage -, aber die Peitsche wird ihren Zweck erfüllen. Aber woher und wie sie kommen wird, kann ich nicht sagen." [22]

Noch rund dreißig Jahre sollte es dauern, bis diese Vision Wirklichkeit wurde, und die KPCh mit der Ausmerzung der alten Ideale Ernst machte. Die Vierte-Mai-Bewegung gilt als Wegbereiter der chinesischen kommunistischen Revolution. Ohne sie wäre die **Gründung der KPCh im Jahre 1921** vielleicht folgenlos geblieben. Die KPCh, die zu Beginn genau 57 Mitglieder zählte (unter ihnen *Mao Zidong, Deng Xiaoping* und *Zhou Enlai*), brauchte danach noch fünf Jahre, um sich als zündende politische Kraft zu beweisen.

Chinas Wiedervereinigung 1926-1928 und die Dekade Jiangs 1928-1937

Nach dem Tod *Sun Yatsens* im Jahre 1926 gelang es seinem Schwager, dem General *Jiang Kaishek*, die Führung der GMD an sich zu ziehen. Nur wenig später startete er einen großangelegten Feldzug nach Norden mit dem Ziel, die Herrschaft der Warlords zu beenden und ganz China unter seine Kontrolle zu bringen. Dass er dies innerhalb von weniger als zwei Jahren vollbrachte, hatte verschiedene Ursachen. Unterstützung bekam er von den finanzkräftigen einheimischen Kreisen, aber auch von ausländischen Mächten, insbesondere den USA – und nicht zuletzt von der chinesischen Mafia, die dafür im Gegenzug ungestört ihren Heroin- und Opium-Handel ausbauen durfte.

Auch die linken Kräfte des Landes halfen dem General zunächst, weil sie seine antikommunistische Haltung völlig unterschätzten. Auf Weisung Moskaus organisierten sie in Shanghai im April 1927 einen Arbeiteraufstand, um den anrückenden Truppen *Jiangs* bei der Eroberung der von den Briten kontrollierten Stadt zu helfen. Der **12. April 1927,** der Tag des **Sturms auf Shanghai,** ist als der Tag des großen Verrats in die chinesische Geschichte eingegangen. Statt der Ausländer massakrierte *Jiangs* Armee die aufständische Arbeiterschaft. Eine erbarmungslose Hatz auf die Kommunisten begann. „Der weiße Terror" zwang die Linken dazu, ihre Operationsbasis auf die Dörfer zu verlegen.

Die Einschätzung der Leistungen von *Jiangs* Regierung zwischen 1928 und 1937 variieren je nach Geschichtsbuch. Unbestritten sind enorme Fortschritte beim Ausbau der Infrastruktur. Ebenso unübersehbar müssen die **sozialen Gegensätze** gewesen sein, und zwar sowohl innerhalb der großen Metropolen, wie Nanjing, Shanghai und Peking, als auch auf dem Land. Kinderarbeit und Prostitution waren gang und gäbe. Der „Rasende Reporter" *Kisch* notierte 1932:

„Vierzig Prozent der Textilarbeiter von Shanghai und Wuhan sind kleine Mädchen, vierzig Prozent Frauen und nur zwanzig Prozent Männer. (..) Offener Kinderkauf zu Prosti-

tutionszwecken ist überall im Schwange. Auf den Strichstraßen der großen Städte tauchen mit dem abendlichen Lampenlicht seltsame Gruppen auf: eine Matrone mit blauen Hosen und neben ihr, der Größe nach aufgestellt, in hellblauen Atlaskitteln ihre Sklavinnen, große und kleine. Dieweil die Besitzerin jeden Passanten anspricht und lobpreisend auf ihre Ware hinweist, steht diese teilnahmslos da." [23]

"Fünfjährige müssen Papierdrachen kleben oder die kegelförmigen Staniolpäckchen, das Totengeld. Sechsjährige, Achtjährige schnitzen und bemalen Mahjongsteine, drehen die Handmühlen mit Sojabohnen, kehren Werkstätten aus und tragen Waren aus. ... Bettler hocken dicht aneinander. Auf der vor ihnen liegenden, karierten Leinwand sind ihre Schicksale geschildert; manche, pauperisierte Intellektuelle, schreiben ihre Selbstbiographie mit Kreide auf den Bürgersteig, und der Passant legt sein Almosen auf jenes Quadrat, dessen Inhalt ihn besonders ergreift. Von der Tatsache, daß die Gilde der Bettler keine Frauen aufnimmt, merkt man auf der Straße nichts, die Zahl der Bettlerinnen könnte nicht größer sein." [24]

Elend auf der einen und lebenssprühender Charme auf der anderen Seite verlieh den damaligen Weltstädten Peking und Shanghai ihre typische Atmosphäre. Arm und reich flanierte gleichermaßen durch die Straßen, die von Essensbuden und Straßenhändlern in bunte und chaotische Märkte verwandelt wurden:

"Überall konnte man sich amüsieren, überall war etwas los, gab es etwas für Augen und Ohren. Die frühsommerliche Hitze verlieh der Stadt einen eigenen Zauber, brachte überall in die alten Mauern einen magischen Zauber. Es kümmerte sie weder Tod, noch Unglück oder Leid. Wenn ihre Zeit gekommen war, entfaltete sie ihre ureigene Kraft, versetzte die Herzen von Millionen Menschen in Trance und sang traumgleich ihre Hymne. Sie war schmutzig, sie war schön, war hinfällig, lebendig, chaotisch, gelassen, liebenswert, sie war das große frühsommerliche Beiping (Peking)." [25]

Extrem auffällig war das **soziale Gefälle auf dem Land,** wo sich eine relativ kleine Anzahl von unermesslich reichen Großgrundbesitzern und das Gros landloser Bauernbevölkerung gegenüberstanden. Letztere standen in einem sklavenähnlichen Abhängigkeitsverhältnis von ihren Dienstherren, die aus den Arbeitern jeden nur denkbaren Profit schlugen. In vielen ländlichen Gebieten waren die Bauern während der Feldarbeit z. B. in Baracken auf den Feldern untergebracht, damit sie sich in dortigen Dunggruben entleerten, *„und so gewissermaßen einen Teil der Ausgaben für ihre Ernährung zurückerstatteten. Das führte unter den Tagelöhnern zu der Redensart: 'Sie nehmen deinen Atem, deine Spucke, deinen Schweiß, sie nehmen deine Arbeit, deine Frau und deinen Scheiß.'"* [26]

Tatsächlich waren die Bauern in Sichuan oft so arm, dass sie ihre Frau verkauften oder vermieteten, um zu überleben. Hier, auf dem Land, besonders in

Südchina, *„wo es um die Pachtverhältnisse besonders kraß bestellt war"* [27], fassten die 1927 so vernichtend geschlagenen Kommunisten erneut Fuß. Die Weltwirtschaftskrise und gewaltige Überschwemmungen, die Millionen von Bauern obdachlos machten, verschärften die sozialen Spannungen zusätzlich.

1932 verstärkte Japan seinen militärischen Druck auf China und besetzte die Mandschurei. Zahlreiche Zwischenfälle signalisierten, dass damit **Japans Besitzansprüche in China** noch lange nicht befriedigt waren. So verliefen die frühen dreißiger Jahre für das gebeutelte Land unter unguten Vorzeichen. Nach außen hin galt es, China gegen die japanische Aggression zu verteidigen, im Inneren spitzte sich die Auseinandersetzung zwischen regierungstreuen Truppen *Jiang Kaisheks* und Partisaneneinheiten der erstarkten KPCh zu. Die Bekämpfung der letzteren hatte für *Jiang Kaishek* dabei absoluten Vorrang: *„Die Japaner sind eine Hautkrankheit, die Kommunisten sind eine Herzkrankheit"* war seine Einschätzung der nationalen Lage. 1933 schien die „Herzkrankheit" endgültig besiegt zu sein. Die große kommunistische Basis im südchinesischen Jiangxi war von den nationalistischen Truppen *Jiangs* fast vollständig eingekesselt worden. Die „Rote Armee" entschloss sich zu einer dramatischen Flucht.

Der lange Marsch und Yan'an

Diese Flucht dauerte zwei Jahre, **1933-1935,** und führte quer durch fast ganz China bis in den Norden in die Gegend von Yan'an. Von den 100.000 bis 300.000 Männern[28] (einige wenige Frauen waren auch dabei) hatten etwa 30.000 überlebt. **Der lange Marsch** ist der chinesische Heldenmythos des 20. Jahrhunderts. Der für chinesische Verhältnisse ungewöhnliche Anstand, den die roten Partisanen der Landbevölkerung gegenüber an den Tag legten, gewann ihnen vermutlich mehr Sympathisanten, als jede Propaganda es vermocht hätte: Sie vergewaltigten, plünderten und stahlen nicht. Rührende Geschichten von der Ehrlichkeit der Genossen Soldaten machten die Runde. Ein Teilnehmer des langen Marsches erinnert sich:

„'Genosse Armuhsia, wir Rotarmisten sind mit ganzem Herzen dem Volke verpflichtet. Wir nehmen der Bevölkerung nichts weg. Du hast heute gegen unsere Disziplin verstoßen. Obwohl du den Becher auf einem Haufen gefunden hast, war er doch Eigentum der Bevölkerung und hätte nicht den Weg in deine Tasche finden dürfen. Sieh zu, daß so etwas nicht wieder vorkommt! Es ist eine Unsitte der Kuomintang-Banditen (Truppen Jiangs, Anm. d. Verf.), auf dem Volk herumzutrampeln. Wir dürfen nicht so handeln wie sie. Nun bring den Becher zurück.' Sein Ton war mild, und seine Augen sahen mich sanft an." [29]

Das bis in jüngste Zeit erkennbar große Vertrauen der chinesischen Bevölkerung in „ihre" Volksarmee rührte noch aus diesen Zeiten. So waren es sicherlich keine gespielten Szenen, als 1989 demonstrierende Studenten den Soldaten der Pekinger Division vor laufenden Kameras die Hände reichten: Der Glaube, die Armee des Volkes schieße nicht auf das Volk, wurzelte tief.

Ein weiteres zur Legende gewordenes Merkmal des langen Marsches waren die unmenschlichen Strapazen, denen seine Teilnehmer trotzten. Einer der mörderischen Höhepunkte war die Überquerung der Brücke von Luding mitten ins gegnerische Feuer hinein. Die Brücke bestand lediglich aus Eisenketten, die über einem Abgrund hingen:

„Mit englischen Maschinenpistolen und großen Messern bewaffnet, die sie über den Rücken hängten, jeder zwölf Handgranaten am Koppel, kletterten 22 Helden unter Führung von Kompanieführer Liao über die schaukelnden Brückenketten und waren intensivem feindlichem Feuer ausgesetzt. Jeder von ihnen trug außer seiner vollen Kampfausrüstung noch eine Planke. Sie kämpften und legten gleichzeitig Planken über die Ketten..."

Das wahnwitzige Unternehmen endete mit einem Sieg der Roten Armee:
„Bei Einbruch der Dämmerung hatten wir die ganze Stadt Luding besetzt, und die Brücke war fest in unserer Hand." [30]

Ende Oktober 1935 erreichten schließlich die halb verhungerten Überlebenden des Marsches ihr Ziel. Im Norden von Shaanxi, in Yan'an, errichteten sie eine neue Basis. Bis 1947 sollte **Yan'an die Hauptstadt der Kommunisten** bleiben. Die Idealisten der ersten Stunde, unter ihnen der junge *Mao Zedong* und viele andere, die später Chinas Geschick bestimmen sollten, lebten unter primitivsten Bedingungen in Lößhöhlen. Dennoch gelang es ihnen, in der verarmten Gegend die Bauern zu organisieren, ihnen neben der Feldarbeit Lesen und Schreiben beizubringen, Fabriken zu gründen und Kampftruppen auszubilden.[31]

Die Heldentaten des langen Marsches und die Leistungen der Kommunisten in den rückständigen bäuerlichen Gebieten um Yan'an heizten die revolutionäre Begeisterung an. Die Stimmung des Aufbruchs und der Glaube an eine neue gerechtere Gesellschaft, der den Aufbau von Yan'an beflügelte, übertrug sich später auf weite Kreise der Bevölkerung.

Japanischer Angriff und Besatzung 1937-1945

1937 starteten die Japaner ihren Großangriff auf China. Bis zum Oktober 1938 gelang es ihnen, einen großen Teil des Landes unter ihre Kontrolle zu bringen. Die Regierung *Jiang Kaisheks* floh nach Chongqing in den relativ bedeutungslosen Westen Chinas, während die Hauptstadt Nanjing den Japanern in die Hände fiel. Dem Massaker, das sie dort am 12.12.1937 unter entwaffneten Soldaten und wehrlosen Zivilisten veranstalteten, fielen mehr als dreihunderttausend Menschen, ein Drittel der Bevölkerung, zum Opfer. Es war der traurige Höhepunkt des japanischen Wütens in China. Bis heute sind sie dort die meistgehassten Asiaten überhaupt. Da half es wenig, dass im Mai 1988 ein japanischer Minister die japanische Invasion in China zu einer Verteidigungsoperation umdeutete, die den asiatischen Ländern zur Unabhängigkeit von den Westmächten verhelfen sollte. Er musste auf massiven Protest Chinas und seiner Nachbarn zurücktreten.

Es waren bittere **Hungerjahre,** die China bis zum Rückzug der Japaner durchzustehen hatte. Mit der Milde und der Ruhe, die *Richard Wilhelm* und anderen ausländischen Beobachtern noch zu Beginn des 20. Jahrhunderts aufgefallen war, war es nun vorbei. Die Not war allgegenwärtig geworden. Lebensnotwendige Dinge waren nur zu Wucherpreisen auf dem Schwarzmarkt erhältlich, und oft reichte nicht einmal ein Monatslohn aus, um das Essen für eine Woche zu bezahlen. Sogar die japanischen Truppen begannen unter der allgemeinen Lebensmittelknappheit zu leiden. In Shanghai, so heißt es, beschlagnahmten sie die Champions der Hunderennbahn, die dann ihren Weg in die Kochtöpfe der Militärkantinen nahmen.³²

Wieder waren es die Kommunisten, die im Sinne der chinesischen Bevölkerung handelten und frühzeitig und konsequent den Widerstand gegen die japanische Besatzung organisierten. Viel zu spät ließ sich *Jiang Kaishek* dazu herab, gemeinsam mit den roten Todfeinden die Japaner zu bekämpfen und selbst dann nur halbherzig. Seiner Regierung, die maßgeblich mit Unterstützung der Mafia an die

1937: Japanische Soldaten besetzen die Hauptstadt Nanjing

Macht gekommen war, warf man vor, ganze Waffenlieferungen aus den USA für den Kampf gegen Japan an die Japaner selbst verkauft zu haben, damit diese im Gegenzug in den von ihnen besetzten Gebieten den Opiummarkt der Mafia duldeten. So verloren die Truppen *Jiang Kaisheks* zweifach an Boden. Zum einen mussten sie verheerende Niederlagen im Kampf gegen die Japaner einstecken, z. B. 1944, als sie sich aus sechs Provinzen zurückziehen mussten, zum anderen verfiel ihre Glaubwürdigkeit bei der Bevölkerung, deren Nöte (wie die große Hungerkatastrophe in Henan 1942/43) sie durch Korruption und Schiebung maßgeblich mitverursachten. Unterdessen gelang es den Kommunisten, Anhänger selbst in weltvergessenen Dörfern zu mobilisieren. Ein zeitgenössischer Roman wirft ein Streiflicht auf die damalige kommunistische Überzeugungsarbeit:

„Zhao San sprach mit der Witwe aus dem Ostdorf. Jedesmal, wenn er sie traf, hielt er ihr Vorträge (...) 'Es ist soweit' sagte er. 'Wir müssen unser Land retten. Wer mutig ist, läßt sich nicht zum Sklaven der Unterdrücker machen, sondern ist bereit, durch japanische Bajonette zu sterben.' Zhao San wußte, daß er Chinese war, doch wie oft man es ihm auch erklärte, er begriff doch nie, zu welcher Klasse der Chinesen er gehörte. Dennoch stand er für den Fortschritt des ganzen Dorfes: Früher hatte er nicht einmal gewußt, was ein Staat ist und welchen Landes Bürger er war." [33]

Das, so möchte man anfügen, hat sich bis heute in China noch nicht ganz herumgesprochen. Immer wieder beggnen ausländischen Besuchern Menschen vom Land, denen es nicht in den Kopf will, dass der so seltsam aussehende Fremde aus einem anderem Staat kommt, denn die Existenz eines „Aus"-landes ist ihnen unbekannt. Sie halten Westler für Angehörige einer chinesischen Minderheit wie z. B. die Uighuren, die in Xinjiang leben und unter denen es ja auch blauäugige Menschen gibt.

Japans Rückzug aus China wurde schließlich weder von den Kommunisten noch von den Truppen der GMD bewirkt. Die Atombomben auf Hiroshima und Nagasaki im August 1945 sowie die sowjetische Kriegserklärung an Japan waren wohl ausschlaggebend.

Die entscheidende Schlacht um China fand jetzt erst statt. Zwischen den *„beiden Skorpionen in der Flasche"*, wie KPCh und GMD genannt wurden, brach 1946 der offene Bürgerkrieg aus. In drei großen Schlachten zwischen 1947 und Ende 1948 wurden die von den USA favorisierten regierungstreuen Truppen von den kommunistischen Einheiten aufgerieben. *Jiang Kaishek* und seine Restverbände flohen über das Meer nach Taiwan. 1949 hatte die KPCh das Festland fast vollkommen unter Kontrolle. Am **1. Oktober 1949** rief *Mao Zedong* in Peking auf dem Platz von Tian'anmen die **Gründung der Volksrepublik China** aus mit den Worten:

„Das chinesische Volk ist aufgestanden. Niemand wird es mehr unterdrücken."

Die Geschichte der VR China
1949 bis 1976

*„Wir sind die besten Sportler der Welt. Wir haben
schon soviele Bewegungen mitgemacht."*
(Volksspott)

Statue von Mao Zedong

Die Anfangsjahre der Volksrepublik

Bei allen Vorbehalten gegenüber der Propaganda, die die Selbstdarstellung von Diktaturen mit sich bringt: Die Begeisterung für die kommunistische Partei muss in den Anfangszeiten der Republik gewaltig und die Dankbarkeit groß gewesen sein. Eine junge Pekingerin erzählte:

„Meine Eltern sind Ende der sechziger Jahre für zehn Jahre zur Zwangsarbeit nach Heilongjiang geschickt worden. Jetzt sind sie endlich wieder zurückgekommen. Ich verstehe nicht warum, aber sie glauben immer noch an die Partei. Das ist typisch für die ältere Generation."

In der Tat findet man selbst heute noch bei alten und älteren Leuten in China viel Idealismus. Sie, die noch mit eigenen Augen gesehen haben, wie Bettelwesen und Prostitution aus den Städten verschwanden, wie das Chaos von Jahrzehnten einer neuen, offenkundig gerechteren Ordnung wich, sie urteilen ganz anders über die Zeiten des „großen Steuermanns" als ihre Kinder. Allenthalben schwingt bei jenen Hochachtung mit, wenn von den Revolutionären der ersten Stunde die Rede ist. Vor allem das Gesetz über die Gleichberechtigung von Mann und Frau und die freie Wahl des Ehepartners wurde von der städtischen Intelligenz mit Enthousiasmus aufgenommen. Ferner ahndete die neue Regierung endlich das Aussetzen oder Ertränken von Neugeborenen mit sichtbarem Erfolg. Es lagen keine toten Babys mehr auf den Straßen wie in früheren Jahren, als es noch einen speziellen Dienst zum allmorgendlichen Einsammeln der kleinen Leichen gegeben hatte.

Mit den Übeltätern des alten feudalen Systems rechnete man auf eine Weise ab, die geradezu zum Markenzeichen der Ära *Mao* werden sollte: Auf großen **Anklage-Versammlungen** wurden die Beschuldigten ihren vermeintlichen Opfern gegenübergestellt und so lange verbal attackiert, bis die anwesende Zuschauermenge in Lynchstimmung geriet.

Die Angeklagten, die kommentarlos zuhören mussten, machten naturgemäß *„eine jämmerliche Figur. Wenn der Politkommissar mit dem Finger auf sie zeigte und fragte, was sie verdienten, heulte die empörte Menge mehr als einmal: 'Den Tod!' Man tötete sie aber nicht an Ort und Stelle, sondern führte sie unter starkem Begleitschutz weg und versprach, sie zu bestrafen.*

Solche Anklageversammlungen, 'Darstellungen der Bitternisse', fanden zu Tausenden auf dem Lande statt, wo die Grundbesitzer und die örtlichen Despoten zuhören mußten, wie die Bauern vor der Öffentlichkeit ihrem Herzen Luft machten. (...) Wenn die öffentlichen Anklagen den Ausländern auch grausam erscheinen mochten - und ihre Presse hat es sich nicht nehmen lassen, ihre Brutalität zu beschreiben -, so trugen sie doch zunächst dazu bei, den Zorn der Bauern zu zügeln oder wenigstens in überschaubare Bahnen zu lenken, statt ihn aufzustacheln. Dennoch gab es Lynchjustiz gegen Grundbesitzer, die als besonders schlimm galten." [34]

Nach offiziellen Angaben, denen zu misstrauen ist, sollen etwa hunderttausend Menschen (nach westlichen Schätzungen mehrere Millionen) diesen ersten „Säuberungen" zum Opfer gefallen sein. Man schätzt allein die Zahl der in Shanghai in einer einzigen Nacht (27./28. 4. 1950) Hingerichteten auf zehntausend. Viele Unschuldige waren darunter. Insgesamt fanden zwischen 1949 und 1952 **sechs große Kampagnen** statt:

- Die Bewegung zur **Bodenreform** (nach westl. Schätzungen „mehrere Millionen" Opfer)
- Die Bewegung zur **Ehereform**
- Die Bewegung zum **Widerstand gegen Amerika** und zur Hilfe für Korea (im Koreakrieg)
- Die Bewegung **gegen die Konterrevolutionäre** (nach westl. Schätzungen 2 Mio. Opfer)
- Die Bewegung **gegen die drei Übel** (Korruption, Verschwendung, Bürokratie) und die Fünf-Anti-Bewegung (u. a. gegen Steuerhinterziehung und Verrat von Staatsgeheimnissen)
- Die Bewegung zur **Gedankenreform** (hauptsächlich auf Intellektuelle zielend)

Das war erst der Anfang. Immer neue Kampagnen sollten folgen: 1954 die Bewegung zum Treuebeweis der hohen Kader; 1955 die Hu-Feng-Bewegung gegen kritische Intellektuelle; 1957 die Bewegung zur Ausrichtung des Arbeitsstiles usw.

Trotz aller Säuberungen war die Bevölkerung in diesen Jahren offensichtlich von großem Optimismus getragen. Selbst bei den Betroffenen regte sich kaum Widerspruch:

„Eines Tages im Juli 1955 hieß es, meine Mutter und die anderen 800 Angestellten des östlichen Verwaltungsbezirks dürften ihre Büroräume bis auf weiteres nicht verlassen. Man hatte eine neue Kampagne zur Aufdeckung versteckter Konterrevolutionäre gestartet. Jeder einzelne mußte gründlich überprüft werden. Meine Mutter akzeptierte diese Maßnahme ohne Murren, ebenso wie ihre Kollegen. Es schien ihr nur zu verständlich, daß die Partei ihre Mitglieder überprüfte, um sicherzustellen, daß die neue Gesellschaft auf einer soliden Grundlage errichtet wurde. Wie bei den meisten ihrer Genossen überwog auch bei ihr der Wunsch, sich voll und ganz der Sache zu widmen, den Ärger über die strenge Maßnahme. (...) Zum Abschied gab mein Vater meiner Mutter noch eine Mahnung mit auf den Weg: 'Sei immer offen und ehrlich zur Partei, verschweige nichts und vertraue voll und ganz auf sie. Sie wird das richtige Urteil über dich fällen.'" [35]

Die offensichtlichen Erfolge der Partei bei der Wiederherstellung der öffentlichen Sicherheit und Ordnung, die gerechtere Aufteilung des Bodens, die Beseitigung der gröbsten Missstände – all das erfüllte viele Menschen mit Dankbarkeit und Bewunderung:

„Alle Menschen waren 1956 von einer Welle freudiger Erregung erfaßt. Wir dachten, der Kampf sei zu Ende und wir könnten uns endlich auf den Aufbau unseres Landes konzentrieren." [36]

Die Hundert-Blumen-Bewegung

Sehr bald schien sich dann sogar politisch ein großes Tauwetter anzubahnen. Im Frühjahr 1957 wurden die Bürger zur Kritik an der Partei und ihren Kadern aufgefordert. Diese erneute Kampagne trug den Titel **„Hundert Blumen"**, denn die Ermunterung zur neuen Meinungsvielfalt erging unter dem Slogan: *„Laßt hundert Blumen blühen und hundert Gedankenrichtungen miteinander wetteifern."* Vor allem Intellektuelle, die ernsthaft glaubten, die Regierenden seien zur Demokratisierung des Systems willens und fähig, äußerten ihre Ansichten.

1966: Kulturrevolution der Roten Garden in Peking

„In öffentlichen Debatten, in Artikeln, Postern und sogar Liedern zeigte sich eine geradezu überwältigende kritische Reaktion. Gewöhnliche Bürger faßten den Mut, niedrigere Preise und das Ende der Rationierung zu fordern. Gelehrte und Lehrer häuften Vorwürfe auf die Häupter der Parteibonzen, die die Ausbildung kontrollierten. (...) Viele forderten sogar offen eine Änderung der Regierungsstruktur." [37]

Nie wieder sind die Intellektuellen des Landes so hereingelegt worden. Vier Monate später gingen die ersten Verhaftungswellen durchs Land. Die so unvorsichtig gewesen waren, den Mund aufzumachen, wurden ihrer Posten enthoben, gesellschaftlich kaltgestellt, verschwanden als „Feinde des Regimes" in Gefägnissen und Lagern oder wurden hingerichtet. Insgesamt sollen 2 Millionen Menschen betroffen gewesen sein. Schicksale wie das des Schriftstellers *Zhang Xianliang*, der für ein einziges Gedicht, im Alter von zwanzig Jahren geschrieben, mehr als zwei Jahrzehnte in diversen Arbeitslagern verbrachte, sind durchaus kein Einzelfall: Seine in dieser Zeit beschlossene (und wieder ausgesetzte) Hinrichtung kommentierte er sarkastisch mit den Worten:

„Ich fühlte, daß ich vor Dankbarkeit zu Tränen gerührt sein sollte: Hier war ich eines Verbrechens schuldig, das ich 1957 begangen hatte, und doch hatten sie meine Exekution um fünfzehn Jahre hinausgeschoben." [38]

Viele der so genannten „Rechtsabweichler", wie man die kritischen Intellektuellen nannte, überlebten die Zwangsarbeit übrigens nicht lange genug, um von den erst 1978 in großem Stil eingeleiteten Rehabilitierungen noch zu profitieren. Die systematische Lahmlegung des chinesischen Geistes- und Kulturlebens unter dem „Großen Steuermann" *Mao*, die mit den „Hundert Blumen" begann, wirkt sich auf Chinas Literatur und Kunst bis heute aus.

„Der große Sprung nach vorn"

Maos nächste größere Kapagne wurde dagegen vor allem **wirtschaftlich ein Desaster.** Sie ist unter dem Namen „Der Große Sprung nach vorn" bekannt geworden und zog eine der schlimmsten Hungerkatastrophen der Weltgeschichte nach sich. In einer kurzen, aber gewaltigen Anstrengung sollte die chinesische Industrie westliches Niveau erreichen. Vor allem die Stahlproduktion wurde dabei ins Visier genommen: Englands Stahlproduktion sollte in fünfzehn Jahren überflügelt werden. Die Bevölkerung wurde dazu aufgerufen, zum Zwecke der Stahlherstellung ihre sämtlichen metallenen Hausgeräte samt den Kochtöpfen zu spenden. Gleichzeitig zog man viele junge Leute zum Aufbau von Fabriken aus der Landwirtschaft ab. Schließlich wurden in ländlichen Gebieten riesige Volkskommunen eingerichtet und den Bauern nicht nur das letzte privat bewirtschaftete Stückchen Land genommen, sondern auch die Möglichkeit, irgend etwas nach eigenem Gusto zu entscheiden. Gegessen wurde nur noch in staatlichen Kantinen, denn wie hätten die Bauern ohne Kochtöpfe auch kochen sollen? Die Kindererziehung wurde von staatlichen Kindergärten übernommen, für die Wäsche wurden staatliche Wäschereien eingerichtet, der Alltag wurde bis hin zur Einrichtung von gemeinsamen Schlafsälen kollektiviert ...

Das ganze Projekt des „großen Sprunges" verleugnete seine utopische Zielsetzung in keiner Weise. Das Motto: *„Eine tüchtige Frau bringt auch ohne Lebensmittel eine Mahlzeit auf den Tisch"* charakterisiert den damaligen Glauben an das Unmögliche sehr treffend. Indes, die alten Kochtöpfe und Hausgeräte, die in den Hinterhof-„Hochöfen" zu Stahl werden sollten, ergaben nichts als Klumpen von wertlosem Metall, die Ernte verrottete auf den Feldern, weil zu viele Arbeitskräfte zum Aufbau der Industrie abgezogen worden waren, und das Ergebnis waren nach westlichen Schätzungen **mehr als 18 Millionen Hungertote** bis Ende 1961. Eine aufs Land verschickte „Rechtsabweichlerin" berichtet:

„Die Kader beauftragten mehrere Leute, andere Möglichkeiten der Nahrungsmittelbeschaffung zu finden. So zerstieß man beispielsweise Maiskolben zu Pulver, mischte es mit etwas Maismehl und buk heiße Brötchen daraus. (...) Unsere Nahrung war damals derart grob, daß wir alle an schwerer Verstopfung litten. Die Mütter mußten ihren Kindern den Stuhlgang sogar mit Stöckchen aus dem Darm holen. Und für uns Erwachsene war es ein ziemliches Problem, in den frostklirrenden Wintermonaten auf die Latrine zu gehen ... (...) Ich nahm stets einen langen, dicken Stock mit, um die verzweifelt hungrigen Schweine abzuwehren, die mir nachliefen und ungestüm versuchten, mir die frischen Exkremente direkt vom Körper wegzufressen. Die Tiere waren groß und wegen ihres großen Hungers gefährlich, darum hatte ich regelrechte Angst vor der täglichen Qual, mühsam zu drücken und dabei die gierigen Schweine abzuwehren." [39]

Die Lage war verzweifelt, aber offiziell wurden gigantische Erfolge verkündet. Nicht zufällig entstand in dieser Zeit jene besondere Art von Rhetorik, die den offiziellen **Polit-Jargon** bis heute prägt und von vielen Ausländern als purer Zynismus empfunden wird:

„Es war eine Zeit, in der die Leute in unvorstellbarer Weise sich selbst und andere belogen und diese Lügen auch noch glaubten. Bauern verfrachteten die Ernteerträge mehrerer Felder auf ein einziges Feld und brüsteten sich mit ihrer „Rekordernte" vor Parteifunktionären. (...) Vielerorts wurden Leute, die sich weigerten, von unerhörten Rekordernten zu berichten, so lange geschlagen, bis sie nachgaben. (...) Manchmal starben die derart Gepeinigten, weil sie sich weigerten, immer höhere Phantasiezahlen anzugeben, oder weil sie nicht genug Zeit hatten, die Zahl weit genug hinaufzutreiben." [40]

„Daß es 1958 nicht gelang, die Ernte einzubringen, hätte ein alarmierender Hinweis auf eine bevorstehende Lebensmittelknappheit sein müssen. Statt dessen wiesen die offiziellen Statistiken für dieses Jahr eine zweistellige Erhöhung der landwirtschaftlichen Erträge aus. In der Volkszeitung, dem Parteiorgan, wurde eine Debatte über die Frage ausgetragen: 'Wie werden wir mit dem Lebensmittelüberschuß fertig?'" [41]

In der **schönen Literatur** entwickelte sich ein charakteristischer Stil, der mit einem Minimum an Spannung und Lebensnähe auskam. Die Partei-„Dichter" entwarfen trockene Bilderbuch-Idyllen, die von edlen Menschen bevölkert wurden.

„Seit Frühlingsbeginn haben die Bauern fleißig gearbeitet und sich gegenseitig an Geschicklichkeit und Tüchtigkeit übertroffen. Sobald der Gruppenführer den Befehl gibt, beginnen die Dörfler wie ein Heer Soldaten mit der Arbeit."

Uneigennützigkeit und pausenloser Einsatz zum Wohle der Gemeinschaft zeichnete vor allem die (literarische) Person des Kaders aus:

„Mit großer Gewissenhaftigkeit setzte er das Leistungssoll fest, teilte die Leute zur Arbeit ein, schrieb die Sollerfüllung am schwarzen Brett an und führte seine Pflichten genau aus. Dabei war er freundlich und las den Dorfbewohnern die Zeitung vor, sobald er sich selbst über alles informiert hatte."

Und auch ein Hinweis auf den allgegenwärtigen Vorsitzenden *Mao* durfte nun nicht mehr fehlen. Der Personenkult um den großen Steuermann hatte bereits begonnen:

„Im Büro der Arbeitsbrigade hängte er ein Bild des Vorsitzenden Mao auf, um den Raum zu beleben." Bunte Bildchen voller Vögel und Blumen wurden daneben gehängt: *„So wirkte das Gebäude bedeutsam und fröhlich zugleich."* [42]

Ein paar Jahre später wurden allerdings auch Vögel und Blumen an den Wänden nicht mehr geduldet. Sie sprachen für eine reaktionäre Gesinnung.

Kurskorrektur und kurzer Aufschwung

Zwischen 1962 und 1965 besserte sich die Lage im Lande wieder. *Mao*, der innerhalb der Partei durch den „Großen Sprung" sehr an Ansehen eingebüßt hatte, musste zunächst zurückstecken. Sein Gegenspieler *Liu Shaoqi* konnte mit eher „rechten" Ansätzen die Wirtschaft innerhalb erstaunlich kurzer Zeit neu beleben: Lohn nach Leistung, Wirtschaftlichkeit und Effizienz waren wieder gefragt, und die Erfolge sprachen für sich. Natürlich brachte das auch wieder Klassenunterschiede zwischen arm und reich mit sich und stand somit im krassen Gegensatz zu der von *Mao* propagierten „klassenlosen Gesellschaft".

Die Kulturrevolution

Die Gegenreaktion des linken Flügels um *Mao* ließ nicht sehr lange auf sich warten. Die „Kulturrevolution" *(wenhua da geming)* sollte an die zehn Jahre dauern und China weit zurückwerfen. Es begann relativ harmlos mit **Maos Bad im Gelben Fluss,** eine große Geste für ein traditionell so schwimmunlustiges Volk. Wir erinnern uns: *Das Volk ist wie das Wasser. Es kann ein Schiff tragen, aber es kann es auch umwerfen ...*

Mao ertrank nicht, und sein fester Wille, die Macht wieder ganz in die Hände zu bekommen, wurde nicht missverstanden. Seine Helfer waren Jugendliche und Kinder samt ihrer ganzen angestauten Frustration und Wut gegen die restriktive Erwachsenenwelt. Sie fühlten sich als *Maos* kleine Soldaten, und sie nannten sich dementsprechend „die Roten Garden". Als *Mao* sich Anfang August persönlich an die ersten Roten Garden wandte und sie zum Sturm auf die alte Funktionärsklasse aufrief, war der Startschuss zur Kulturrevolution gefallen.

„Danach schossen erst in Beijing und bald in ganz China Rote Garden wie Pilze aus dem Boden." [43]

Ihr Ziel war die **Zerschlagung der „Vier Alt":** alte Ideen, alte Sitten, alte Kultur und alte Gebräuche. Verdächtig waren ferner Leute, die Kontakt mit Ausländern oder deren Kultur hatten. Schon der Besitz einer Beethovenschallplatte konnte lebensgefährlich werden. Zu den ersten Opfern gehörten Schul- und Universitätslehrer, später wurde der Kreis der verdächtigen reaktionären Personen so sehr erweitert, dass praktisch jeder unter Verwandten und Freunden Betroffene kannte. Die Bewegung eskalierte. Rote Garden stürmten Häuser und schlugen deren Bewohner krankenhausreif, sie verbrannten private Kunst- und Büchersammlungen, zertrümmerten Mobiliar und schoren ihren Opfern eine Hälfte des Kopfes kahl, was man Yin-yang-Frisur nannte nach dem klassischen Symbol mit der hellen (yang) Seite und der dunklen (yin) Seite.

„Die Ungewißheit, wo die Rotgardisten als nächstes auftauchen, wen sie verurteilen oder welche harmlosen Besitztümer sie verdächtig finden würden, machte die Menschen zunehmend nervös und auf Selbstschutz bedacht. (...) Viele Leute lieferten den Rotgardisten freiwillig Informationen über Nachbarn und Bekannte, in dem verzweifelten Versuch, sich durch solche Treuebeweise vor Schaden zu bewahren." [44]

Der Fanatismus trieb exotische Blüten. In vielen Städten brach tagelang der Verkehr völlig zusammen, weil die jugendlichen Roten Garden die Verkehrspolizisten außer Dienst gesetzt hatten. Sie hoben den Rechtsverkehr auf, denn rechts war reaktionär, und entschieden, dass Rot die Farbe des Fortschritts, also eine Aufforderung zum Weitergehen, sei. *„An den wenigen großen Straßenkreuzungen brach Chaos aus."* [45] Einfache Alltagsangelegenheiten wurden zum Politikum:

„Wollte man telefonieren, konnte es geschehen, daß die Vermittlerin nicht 'Guten Tag' sagte, sondern: 'Diene dem Volk.' Darauf mußte man erwidern: 'Gründlich und vollkommen.' Erst dann fragte sie, welche Nummer man anrufen wolle. (...) Beim Einkaufen traf man unweigerlich auf Verkäufer, die Rotgardisten waren und Fragen über die drei Artikel oder das Rote Buch stellten. Bevor man etwas kaufen konnte, mußte man erst mit dem richtigen Zitat antworten." [46]

Manchmal war der **Terror, den die Kinder und Jugendlichen verbreiteten,** mehr absurd als gefährlich. Die in dem Chaos dieser Monate sich oft selbst überlassenen Heranwachsenden erfüllten ihre politischen „Aufgaben" zum Teil nur aus purem Zeitvertreib, zumal ja auch die Schulen geschlossen worden waren. Die Dozentin *Yue Daiyun* berichtete über Nachbarskinder:

„Meist spielten oder rauften sie miteinander. Langweilten sie sich, kamen sie zu uns und fragten, welche Verbrechen wir begangen hätten; sie genossen es, uns zwingen zu können, die Köpfe zu neigen und zu gestehen, daß wir etwas Unrechtes getan hatten. Am Ende des Arbeitstages (...) spuckten sie uns oft an und ließen uns das 'Lied des heulenden Wolfes' singen, das eigens für Mitglieder der schwarzen Bande (Reaktionäre, Anm. d. Verf.) und für Klassenfeinde ersonnen worden war." [47]

Aber es gab weitaus grausamere Rituale. Die Chinesin *Niu-Niu*, die den Ausbruch der Kulturrevolution im Alter von fünf Jahren erlebte, schildert das Schicksal ihrer Großeltern Mamie und Papy, die von den Rotgardisten zu sinnlosem Steineschleppen gezwungen wurden:

„Jeden Tag zwangen sie meinen Großvater zu der gleichen Arbeit. Jeden Tag. Samstag war ein besonderer Tag: mit roten Gesichtern, übersät von blauen Flecken und mit Blut in den Mundwinkeln kamen Papy und Mamie nach Hause. In der Nacht sah ich die Spuren von Schlägen auf ihren Körpern. Ich konnte mir nicht vorstellen, welche besondere Arbeit sie am Wochenende taten, da meine Großmutter mich einschloß, um zu verhindern, daß ich zusah.

Ich mußte es einfach erfahren. An einem dieser Samstage kletterte ich durch das Fenster. Und ich sah sie.

Ich sah meine Großeltern auf dem Holzgerüst, den Oberkörper vornübergeneigt, die Hände auf dem Rücken. Eine schwere Eisentafel, die an einer Kette um ihren Hals hing, zwang sie in diese Haltung. Hinter ihnen hing ein farbiges Plakat von Mao Zedong, wie überall in dieser Zeit. (...) Es waren drei- oder vierhundert Leute versammelt, alle sauber angezogen, das kleine Bild Maos auf der Jacke und das rote Buch in der Hand. Zuerst sangen sie eine Hymne zu Ehren Maos, dann deklamierten sie im Chor: 'Es lebe Mao! Es lebe der Kommunismus!' Die Versammlung konnte beginnen. Die lange Schlange der Redner, die nie um Worte verlegen waren, zog auf. Später erfuhr ich, daß das Denunzianten waren, die meine Großeltern verschiedener Missetaten anklagten. (...) ... meine Großeltern sollten auch noch ihren eigenen Tod verlangen, ihre Fehler und ihre Schandtaten zugeben. Sie waren wie erstarrt. Die künstlichen Beweise und die gräßlichen Lügen hatten sie stumm gemacht. Sie bezahlten ihr Schweigen und ihre Unschuld mit weiteren harten Gürtelschlägen mitten ins Gesicht. Das war also ihre Samstagsarbeit!" [48]

Solche Versammlungen hatten in der Volksrepublik China ja schon seit den fünfziger Jahren Tradition. Bereits zur Aburteilung ehemaliger Großgrundbesitzer hatte man sich ihrer bedient. Viele Opfer, die die seelischen und körperlichen Quälereien, die öffentlichen sich vielfach wiederholenden Demütigungen nicht mehr ertragen konnten, brachten sich um. Der Schriftsteller *Wang Zengji* fasste das Entsetzen jener Monate in einer bösen Kurzgeschichte zusammen:

„Klein-Elegant, Klein-Eifrig, Klein-Vorpresch und Klein-Fortschrittlich wohnten alle im Häuserblock neun, Eingang sieben. (...) Den Vater von Klein-Elegant nannte man verächtlich einen 'Wegbereiter des Kapitalismus'."

Die gleichaltrigen Kinder spielten miteinander, sie waren auch dabei, als man den Vater von Klein-Elegant durch die Straßen Spießruten laufen ließ *„und haben gegafft"*. Am liebsten spielten die Kinder mit Katzen. Sie klebten ihnen zum Beispiel Kronkorken unter alle vier Pfoten und freuten sich, wenn die Tiere mit jedem Schritt ausglitten. Später vereinfachten sie ihr Katzenspiel und warfen die Tiere kurzerhand aus dem Fenster des sechsten Stockes. Einmal fingen sie eine besonders große gescheckte Katze, die sie wie immer mitnahmen, um sie aus dem Fenster zu werfen.

„Doch was war passiert? Vor Eingang sieben des neunten Blocks standen Menschen in einem großen Kreis: Klein-Elegants Vater hatte sich aus dem sechsten Stock herabgestürzt. Ein Rettungswagen kam herangebraust, Sanitäter schleppten Klein-Elegants Vater weg.

Daraufhin haben Klein-Elegant, Klein-Vorpresch, Klein-Eifrig und Klein-Fortschrittlich davon abgesehen, die große buntgescheckte Katze aus dem Fenster zu werfen. Sie schenkten ihr die Freiheit." [49]

Das Phänomen, dass sogar Kinder im Handumdrehen zu Mördern werden konnten, bewegte die Erwachsenen vielleicht am nachhaltigsten. Ausgerechnet in China, wo die Jüngeren traditionell ausschließlich gehorsam zu sein hatten (*„Kinder haben Ohren, aber keinen Mund"*), geriet der Aufstand gegen die Autoritäten zu einem **Ausbruch von brachialer Gewalt.** Es war, als ob die jahrhundertelang praktizierte Unterdrückung jugendlicher Ansprüche sich in einer ein-

zigen Explosion rächte. *Yue Daiyun* schildert, wie die Rektorin einer Mädchenschule von ihren minderjährigen Schülerinnen umgebracht wurde:

„Voller Begeisterung für die neue Bewegung hatten sie die Rektorin, die eine der ersten akademisch gebildeten Frauen Chinas gewesen und dadurch berühmt geworden war, gnadenlos gezwungen, durch ein enges unterirdisches Abflußrohr zu kriechen. Als die Rektorin endlich am anderen Ende auftauchte, hatten die Mädchen sie brutal erschlagen. (...) Irgendetwas hatte diese normalerweise schüchternen, sanften und lieben jungen Dinger zu unvorstellbarer Grausamkeit getrieben." [50]

Morgenappell vor einer Fabrik

Wie viele Todesopfer diese Jahre insgesamt forderten, ist ungewiss. Ob weniger als eine Million Menschen umkamen oder sehr viel mehr, wird wohl nie festgestellt werden. Mit Sicherheit aber war es eine Zeit, in der sich die politischen Häftlinge eines Gefängnisses oder Arbeitslagers in China glücklicher schätzen konnten als die kritischen Geister draußen.

1967 geriet der Aufruhr der zornigen jungen Leute vollends außer Kontrolle. Rote Garden lieferten sich im Namen der Revolution Schlachten mit Arbeitern oder anderen Roten Garden. Die Armee musste eingreifen, um wieder staatliche Präsenz zu schaffen, nachdem fast sämtliche zivilen Verwaltungs- und Ordnungskräfte lahmgelegt worden waren. 1968 begannen die **Verschickungen** der inzwischen entwaffneten Jugendlichen. *„Hinunter in die Dörfer und hinauf auf die Berge"* hieß der euphemistische Slogan, dem zwischen 1969 und 1973 insgesamt acht Millionen Schüler und Studenten Folge zu leisten hatten. Auf dem Land sollten sie die Realität der Bauern kennen lernen, an ihrem Leben teilhaben und sich nützlich machen. Die Bauern ihrerseits waren nicht durchweg begeistert von den zusätzlichen Essern, die sie mit durchzufüttern hatten und die an die harte Landarbeit kaum gewöhnt waren.

Faktisch hatte nun **die Armee die Macht übernommen,** und diese war unter Oberbefehl von *Lin Biao* völlig auf *Mao Zedong* eingeschworen. *Maos* Gegenspieler aus den frühen sechziger Jahren, *Liu Shaoqi*, war noch 1969 im Gefängnis gestorben – an den Folgen von Misshandlungen, wie es heißt. Doch auch *Lin Biao*, der neue zweite Mann neben *Mao*, konnte sich nicht lange behaupten. 1971 des Verrats verdächtigt, wurde er wahrscheinlich in Peking erschossen, während er offiziell nach Aufdeckung seines Verrats auf der Flucht in die Mongolei mit dem Flugzeug abgestürzt sein soll.[51]

Zwischen 1972 und 1976 trat die Kulturrevolution in ihre letzte und relativ gesehen ruhigste Phase. Unter Führung von Premier **Zhou Enlai** zeichnete sich eine Stabilisierung der Verhältnisse ab und, wie die Linken argwöhnten, eine neue Rechtsorientierung der Politik. Hinter den Kulissen entbrannte schon wieder Streit zwischen den Parteiflügeln, wobei die linke Fraktion besonders durch *Maos* Frau, *Jiang Qing*, und drei ihrer Mitstreiter repräsentiert wurde. Im öffentlichen Leben äußerte sich der Machtkampf in Kampagnen gegen *Konfuzius*, *Beethoven* (westliche Dekadenz) oder Vertreter der Rechten wie *Deng Xiaoping*. Die Resonanz auf diese Kampagnen blieb vergleichsweise gering. *Zhou Enlai* überlebte alle indirekten und direkten Angriffe auf seine Politik und wurde so in seinen letzten Lebensjahren zum heimlichen Volkshelden. Als er im Januar 1976 an Krebs starb, geriet die Trauerkundgebung der Bevölkerung auf dem Platz zum Tor des Himmlischen Friedens zu einer spontanen politischen Demonstration gegen die Kulturrevolution. Wieder wurden Tausende verhaftet, die Zahl der Hingerichteten blieb wie immer unbekannt.

Wenige Monate später starb auch der greise *Mao*. Die Rechten griffen entschlossen nach der Macht. *Maos* Witwe *Jiang Qing* und ihre drei Mitstreiter wurden verhaftet und später als die **Viererbande** öffentlich angeklagt und verurteilt.

Von der „linken" Politik waren Wissenschaft und Kultur in China übel in Mitleidenschaft gezogen worden: Fast sämtliche renommierten und nicht renommierten Fachkräfte und Künstler waren verhaftet oder umgebracht worden. Von kulturellen Errungenschaften der „Kultur"-revolution kann kaum eine Rede sein, im Gegenteil. Unschätzbar wertvolle Kulturdenkmäler, private Kunstschätze und Büchersammlungen wurden zerstört, was dagegen an Neuem entstand, war fast ausschließlich Parteipropaganda. Gefühle ohne politische Inhalte, wie z. B. Verliebtheit oder Freude an Musik, galten als verpönt. Die kreative Elite stand vor der Wahl, sich dem anzupassen oder unterzugehen:

Einst wollte ich einen Vogel zum Singen bringen

Er sagte: Ich kann
nicht singen, ich will auch nicht.
Es ist nicht Frühling.

Ich packte ihn an der Kehle,
sagte:
Sing doch, sing!
Was ist das für ein Vogel, der nicht singt!

Er wand sich nach Kräften,
aber am Ende sang er nichts.

Jetzt denke ich,
er hatte ja recht.
Er war ja kein Dichter,
dem man sagen kann: Sing!
und dann singt er das ganze Jahr.

Aber damals hatte ich nichts im Sinn,
als ihn zum Singen zu bringen,
und merkte gar nicht,
wie derweil in meiner Hand
dem Frühling leise bebend
der Atem brach.[32]

Mit der **Rehabilitierung inhaftierter Intellektueller** in den späten 70er Jahren endete die Kulturrevolution auch im Bereich des geistigen Lebens.

Insgesamt ist die Kulturrevolution von verschiedenen Leuten äußerst unterschiedlich bewertet worden. Im Westen galt sie vielen Linken zu Beginn der siebziger Jahre als vorbildlich. *Maos* Ausspruch, dass eine Revolution keine Cocktailparty sei, wurde als Entschuldigung für jedes Blutvergießen besonders von jenen angeführt, die zwar schon an einer Cocktailparty, aber noch nie an einer Revolution teilgenommen hatten. Immerhin: Bei der großen Faszination, die die Ziele der Bewegung sogar in Europa ausübten, muss man sich nicht wundern, dass so viele chinesische Jugendliche mit in ihren Sog gerieten.

Die **Spuren der Kulturrevolution** in China sind unübersehbar. Was an Kunstschätzen und alten Büchern in Flammen aufging, lässt sich nicht abschätzen. An der Restaurierung zerstörter Tempel wird zum Teil noch heute gearbeitet. Problematischstes Erbe ist vielleicht die Generation der ehemaligen Roten Garden, die heute als die „verlorene Generation Chinas" bezeichnet wird. Inzwischen sind sie in den Vierzigern, haben ihre besten Jugendjahre als Hilfsarbeiter auf dem Land verbracht und konnten, als sie nach der Kulturrevolution in die Städte zurückkehrten, die verpassten Schul- bzw. Universitätsjahre oft nicht mehr wettmachen. Völlig desillusioniert und vom politischen Idealismus abgefallen, sind andererseits gerade sie besonders befähigt, Chinas Hinwendung zum Kapitalismus mit entsprechender Rücksichtslosigkeit voranzutreiben.

Die „Roten Garden" waren Täter und Opfer zugleich – freilich spricht heutzutage niemand mehr von den Tätern. Im ganzen Land scheinen nur Opfer zu leben. *„Das ist die Schuld der Viererbande"* ist die häufigste Redewendung, die der ausländische Beobachter hören kann, wenn die Rede auf irgend welche Missstände kommt. Heute wird der Sturm, der damals über China hereinbrach, als „zehnjährige Katastrophe" empfunden. Das menschliche Leid, das sie mit sich brachte, der Verlust des Vertrauens in den Nächsten, die Erfahrung von Gewalt und Brutalität sind wohl für alle Beteiligten ein nachhaltiger Schock gewesen. Für diesen Schock und den Neubeginn danach steht ein Vers von *Gu Cheng* (gest. 1994), den jeder lesende Mensch in China kennt:

Eine Generation
Die Nacht hat mir dunkle Augen gegeben.
Ich gehe mit ihnen das Licht suchen.

Die Volksrepublik China seit den achtziger Jahren

„Freiheit ist nur der Abstand zwischen
Jäger und Gejagtem."
(Bei Dao)

Auf dem Markt

Wirtschaftlicher Aufbruch

Die Ära nach der Kulturrevolution ist untrennbar vor allem mit dem Namen eines Mannes verbunden – dem 1977 rehabilitierten **Deng Xiaoping.** Er hatte die Führung über ein desillusioniertes, rückständiges, armes und unendlich graues Land übernommen.

Der Himmel ist grau
Der Weg ist grau
Die Häuser sind grau
Der Regen ist grau

In dem ganzen toten Grau
kommen zwei Kinder daher
Das eine hellrot
Das andere hellgrün[53]

Die Szene ist charakteristisch für die Stimmung in den frühen 80er Jahren, in denen die Menschen zögernd auf eine Besserung der materiellen und politischen Umstände zu hoffen begannen. Während die Erwachsenen selbst noch im grauen und blauen Mao-Look herumliefen, zogen sie doch wenigstens ihre Kinder so bunt wie möglich an – nach all den Jahren ideologischer Indoktrinierung die Vorboten wiedererwachender Lebensfreude.

Dengs Politik der Reformen kam wie ein „Frühling" über das Land. Nach langer Zeit machte sich in der Bevölkerung wieder Optimismus breit – es ging spürbar und schnell aufwärts.

Von den **wirtschaftlichen Reformen** seien hier nur die wichtigsten kurz genannt: Zwischen 1979 und 1984 konzentrierte man sich vor allem auf die Dörfer. Herzstück der Neuerungen war die schrittweise **Entkollektivierung der Landwirtschaft.** Den Bauern wurde (ähnlich wie in einem Pachtverhältnis) Eigenverantwortlichkeit für das von ihnen bebaute Land gegeben; das förderte deren private Initiativen, zumal individuelle Leistungen zunehmend individuell entlohnt wurden. Damit einher gingen Ermutigungen zu „Nebengewerbe" wie Viehzucht oder Fischerei und die Anhebung der Preise für landwirtschaftliche Produkte.

Wichtig war ferner das Vorantreiben von Modernisierungsmaßnahmen, neuen Bewässerungskonzepten und verbesserten Düngemethoden. Großzüge Kreditgewährung sollte finanzielle Engpässe überbrücken helfen. Innerhalb von sieben Jahren verfünffachte sich das bäuerliche Einkommen, die Sparguthaben versiebenfachten sich. 1984 überstieg die Getreideernte erstmals seit über dreißig Jahren den inländischen Bedarf.

Im Zuge der Reformen entstand eine neue Schicht in China – die der so genannten **10.000-Yuan-Haushalte,** das sind Familien, die pro Jahr mehr als zehntausend Yuan verdienen. Deren Selbstbewusstsein und herzerfrischend praktischen Sinn dokumentiert das folgende Interview der Schriftstellerin *Zhang Xinxin* mit einer zu Geld gekommenen Bauersfrau (Auszüge):

„Wir sind nicht nur so ein gottverdammter 10.000-Yuan-Haushalt, wie sie in der Zeitung beschrieben werden, sondern auch ein 10.000-Pfund-Haushalt. Ich züchte Zobel, um Geld zu machen, (mein Mann) hat Land zur Bestellung übernommen, baut Getreide an. (...) Wir zwei machen im Monat 1000 Yuan – die Arbeiter schaffen das im ganzen Jahr nicht ran. (...)

Vom Staat kaufe ich junge Zobel für 80 Yuan das Stück; wenn man ein Paar nimmt und sie etwas länger als ein Jahr füttert, gehen sie für 300 Yuan weg. (...) Wenn kleine Zobel gestorben sind, hab ich geheult; das war noch herzzerreißender als beim Tod meines Vaters. Da kratzte mir mein Geld ab. (...)

Wir haben allerdings noch keine Kinder. Wir haben uns oft im Krankenhaus untersuchen lassen – es fehlt nichts, ich bin nur nicht schwanger geworden. (...) Nur ein Vollidiot will keine Kinder. Vergeßt, was (mein Mann) da so lässig redet – er ist doch noch aufgeregter als ich; ich bin's ja auch, ich muß doch dem Kind die Universität bezahlen; am Geld fehlt's jedenfalls nicht.

Wenn ich erstmal Zeit habe, gehe ich nach Shenzhen, um mir das anzusehen, und dabei auch gleich nach Shanghai. Peking? Da bin ich fünf-, sechsmal gewesen. Himmelstempel, Sommerpalast, Ostwind-Kaufhaus usw. – hat mich nicht umgehauen. Peking-Ente ist zwar gut, aber ich schaff das Schlangestehen nicht. Was gibt's da zu lachen? Ich hab das Geld. Die Pekinger Politik ist in Ordnung, alle kommen zu Geld. Was macht die Kommunistische Partei? Sie rettet die Armen aus ihren Schwierigkeiten! (...)

Wenn man drei Jahre hintereinander ein 10.000-Yuan-Haushalt gewesen ist, ist 'ne Reise nach Shenzhen oder nach Amerika gar nichts – sogar Amerika ist drin! Paß hin oder her – wir armen und unteren Mittelbauern mit unseren Zehntausendern – wo können wir nicht hinfahren!" [54]

Nach den großen Erfolgen der Reformen in der Landwirtschaft nahm man die **Reformierung der städtischen Industrie** in Angriff. Hier bemühte man sich vor allem um folgendes:

- Wiederbelebung der **Leichtindustrie,** die den Bedarf an Konsumgütern decken sollte;
- **Dezentralisierung der Wirtschaftsplanung:** Angebot und Nachfrage sollten stärker die Produktion der kleinen und auch der mittleren Industriebetriebe regulieren;
- Zulassung von **Privatbetrieben;**

- Einrichtung von **„Wirtschaftssonderzonen"** als Experimentierfelder eines gebremsten Kapitalismus unter sozialistischer Führung;
- Gründung von **Joint-venture-Unternehmen** und verstärkter Außenhandel;
- Gewährung von **Krediten statt Subventionierung;**
- allmähliche **Abschaffung des „eisernen Reistopfes",** nach dessen Prinzip auch arbeitsunwillige Mitarbeiter nicht entlassen, sondern weiterhin entlohnt wurden; Einführung einer **Entlohnung nach dem Leistungsprinzip.**

Wenige Wochen nach Beschluss der Reformen im Oktober 1984 wurde das Angebot an Konsumgütern in den Städten praktisch von Tag zu Tag größer. Auf einmal gab es Honig zu kaufen, eine zweite Sorte Marmelade kam auf den Markt, allenthalben eröffneten kleine private Essensbuden, und die ersten Nachtmärkte (heutzutage eine Selbstverständlichkeit) entstanden. Inzwischen hat sich das Bild chinesischer Städte so rasant geändert, dass sich einstige Besucher staunend die Augen reiben. Markenartikel oder Kleider, die so manchem ausländischen Touristen schon zu teuer sind, finden ebenso reißenden Absatz wie bester französischer Cognac, der in allen größeren Kaufhäusern zu haben ist:

„Die Läden quellen über von Waren jeder Art, an Kundschaft fehlt es nicht. (.) Hier flanieren und kaufen die elegantesten jungen Frauen der Stadt, die es sich offenbar leisten können, nicht vor Preisen zu erschrecken, die trotz des Sommerschlußverkaufs etwa deutsches Niveau haben."[55]

Nach einer Marketing-Umfrage (1997) unter Shanghaier Studenten sind über die Hälfte der Frauen bereit, bis zu 125 US-Dollar für ein Stadtkostüm auszugeben, 5 % würden sogar mehr als das Doppelte dafür bezahlen. Begehrt sind westliche Markenartikel: die Marke Esprit ist schon von 50 % der Befragten gekauft worden, Dior immerhin von 10 %. Städtische Jugendliche tragen bevorzugt Jeans und Nike-Turnschuhe, trinken wie ihre Altersgenossen im Westen gerne Coca-Cola und essen selbstverständlich auch bei McDonald's. Reis, früher auch in den Städten das Grundnahrungsmittel, ist in vielen Restaurants wieder zu der entbehrlichen Beilage geworden, die man stehen lässt, weil man sich schon an Fleisch und Gemüse satt gegessen hat. Drei Millionen Tonnen Reis werden jährlich in Restaurants und Kantinen weggeworfen.

Xiahai, „sich ins Meer (des Geldverdienens) stürzen", ist das Schlagwort für die ungeheure Vitalität, mit der sich die Bevölkerung dem Reichwerden widmet. Inzwischen werden lediglich noch 30 % des Bruttoinlands-Produkts von staatlichen Betrieben erarbeitet. Wie viele es davon noch gibt, weiß angesichts wechselnder offizieller Angaben niemand genau, doch westliche Schätzungen gehen von ca. 300 000 aus, von denen über zwei Drittel unrentabel sein sollen. Seit Beginn der Reformen und der Öffnung Chinas 1978 betrug das Wirtschaftswachstum pro Jahr bis 2002 im Schnitt etwa 9 %. Für das Jahr 2004 rechnet man allein in der Autoindustrie mit einer Ankurbelung der Produktion um 25 %. Die deutsche Volkswagen AG setzte schon in den ersten neun Monaten 2003 32,9 % mehr ab als im Vorjahr.

Allerdings ist Chinas neuer Reichtum ungleich verteilt. Im Jahre 2001 wuchsen die **Löhne** der Landbevölkerung mit 4,1 % nur um die Hälfte der städtischen Löhne. Die Kluft zwischen Schlechter- und Bessergestellten, die es unter Mao schon gegeben hatte, ist augenfällig und provozierend geworden. Mit der Privatisierung unzähliger staatlicher Betriebe hat die **Arbeitslosigkeit** in den Städten erheblich zugenommen. Noch 1999 sprachen staatliche Stellen zwar von nur 3 %, doch nach Berechnungen der UNO beträgt die tatsächliche Rate zwischen 7,9 und 8,3 %. Auf dem Land sollen derzeit 120 bis 200 Millionen Menschen ohne Arbeit sein. Hinzu drängen jährlich, bedingt durch das Bevölkerungswachstum, weitere 15 Millionen Arbeitssuchende auf den Markt. In vielen Provinzen soll es zu Streiks und Demonstrationen gegen die Arbeitslosigkeit gekommen sein. Wählerisch können die, die eine Arbeit haben unter diesen Umständen kaum sein. Manchester-Kapitalismus herrscht in vielen chinesischen und auch westlichen Betrieben in China. Nach offiziellen (!) Angaben lassen 10.000 Arbeiter jährlich in Kohlebergwerken ihr Leben, weitere 10.000 verunglücken tödlich auf Baustellen. Die geschätzen 100 Millionen Wanderarbeiter, die vom Land in die Städte drängen, sind froh, wenn sie auch nur stundenweise irgend eine Beschäftigung finden. Viele von ihnen sind obdachlos, schlafen auf Bahnhöfen und Baustellen.

Bettler tauchen in den Städten überall auf, ja selbst bettelnde Kinder, deren Mütter sie im Hintergrund beobachten und anspornen, gehören zum vertrauten Erscheinungsbild. Besonders Auslandschinesen werden umringt und bedrängt.

Korruption und eine **wachsende Kriminalitätsrate** gehören ebenfalls zu den Schattenseiten der neuen Ära. In den Metropolen ist die Sicherheit auf den Straßen nachts längst nicht mehr gewährleistet. Drakonische Strafen und regelrechte Hinrichtungswellen (6100 Todesurteile allein 1996) sollen der Abschreckung dienen, mildern das Problem aber offensichtlich nicht.

Politische Entwicklung

Auf politischem Gebiet sind die Reformen *Dengs* Stückwerk geblieben. Die von ihm eingeleitete Politik bleibt ein schwieriger Balanceakt zwischen wirtschaftlicher Liberalisierung auf der einen Seite und Machterhalt der Partei auf der anderen Seite. Für die geistige Elite bedeutet das eine ständige Versuchung, die Grenzen der neuen Freiheit auszuloten. Der Abstand zwischen Verfolger und Verfolgten ist seit *Deng* größer geworden, um mit *Bei Dao* zu sprechen. Chinas **Intellektuelle** haben sich **zwischen Unsicherheit und Ungeduld** eingerichtet.

Dabei hatte die Regierung der „rechten" Linken so vielversprechend begonnen. 1979 begann man in einer Art großer Amnestie die Opfer der Kulturrevolution zu rehabilitieren. Wissenschaftler, Künstler und Schriftsteller wurden ermutigt, ihre Arbeit wiederaufzunehmen. In den Städten brachten einfache Bürger auf Wandzeitungen ihre Meinung zum Ausdruck. **„Die Mauer der Demokratie"**, Pekings berühmteste Wand, wurde weltweit zum Symbol der chinesischen Menschenrechtsbewegung. Das aber konnte nicht gut gehen. Die Partei sah dem Treiben nicht lange zu und reagierte dann – wie gewohnt – mit Verhaftungswellen. *Wei Jingsheng*, Chinas prominentester Dissident, hat seitdem bis 1997 mit nur einer Unterbrechung in Haft gesessen.

Ein Historiker bemerkte:
„Auch in der konfuzianischen Gesellschaft hatte es ja immer nur eine Lehre von Staat und Gesellschaft gegeben; es wäre ja noch schöner, wenn jedermann von der Straße eine Gegenideologie einbrächte! Seit 2000 Jahren findet Opposition, sieht man einmal von den großen Bauernaufständen ab, in China immer nur intraelitär statt."[56]

Etwas aber war an der Reaktion des Regimes neu: Die Niederwalzung der kritischen Geister erfolgte längst nicht so tödlich und konsequent wie noch zu *Maos* Zeiten. Es schien vielmehr, als habe sich die Regierung entschlossen, den Regierten einen gewissen geistigen Auslauf zu gestatten. Wo dieser Auslauf seine Grenzen hatte, konnte und kann immer noch willkürlich von heute auf morgen neu bestimmt werden. Mit jedem neuen Buch, mit jeder Erzählung und mit jedem Gedicht, das heute veröffentlicht wird, geht der Schriftsteller das Risiko für morgen ein. Trotzdem tat sich nach nahezu zwei Jahrzehnten des Verstummens zum ersten Mal wieder etwas in der Literaturszene. *„Liebe kann man nicht vergessen"* von *Zhang Jie* hieß eine der provozierenden Erzählungen, die kurz nach der Kulturrevolution geschrieben wurden und von unerhörter Poesie war:

„... obwohl sie sich niemals die Hände hielten, besaß jeder den andern ganz und gar. Nichts konnte sie trennen. Jahrhunderte werden kommen; wenn eine weiße Wolke die andere mitzieht, zwei Grashalme nebeneinander heranwachsen, eine Welle die andere überspült, eine Brise der anderen folgt ... Glaubt mir, es werden die beiden sein."[57]

Da so private Gefühle noch vor wenigen Jahren als bürgerlich und revisionistisch verschrieen waren, löste *Zhang Jies* Erzählung heftige Diskussionen aus. Sogar die Schilderung sexueller Probleme war nicht mehr Tabu. Zu Beginn der 80er Jahre erschien der autobiographische Roman *„Die Hälfte des Mannes ist die Frau"*, der die seelischen und sexuellen Schwierigkeiten eines Mannes beschreibt, der nach zwanzig Jahren Lagerhaft zum ersten Mal in seinem Leben mit einer Frau zusammen ist. Zahlreiche Romane hatten die Aufarbeitung kulturrevolutionärer Erlebnisse zum Inhalt. Die so genannte „Wunden- und Narben-Literatur" entstand. Auf dem Gebiet der Lyrik machten die so genannten „Obskuren" von sich reden, „obskur" deshalb, weil ihre Poesie voller Gefühl und Stimmung war, auch dies etwas Neues nach der Politpoesie der Kulturrevolution.

Der Zustand der relativen intellektuellen Freiheit dauerte ein paar Jahre – dann im November 1983 war es wieder mal soweit. Um dem Umsichgreifen von Liberalisierungstendenzen, Schwarzmarkthandel, Korruption, Pornographie und ähnlichen Auswüchsen in einem einzigen Aufwasch vorzubeugen, startete die Partei die so genannte **„Kampagne gegen die geistige Verschmutzung",** was insbesondere auf schädliche westliche Einflüsse gemünzt war. Wieder einmal war Kontakt mit Ausländern gefährlich, wurden Bücher beschlagnahmt und Aufsässige verhaftet. Die Kampagne endete etwa ein Jahr später. *„Die Partei geht immer ein oder zwei Schritte vor und dann wieder ein oder zwei Schritte zurück",* sagte man in China. Auch dieser Kampagne folgte ein weicherer Kurs, der Auslandskontakte und kritische Stimmen im eigenen Land mit einigem Wohlwollen duldete.

Das änderte sich bekanntermaßen erneut abrupt im Juni 1989 mit der **Niederschlagung der Studentendemonstration** auf dem Platz zum Tor des Himmlischen Friedens. Die rigide Reaktion der Partei hätte keinen westlichen

Fabrikhalle

Beobachter erstaunen müssen: Seit wann hätte es die KPCh mit den Menschenrechten genau genommen? Die Zahl der Toten und Verhafteten ist wie eh und je unbekannt geblieben.

Der Schock nach dem Massaker war jedoch eher kurzlebig. Bei Chinas atemberaubender wirtschaftlicher Entwicklung ist es kaum verwunderlich, dass der **Anbruch des Konsumzeitalters** die Menschen weitaus mehr bewegt als politische Anliegen. Einzig die Themen Taiwan und Hongkong rührten in den letzten Jahren nationale Gefühle auf. Vielleicht war dies einer der Gründe, warum die Regierung im März 1996 ein großangelegtes Manöver mit 150.000 Soldaten vor Taiwans Küste begann, das dem Ziel dienen sollte, die taiwanesische Bevölkerung kurz vor den ersten demokratischen Präsidenten-Wahlen auf der Insel einzuschüchtern. Das Auftauchen zweier US-amerikanischer Flugzeugträger in der Region führte letztlich zum Rückzug für das „größte Militärmuseum der Welt".

Am 19.2.1997 starb Deng Xiaoping. An seine Stelle trat Jiang Zemin, der wenig Charisma, jedoch die Unterstützung des Militärs besaß. Unter seiner Regierung gab es Wellen von Festnahmen, die Anhänger einer **„falunggong"** genannten Bewegung betrafen. Das brutale Vorgehen der Staatsmacht gegen die daoistisch-buddhistisch inspirierte Sekte erklärte sich wohl daher, dass die Entstehung solcher Bewegungen in der Geschichte Chinas oft schwere politische Krisen ankündigte.

Die Mehrheit der Menschen hat sich allerdings längst mit den Machthabern arrangiert. Kommunistische Glaubensgrundsätze wurden nahezu stillschweigend mit kapitalistischen Praktiken ausgetauscht. Im Kampf gegen die verbreitete **Korruption** verschaffte sich vor allem Premier Zhu Rongji Glaubwürdigkeit bei der Bevölkerung. Über 132.000 Offizielle sollen allein 1999 wegen Bestechlichkeit verurteilt worden sein.

Eindrucksvolle Erfolge konnte die Partei in den letzten Jahren auf wirtschaftlichem Gebiet vorweisen. Experten rechnen mit einem anhaltenden Wirtschaftswachstum auf jetzigem Niveau, dass bei 8,6 % liegen soll. Bis zum Jahr 2010 wird mit einer Verdoppelung des Bruttosozialproduktes gerechnet. Für den Besucher wird der enorme **wirtschaftliche Aufschwung** besonders sichtbar an Weltstädten wie Peking oder Shanghai, deren Geschäftsviertel auch architektonisch längst eleganten internationalen Standard erreichen.

Zur dritten Tagung des derzeitigen Zentralkomitees im Jahr 2003 werden vom jetzigen Generalsekretär Hu Jintao entscheidende Impulse zu mehr Demokratie erwartet. „Das Jahrhundert der Wölfe" scheint auch in China endlich zu Ende zu gehen. Allerdings ist Chinas **Demokratisierung** eine Mammutaufgabe – und aus der Sicht der Führung nicht die vordringlichste.

Taiwans neuere Geschichte –
von der Militärdiktatur zur Demokratie

„Wenn Taiwan überleben will, muß es
wieder in der UNO aufgenommen werden."
(Li Denghui, amtierender Präsident)

Diktator in Taiwan: *Jiang Kaishek*

Historische Entwicklung

Taiwan ist ein kleines Land. Es ist etwa so groß wie Baden-Württemberg und hat 21 Millionen Einwohner – das ist kaum ein Fünfzigstel oder zwei Prozent der Bevölkerungszahl Festland-Chinas.

Dass die Chinesen sich überhaupt für Taiwan interessieren, ist noch nicht lange so. Von der Zivilisation in Beschlag genommen wurde die Insel erst zum Ende des 16. Jahrhunderts und zwar von den **Portugiesen.** Sie nannten das Eiland *Formosa*, die „Wunderschöne", und benutzten es als Handelsstützpunkt. Außer ihnen gab es zu der Zeit nur die polynesischen Ureinwohner der Insel, **Shandiren** (ital.) genannt.

Im 17. Jahrhundert brach auf dem Festland die kaiserliche Dynastie der Ming zusammen. Die Mandschus, das Reitervolk aus der Mandschurei, eroberten China. Im Zuge des Rückzugsgefechts Ming-getreuer Anhänger wurde Taiwan **nach und nach von Chinesen besiedelt.** Anfangs war es für Chinesen also eine Art Flüchtlingsstation. Daran sollte sich nicht mehr viel ändern. Nach den Ming-Anhängern kamen Wirtschaftsflüchtlinge: arme Fischer aus der Provinz Fujian. Sie wanderten in mehreren großen Wellen ein und stellen noch heute den größten Teil der taiwanesischen Bevölkerung.

Die letzte große Flüchtlingswelle aus China, insgesamt 1,2 Millionen Menschen, kam zwischen 1945 und 1948. Diesmal waren es Bürgerkriegsflüchtlinge aus dem ganzen Chinesischen Reich. Vor allem die **Soldaten von Jiang Kaishek,** sowie der versprengte Regierungs- und Verwaltungsapparat der GMD retteten sich vor den Kommunisten nach Taiwan. Dort wurden die „Festländer", wie man sie und ihre Kinder bis heute nennt, zunächst auch willkommen geheißen. Sie wussten es nicht zu schätzen. *Chen Yi*, der erste Militärgouverneur, den die GMD auf Taiwan einsetzte, sowie die eben dem Bürgerkrieg in China entronnenen Truppen benahmen sich wie zu Hause: Sie plünderten die zivile Bevölkerung aus.

Es kam zu **Spannungen zwischen Einheimischen und „Festländern".** Sie gipfelten in den Ereignissen vom 28. Februar 1947, die der GMD weder vergessen noch verziehen wurden. Damals demonstrierten empörte Bürger in Taipeh gegen *Chen Yi* und seine Politik des Räuberns. Der ließ den Ausnahmezustand verhängen und Massenerschießungen (10. und 11. März) anordnen. Seriöse Geschichtsbücher sprechen davon, dass sich „die Zahl der Getöteten auf mehrere hundert belaufen haben" dürfte. Es sind Tausende gewesen, sagt der taiwanesische Volksmund, sie haben einen großen Teil der Intellektuellen hingerichtet.

Nur dem Ausbruch des Koreakrieges 1950 ist es zu verdanken, dass die USA *Jiangs* Regierung als ein Bollwerk gegen den asiatischen Kommunismus unterstützten und nicht zuließen, dass *Mao Zedongs* Soldaten auch noch die kleine Insel überrrollten. Aus Taiwan, der Mini-Provinz, wurde so **Nationalchina,** das „zweite China".

Jiangs regierte diktatorisch im ununterbrochenen Ausnahmezustand und hielt den Anspruch aufrecht, eine vorrübergehende Exil-Regierung Gesamt-Chinas zu repräsentieren. Auf diese Weise kam Taiwan an ein etwas bizarres **politisches System,** bestehend aus einer Zentralregierung, in deren Nationalversammlung bis vor kurzem noch die alten Veteranen *Jiang Kaisheks* als „Vertretung ganz Chinas" saßen, und aus der Provinzial-Regierung von Taiwan selbst. Faktisch lag zu Jiangs Lebzeiten die Macht in den Händen des Militärs. Da Jiang den „Taiwanesen" nicht traute, besetzte er überdies vier Fünftel des Verwaltungsapparates mit „seinen" Festländern. Er war kein beliebter Präsident, er war gefürchtet und seine Geheimpolizei verhasst. Doch in einem erwies sich die Herrschaft der GMD als sehr erfolgreich: Ihre Wirtschaftspolitik brachte nach fünfzig Jahren japanischer Ausbeutung Wohlstand auf breiter Ebene. Das söhnte die Bevölkerung mit der faschistischen Regierung etwas aus. Es herrschte politische Friedhofsruhe im Land.

Daran änderte sich erst etwas, als *Jiang Kaisheks* Sohn **Jiang Jingguo** zu Beginn der 70er Jahre langsam die Regierungsgeschäfte übernahm und 1975 neuer Präsident wurde. Er hob den Ausnahmezustand zunächst nicht auf, aber er ließ es zu, dass man ihn weniger ernst nahm. Eine **vorsichtige Demokratisierung** begann. Oppositionelle fanden sich in einer außerparlamentarischen Gruppierung namens *Dangwai* zusammen. Seit Mitte der achtziger Jahre stellte sie mit ermutigenden Erfolgen eigene Kandidaten zu kommunalen Wahlen auf. Im September 1986 ging aus der Dangwai die „Demokratische Fortschrittspartei" (Minjindang) hervor. Sie wurde die erste legale Opposition in einem chinesischem Staat.

Die **Aufhebung des Ausnahmezustandes** nach 38 Jahren am 14. Juli 1987 gewährte den Bürgern eine neue Freiheit der politischen Meinungsäußerung, des Demonstrationsrechts und der Presse.

Am 2. Dezember 1989 fanden **die ersten freien und demokratischen Parlaments-Wahlen** in der Geschichte Chinas auf Taiwan statt. 16 Parteien mit insgesamt 722 Kandidaten bewarben sich um 293 Ämter. Zwei Drittel der Wähler votierte für die amtierende GMD. Zwanzig Prozent stimmten für die Fortschrittspartei.

Das gute Abschneiden der bis dahin allein regierenden GMD hat viele Gründe. Die Opposition bot ein zerstrittenes Bild, vor allem in der Frage, ob der taiwanesische Staat seinen anachronistischen Anspruch, eine Exil-Regierung für ganz China zu repräsentieren, aufgeben solle. Obwohl die VR China weit davon entfernt ist, diesen Anspruch anzuerkennen, hat sie andererseits mit sofortigen militärischen Maßnahmen gedroht, falls sich Taiwan als eigenständiger Staat (statt als chinesische Provinz) definieren sollte. Die von Teilen der Fortschrittspartei favorisierte **Unabhängigkeitserklärung** Taiwans fand daher zum damaligen Zeitpunkt wenig Sympathisanten.

Doch das größte Plus der GMD war wahrscheinlich neben ihrer größeren Regierungserfahrung ihre Wirtschaftspolitik: Was **die Erfolgsgeschichte Taiwans** vom Entwicklungsland zu einem der „kleinen Tiger" Asiens für den Durchschnittsbürger bedeutete, kann man an einem typischen Beispiel veranschaulichen: Derselbe Mann, der vor siebenundzwanzig Jahren seinem sechsjährigem Sohn zum ersten Mal ein Paar Schuhe für den ersten Schultag kaufen konnte, besitzt heute ein vierstöckiges Haus in zentraler Großstadtlage, ein weiteres großes Baugrundstück, zwei ausländische Autos, und hat seine drei Kinder studieren lassen. Damit zählt er keineswegs zu den besonders Gutsituierten.

Kein Wunder also, dass bei den ersten freien Wahlen die GMD trotz ihrer politischen Fehler in der Vergangenheit die Mehrheit der Stimmen auf sich vereinigen konnte.

Seitdem hat sie allerdings kontinuierlich an Stimmen verloren, obwohl seit dem Tod Jiang Jingguos 1988 der relativ beliebte „echt taiwanesische" Politiker Li Denghui (Lee TengHui) die Regierungsgeschäfte übernahm. Er stellte sich im Frühjahr 1996 direkt zur Wahl: Zum ersten Mal entschied in einem chinesischem Staat die Bevölkerung selbst über ihr Staatoberhaupt. Dass Peking kurz vor den Wahlen einen Einschüchterungsversuch startete und 150.000 Soldaten

Landschaft in Südtaiwan

vor Taiwans Küste den „Ernstfall" proben ließ, brachte Li Denghui und den Taiwanesen insgesamt eine nie zuvor erfahrene Publicity und Sympathie in den ausländischen Medien. Sonderlich beeindruckt war die Mehrheit der Taiwanesen von den Muskelspielen des „Großen Bruders" allerdings nicht. Die einen verließen sich – zu recht – auf amerikanische Unterstützung, die anderen, vor allem die Älteren, waren unterschwellig der Überzeugung, dass selbst der schlimmste Fall keine Katastrophe sein könne, weil ja schließlich weiterhin Chinesen über Chinesen regieren würden.

Im März 2000 wurde der Kandidat der Oppositionspartei Chen Shubian zum Präsidenten gewählt. Zum ersten Mal musste die seit 55 Jahren regierende GMD trotz weiterhin satter Parlamentsmehrheit einen Teil ihrer Macht abgeben und das bedeutete auf vielen Ebenen das Aus für jahrzehntelangen, wohlorganisierten Regierungsfilz. Die schönsten Beziehungen waren über Nacht nutzlos geworden. Von den westlichen Medien wenig beachtet, findet derzeit tatsächlich auf Taiwan bei aller äußeren Kontinuität der Politik eine kleine Revolution statt. Selbst ehedem führende GMD-Persönlichkeiten fürchten lange Gefängnisstrafen, noch vor kurzem gänzlich undenkbar. Pekings massive Drohungen gegenüber Taiwan, die Wahl von Chen Shubian könne Krieg bedeuten, haben sich dagegen nicht bewahrheitet. Chen erwies sich bislang als gewiefter Taktiker, der sich mit Peking diplomatisch arrangiert. Seine Partei überflügelte bei den Parlamentswahlen im Dezember 2001 die GMD um fast 20 Sitze und war damit erstmals stärkste Kraft im Parlament.

Taiwan heute

Die Herausforderungen, denen Taiwans junge Demokratie ausgesetzt ist, sind nicht nur außenpolitischer Natur. War früher eine einzige Partei an allen Hebeln der Macht, das Beziehungsgeflecht also einigermaßen überschaubar, ist es inzwischen sehr viel komplizierter geworden. Korruption und Kungelei werden auf allen Ebenen beklagt. Zudem hat sich die Mafia durch Aufstellen von Kandidaten Zugang zur Regierung verschafft und versucht auch auf politischem Gebiet, ihre Interessen durchzusetzen. Auch vor der Ermordung nicht genehmer Politiker schreckt sie nicht zurück. Dennoch hat die neue Ära den Taiwanesen starkes Selbstbewusstsein und eine sehr pluralistische Gesellschaft beschert, in der individuelle Freiheiten großgeschrieben werden.

Taiwan verkörpert somit ein kleines, aber erfolgreiches **alternatives China**. Längst ist aus dem Land der billigen Plastikartikel eine High-Tech-Nation geworden, zählt Taiwan zu einem der wohlhabendsten Länder Asiens und der Welt. Der Mittelstand ist breit, Slums existieren praktisch nicht, und die Arbeitslosigkeit tendiert gegen 0 % (allerdings gibt es bisher auch keine Arbeitslosenhilfe). Von der jüngeren Generation sind viele gut ausgebildet, haben im Ausland studiert und sind international orientiert. Dabei hat Taiwan auf kulturellem Gebiet in der Vergangenheit stets eine bewahrende Rolle gespielt. Dass dies der Modernisierung des Landes nicht im Wege gestanden hat, ist der beste Beweis dafür, dass die mehrtausendjährige chinesische Kultur flexibel genug ist, um auch im Zeitalter der Technik ihre Vitalität und Anziehungskraft zu bewahren.

Die von der Volksrepublik forcierte **diplomatische Ächtung Taiwans** durch fast alle Länder der Welt hat also zwei Ursachen. Zum einen würde die internationale Anerkennung Taiwans die Anerkennung eines alternativen Chinas und somit einen Schlag ins Gesicht der volksrepublikanischen Regierung bedeuten. Zum anderen gäbe sie innenpolitisch all den Kräften auf dem Festland Auftrieb, denen die Insel als Vergleichsmodell dient.

Immerhin haben sich **die beiden Chinas** in den letzten Jahren **einander angenähert.** Taiwan-Chinesen besuchen ihre Verwandten auf dem Festland. Taiwanesische Investitionen kurbeln in den südchinesischen Wirtschaftssonderzonen die Entwicklung an. Chinesisch-chinesische Unternehmen florieren. Direktflüge zwischen Taipeh und Peking sind im Gespräch. Luxus-Hotels extra für „unsere Landsleute" aus Taiwan (und erheblich preiswerter als die gleichen für westliche Touristen) sprießen überall aus dem Boden. Taiwanesische Schlager sind „in". Karaoke kam von Japan über Taiwan und Hongkong in die Großstädte der Volksrepublik. Das religiöse Leben, in vierzig Jahren Kommunismus nahezu totgeschwiegen, regeneriert sich in Südchina wieder und steht dem auf Taiwan in nichts nach. Der allmähliche Umbau des Schulsystems nach einem gnadenlosen Leistungsprinzip könnte geradezu nach taiwanesischem Vorbild konzipiert sein. Sogar die derzeitige vor allem von Frauen beklagte Rekonfuzianisierung der Geschlechterrollen erinnert an taiwanesischen Standard.

Dass dabei vor allem **Südchina** taiwanähnliche Züge entwickelt, ist nicht weiter verwunderlich. Denn im wesentlichen zwei Dinge verbinden Taiwan seit ein paar Jahrhunderten mit dem chinesischen Mutterland: die kurze, aber leidvolle Geschichte und das so genannte Südchinesentum. Als Gegensatz zum Nordchinesentum ist es besonders seit 1988 im allgemeinen Gespräch, als die Filmserie *Heshang* im Fernsehen ausgestrahlt wurde. Südchina, so wurde da suggeriert, habe eine „blaue", meerzugewandte, weltoffene Kultur hervorgebracht, während die lößboden-„gelbe Kultur" des Nordens Bodenständigkeit, Erstarren in alten Formen und innerchinesische Nabelschau bedeute. Die rasante wirtschafliche Entwicklung des chinesischen Südens und der Ostküste rücken eine Wiedervereinigung mit Taiwan in immer größere Nähe.

Die moderne chinesische Umgangssprache

„Ich fürchte nicht den Himmel
und nicht die Erde.
Ich fürchte nur Ausländer,
die chinesisch sprechen."
(Geflügeltes Wort)

Schrifttafel mit Schildkröte

Bei den meisten Chinesisch-Lernenden verhält es sich übrigens genau umgekehrt. Sie fürchten am meisten Chinesen, die Chinesisch sprechen.

Das umseitige Zitat stammt angeblich von einem Kaiser der Qing-Dynastie (1644-1912). Es bezog sich auf europäische Jesuiten, brillante Männer, deren Kenntnisse und Fähigkeiten in Verbindung mit ihrer Beherrschung der chinesischen Sprache den Kaiserhof verunsicherten. Aber heutzutage wird dieses Zeugnis wahrer Bewunderung nur zu oft schamlos aus dem Zusammenhang gerissen und radebrechenden Ausländern vorgehalten. Man tut geradezu so, als würden wir die chinesische Sprache nie lernen.

Natürlich lernen wir sie nie. Kein Ausländer, der nicht schon nach wenigen Sätzen am Telefon als solcher identifiziert würde. Meistens hapert es an den vier Tönen. Chinesisch hat nämlich **vier Töne:** *mā, má, mǎ* und *mà*. *Mā* (Mutter) im ersten Ton wird relativ hoch und schwebend ausgesprochen. *Má* (Hanf) im zweiten Ton hat einen fragenden Tonfall, etwa wie das deutsche Wort „wahr" in „Nicht wahr?". *Mǎ* (Pferd) im dritten Ton hat eine zunächst fallende und dann wieder steigende Tonhöhe. *Mà* (schimpfen) im vierten Ton klingt wie ein Befehl. Ein energisches Nein! kommt dem vierten Ton recht nah. Die vier verschiedenen *ma* werden mit vier verschiedenen Schriftzeichen geschrieben und sind vier verschiedene Wörter. Jede Silbe der chinesischen Sprache hat also einen bestimmten Ton. Eben das macht die Sprache für Ausländer schwierig.

Dabei ist die moderne chinesische Hochsprache, das so genannte **Mandarin** *(pǔtōnghuà)*, noch einer der simpelsten Dialekte der chinesischen Sprache. Genaugenommen ist es noch nicht einmal ein richtiger Dialekt, sondern eine Kunstsprache, die 1955 zur Amtssprache erhoben wurde. Sie basiert auf dem Chinesisch, das **im Pekinger Raum** gesprochen wird. Dass überhaupt ein lebender chinesischer Dialekt zur Standardsprache werden konnte, war keine Selbstverständlichkeit. Jahrhundertelang hatte sich die Elite im Schriftverkehr mit dem klassischen Chinesisch verständigt, das wie das Latein im Mittelalter von den einfachen Leuten nicht beherrscht wurde. Die Forderung nach seiner Abschaffung, die in der Vierten-Mai-Revolution 1919 laut wurde, stellte einen ungeheuren Angriff auf die alte feudale Gesellschaftsordnung dar.

Heutzutage wird Mandarin in ganz China und Taiwan von den etwas gebildeteren Leuten verstanden, denn es wird in den Schulen unterrichtet. Es mag seltsam anmuten, dass die „Muttersprache" im Unterricht wie eine Fremdsprache gelehrt werden muss, aber tatsächlich hat das dem Pekinger Dialekt entlehnte Mandarin kaum mehr Ähnlichkeit mit den Dialekten der südlichen Provinzen als Schwedisch mit Portugiesisch. Dies ist der Grund dafür, warum chinesische Filme im ganzen chinesischen Kulturkreis mit Untertiteln gesendet werden. Es ist die **Schrift,** die China seine kulturelle Einheit beschert hat, und nicht die Sprache. Die verschiedenen chinesischen Sprachen haben dagegen zur Ausbildung eines starken regionalen Bewusstseins beigetragen: Kantonesen zum Beispiel sind dafür berüchtigt, dass sie mit Vorliebe Touristen aus Peking auflaufen lassen, indem sie vorgeben, nur Kantonesisch zu sprechen. Der Pekinger versteht davon kein einziges Wort.

Insgesamt unterscheidet man acht **Dialektfamilien:** Nordchinesisch; Jiangsu-Zhejiang-Dialekt; Nord-Fujian- und Süd-Fijian-Dialekt; Jiangxi-Dialekt; Hunan-Dialekt; Kantonesisch; Hakka.

Ausländer, die anfangen, Hochchinesisch zu lernen, beginnen mit der Einübung der **vier Töne.** Es erfordert etwas Hör- und Sprechtraining, um sie herauszuhören, zu beherrschen und vor allem auch beim Sprechen nicht zu verschleifen. Viele Studenten, die außerhalb Chinas Chinesisch lernen, begnügen sich mit zwei Tönen: steigend und fallend im Zweiertakt den ganzen Text entlang. Natürlich kann dieses Kauderwelsch kein Chinese verstehen.

Wie sind die Töne der chinesischen Sprache entstanden? Hat es sie schon immer gegeben? Haben sie sich langsam entwickelt? Im vierten Jahrhundert nach Christus wurden sie von einem chinesischen Sprachforscher erstmals nachweislich erwähnt. Genaueres wissen wir bis heute nicht, doch gibt es eine Theorie, die versucht, ihre Entstehung zu erklären. So geht man davon aus, dass Sprachen dazu tendieren, im Lauf der Zeit immer lautärmer zu werden: Sie schleifen sich ab. Gotisch ist z. B. eine weitaus vokal- und konsonantenreichere Sprache gewesen als Mittelhochdeutsch; dieses wiederum war lautreicher als das moderne Deutsch. Mit dem Chinesischen verhält es sich ebenso: aus den unterschiedlich gesprochenen Wörtern wie *li*, *lie* und *liei* in der Aussprache von vor rund tausend Jahren wurden die heutigen Wörter: *lī*, *li*, und *li*. Gäbe es nun nicht die vier Töne, so wären die vielen gleichklingenden Wörter nicht mehr voneinander zu unterscheiden. Demnach wären die vier Töne also notwendig gewesen, um die alten Auslaute zu ersetzen bzw. eine Differenzierung zwischen Wörtern von verschiedener Bedeutung, aber gleicher Aussprache zu ermöglichen. Ob diese Theorie stimmt oder nicht, heutzutage ist die chinesische Sprache ohne Töne nicht mehr denkbar. Der Vorschlag geplagter Ausländer, sie per Dekret abzuschaffen, ist daher nicht akzeptabel.

So mancher Fremder, der im Glauben war, Suppe (*tāng*) bestellt zu haben, bekam schon Zucker (*táng*) gebracht. Missverständnisse lauern überall. *Wǒ kànshū* heißt „ich lese". Jemand, der den Ton der letzten Silbe verkehrt ausspricht, behauptet dagegen, Bäume zu fällen. Becher heißt *bēizi*. *Bèizi* ist die Bettdecke. *Shùijiāo* bedeutet Ravioli; *shùijiào* aber heißt schlafen. *Yào* heißt wollen, *yǎo* im dritten Ton dagegen beißen: *„Ist das nicht merkwürdig?"*, kicherte eine Chinesin, *„Die Ausländer sagen alle, daß sie beißen!"*

Gewiss, wir sorgen für viel Heiterkeit. Ein Ausländer, der chinesisch-sprechend im Fernsehen auftritt, ist, egal was er sagt, ein Sketch an und für sich. Das ist nicht fair. Andererseits kann es nett sein, sich im Umgang mit den vier Tönen eine gewisse Unabhängigkeit zu bewahren. Eine geringfügige Betonungsverschiebung lässt z. B. aus dem Wort für „Heirat" die „verbundene Umnachtung" werden. Man kann wunderbar mit den Tönen herumspielen.

Insgesamt hat Mandarin **411 verschiedene Laute.** Das ist äußerst wenig. Zum Vergleich: Englisch hat etwa 8000. Jeder Laut bildet eine Silbe für sich z. B. *lái, shū, hǎo, qiàn* usw. Jede dieser Silben kann theoretisch auf vier verschiedene Weisen, also im ersten, zweiten, dritten oder vierten Ton ausgesprochen werden. Insgesamt kommen wir so auf 1644 verschiedene Silben, tatsächlich sind es nur 1338. Ursprünglich stellt jede einzelne Silbe ein ganzes Wort dar, und einem Wort wiederum entspricht ein Schriftzeichen. Das Schriftzeichen

z. B. wird *guǒ* ausgesprochen und bedeutet Frucht. Man kann sich nun vorstellen, dass eine Sprache, die mit nur vierzehnhundert verschiedenen Silben bzw. verschieden ausgesprochenen Wörtern operiert, entweder kaum verständlich ist oder nur einen sehr geringen Wortschatz, nämlich von vierzehnhundert Wörtern, haben kann. Beides trifft auf Chinesisch nicht zu. Mit seinen fast fünfzigtausend Schriftzeichen bzw. Wörtern ist es eine der wortgewaltigsten Sprachen der Welt. Um bei den vielen gleichklingenden Wörtern jedoch Missverständnisse zu vermeiden, bedient sich das Chinesische verschiedener Wortkombinationen.

So heißt „Frucht" nicht einfach nur *guǒ* im dritten Ton, was zugleich auch „Wespe", „einwickeln", „Sarg" und „Affe" heißen könnte, sondern bildet zusammen mit „Wasser", *shǔi*, „die Wasserfrucht": *shǔiguǒ*. In der modernen chinesischen Hochsprache bilden solche Zusammensetzungen inzwischen den Großteil der Wörter. Kombinationen sind nicht nur zwischen zwei Substantiven möglich, sondern auch zwischen Verb und Verb, Verb und Objekt, usw. Darüber hinaus gibt es eine Reihe von so genannten Zähleinheitswörtern, z. B. ein *Blatt* Papier, ein *Glas* Wein usw. Aus der früher einsilbigen chinesischen Sprache hat sich in den letzten Jahrhunderten also eine überwiegend mehrsilbige Sprache entwickelt.

Neue Wörter, wie sie wegen des technischen Fortschrittes in jeder lebendigen Sprache gebildet werden müssen, sind im Chinesischen oft ganz besonders originell. Eine rein lautliche Nachbildung von Fremdworten kommt kaum in Frage. Chinesische Laute eignen sich schlecht zur Nachahmung indogermanischer Silben: „Frankfurt" ist mit *Fǎlánkèfú* noch wiederzuerkennen, aber wer kommt schon darauf, dass *Ěrmùnídé Shīmìtè* einen früheren Bundeskanzler der BRD bezeichnet? So behilft man sich besonders bei technischen Ausdrücken mit Beschreibungen, die ohnehin viel plastischer und leichter zu merken sind. Ein Computer ist ein elektrisches Gehirn, Chromosomen sind Einfärbekörper, der Wecker heißt Krach-Uhr, der Bahnhof Feuerwagenhalt, ein Bagger seltsame Hand usw.

Die **Grammatik** des Chinesischen ist bestechend einfach. Die Wörter haben kein Geschlecht wie im Französischen, Russischen oder Deutschen, sie kennen keine Pluralendungen, keine Deklinationen, keine Konjugationen und mithin auch keine unregelmäßigen Verben.

Den Satz *„Ich habe ihm gestern einen Brief geschrieben."*, für den der Deutschlernende etwa ein Jahr Grammatik pauken muss (Dativ, Akkusativ, unbestimmte Fürworter, 1. Pers. Singular, stark-flektierende Verben/Perfekt, Satzstellung mit Hilfsverben), – diesen Satz kann ein Chinesisch-Schüler theoretisch schon am ersten Tag sagen: *„Ich gestern geben er/sie/es schreiben Brief."* Zeit, Adressat (männlich oder weiblich) und Anzahl der Briefe ergeben sich aus dem Zusammenhang.

Einige wenige Hilfsverben oder Nachsilben können bei Bedarf die Zeit präzisieren. Plural oder Singular können durch eine Mengenangabe näher bezeichnet werden. Chinesische Kinder lernen schneller richtig sprechen als englische Kinder, und erst recht sind sie deutschen Gleichaltrigen voraus, die sich noch im sechsten Lebensjahr mit unregelmäßigen Verben plagen: „ich habe gegeht." Dieser Tatsache verdankt Chinesisch auch seinen Ruf, eine einfache Sprache zu sein. Von optimistischen Laien hört man gelegentlich, es sei ein reines Vokabelproblem, die Sprache zu lernen. „Wenn man die grammatischen Strukturen beherrscht, und das geht wirklich schnell, was bleibt dann noch übrig?"

Schulklasse im Park

Fast nichts, außer den Tönen der Wörter, ein paar tausend Schriftzeichen und einem unübersehbaren Heer von **Redewendungen,** Idiomen und bildhaften Ausdrücken, die der Kontinuität einer über zweitausendjährigen schriftlichen Überlieferung alle Ehre machen. Eine besonders häufige Art von Redewendungen stellen die so genannten *chéngyŭ* dar: Das sind aus je vier Wörtern bestehende idiomatische Wendungen, die zumeist Zitate aus der klassischen Literatur darstellen und eine komplexe Situation umreißen. Viele sind nur dann verständlich, wenn man die dazugehörige Geschichte kennt. So etwa heißt „Pferd Pferd Tiger Tiger" eigentlich „flüchtig, oberflächlich". Das bezieht sich auf eine Geschichte, in der jemand gefragt wird, was für ein Tier er denn gerade gesehen habe. „Hab nicht so aufgepasst", antwortet er, „war vielleicht ein Pferd, war vielleicht ein Tiger." Diese *chéngyŭ* – es gibt Tausende – sind das Folterwerkzeug der Gebildeten. Ein Feuilleton-Journalist, der seine Belesenheit zeigen möchte, spickt jede Zeile damit. Weniger gebildete Chinesen verstehen dann nichts mehr. Ihnen bleibt genau wie den Ausländern nur noch der Griff zum Lexikon.

Die größte **Schwierigkeit beim Chinesisch-Lernen** ist für den Westler vielleicht die Tatsache, dass er keine, wirklich gar keine ihm vertrauten Strukturen in der Sprache zu erkennen vermag. Flektionen fehlen. Viele Nebensatzformen, wie der Relativsatz, sind nicht nachvollziehbar. Die vier Töne sind ungewohnt, und eine Reihe von Zischlauten klingt für unsereinen am Anfang sehr ähnlich.

Hinzu kommt ein beträchtlicher Kulturschock, wenn Westler feststellen, dass sie trotz guter Sprachkenntnisse ganz offensichtlich erhebliche Verständigungsschwierigkeiten haben, weil sie die Ausdrucksformen dessen, was verschwiegen wird, nicht deuten können. Wer Chinesisch verstehen will, muss sehr viel mehr lernen als nur die Sprache.

Die klassische Schriftsprache

肆華之書益造神化
外靈太微部秩不全顧
慈訓夙夜思勉不敢怠

*„Kultur ist selbstsüchtig.
Ihr ausgesprochenes
oder unausgesprochenes Motto ist:
'Ich bin wichtiger als du.'"
(A. Smith: Chinese Characteristics, S.327)*

Was ist die klassische Schriftsprache überhaupt, und wie unterscheidet sie sich von der heutigen Umgangssprache?

Die klassische Schriftsprache hat sich aus dem vormodernen Chinesisch entwickelt. „Vormodernes Chinesisch" bezeichnet die Sprache, die von den Anfängen bis zu Beginn des 20. Jahrhunderts gesprochen wurde. Sie hat sich im Lauf der Zeit natürlich sehr verändert. Während das ganz frühe Chinesisch wohl eine lautlich sehr differenzierte Sprache war, hat es sich in späteren Jahrhunderten mehr und mehr verschliffen. Die Schriftzeichen sind stets die gleichen geblieben, aber ihre Aussprache wandelte sich. Man unterscheidet vier Entwicklungsstadien.

Das **Protochinesische** (bis 500 v. Chr.) war wohl dem Tibetischen ähnlich, mit dem es gemeinsame Wurzeln hat. Daraus entstand das **Archaische Chinesisch** (bis 600 n. Chr.), das man mit Hilfe des Sanskrits zu rekonstruieren versucht. Denn um die Zeitenwende herum kam der Buddhismus von Indien nach China, und es wurden viele religiöse Begriffe lautmalerisch ins Chinesische übertragen. Das **Altchinesische** (bis zum 13. Jh.) soll acht Töne gehabt haben und ist einigen heutigen chinesischen Dialekten wie z. B. Kantonesisch sehr ähnlich. Gedichte aus dieser Zeit reimen sich heute auf Kantonesisch noch immer. Das **Neuchinesische** (seit dem 13. Jh.) ist dem modernen Mandarin am ähnlichsten.

Nicht nur in der Aussprache unterscheiden sich modernes und vormodernes Chinesisch. Auch die **Sprachstruktur** ist anders geworden. Selbst der Laie erkennt es auf Anhieb. Ein Satz aus dem dritten Jahrhundert unserer Zeit,

„*Unser Leben ist begrenzt, das Wissen ist unbegrenzt. Mit etwas Begrenztem dem Unbegrenzten nachzugehen, führt zum Scheitern.*" *(Zhuangzi, Buch 3)*, schreibt sich in der Klassischen Schriftsprache folgendermaßen:

吾生也有涯，而知也无涯，以有涯隨无涯，殆已。

Seine moderne Entsprechung liest sich so:

我們的生命是有限度的而知識是沒有限度的。以有限度的生命去追求沒有限度的知識就會弄得很疲困。

Die moderne Version ist fast dreimal so lang. Das liegt daran, dass das moderne gesprochene Chinesisch wegen seiner Lautarmut darauf angewiesen ist, die meisten Wörter aus je zwei Begriffen zusammenzusetzen. Im klassischen Schriftchinesisch dagegen entspricht ein Schriftzeichen auch einem vollständigen Wort. Dabei spielt es keine Rolle, ob dieses Wort als gesprochenes mit einem Dutzend anderer verwechselt werden könnte: Geschrieben ist es auf jeden Fall unverwechselbar. Dass die klassische Schriftsprache „Schrift"-sprache genannt wird, ist also kein Zufall. Sie bedurfte bei der zunehmenden Lautverarmung der chinesischen Sprache mehr und mehr der schriftlichen Form, um überhaupt verständlich zu sein. Eine Sprache, die nur noch schriftlich verständlich ist, muss nun zwangsläufig irgend wann den Anschluss an die lebendige Sprachentwicklung verlieren. Sie erstarrt. Wann genau dieser Prozess einsetzte, ist unklar, doch dürfte schon im 10. Jahrhundert die Diskrepanz zwischen der gesprochenen und geschriebenen Sprache recht groß gewesen sein. Die klassische Schriftsprache ist also eine tote Sprache ähnlich wie das Latein im Mittelalter. Es wurde nur noch von den Gebildeten benutzt und verstanden.

Eine weitere Besonderheit der alten Schriftsprache liegt in der **Vieldeutigkeit** der einzelnen Schriftzeichen. Zwar werden dieselben Zeichen auch heute noch benutzt, doch ihre Bedeutung ist in der modernen Sprache relativ festgelegt. Nehmen wir als Beispiel das Wort *shū*. Heutzutage hat es die Bedeutung „Buch": wir kennen es in den Zusammensetzungen *shūběn* („Buchband"), *shūjià* („Bücherregal") *shūbāo* („Büchertasche") usw.

In der klassischen Schriftsprache bedeutet *shu* jedoch mehr. Es ist nicht nur das Buch, sondern das Geschriebene überhaupt: die Schrift, die Kalligraphie, das Schreiben, der Brief, die Darlegung, die Throneingabe, das Dokument, der Klassiker ... *Shū* repräsentiert nicht ein einzelnes Wort, sondern ein ganzes **Wortfeld.** Je nach Zusammenhang muss sich der Übersetzer für den passenden Ausdruck entscheiden.

Nicht alle Wörter bzw. Wortfelder der klassischen Schriftsprache sind nun so relativ eingrenzbar wie *shū* – „das Geschriebene". Wir finden Begriffe, die sowohl das eine als auch das genaue Gegenteil davon bedeuten, samt den dazwischen liegenden Übergängen. Auch im so exakten, konkreten Deutschen gibt es dafür Beispiele, nur wird es uns selten bewusst. Das Wort „aufheben" zum Beispiel kann sowohl „bewahren" (ein Erinnerungsstück aufheben) wie auch „beseitigen" (ein Gesetz aufheben) heißen – ihren Ursprung haben beide Bedeutungen wohl in dem ursprünglichen „Etwas-vom-Boden-aufheben", wodurch man ein Ding sowohl entfernen als auch in Sicherheit bringen kann.

Das klassische Schrift-Chinesisch ist reich an solchen Wörtern. Das Wort *sū* steht für folgenden Bedeutungskomplex: getrennt, entfernt, fremd, entfremdet, roh, grob, schlaff, nachlässig, auseinandersetzen, darlegen, verstehen, regeln, ordnen. Unter dem Wort für weiß *bái* finden wir: „weiß, leer, rein, hell, klar, erklären, bekanntmachen, offensichtlich, leicht verständlich, einfach, gewöhnlich, einfältig, nichtig, vergeblich, umsonst, kostenlos."

  Es bedarf einer ganz besonderen Feinfühligkeit des Übersetzers, die jeweils treffendste Entsprechung zu finden. Oft sind mehrere **Übersetzungen** gleichzeitig möglich. Besonders kurze und mystische Texte sind vielfältig deutbar. Kein Zufall also, dass der alte daoistische Klassiker von *Lǎozi (Laotse)* in mehr als hundert westlichen Übersetzungen vorliegt. Wie verschieden sie ausfallen können, zeigt das folgende Beispiel, Kap. 17 in den Übersetzungen der Sinologen *Schwarz* (1) und *Debon* (2):

(1)   *(2)*

Zuerst wußten die Niedrigen	*Von den Allerhöchsten*
kaum von den Herrschern	*Wissen die Niederen nur: Es gibt sie.*
später drängten sie sich um sie	*Die Nächsthohen liebt man*
und rühmten sie	*und preist man.*
sie zu fürchten lernten sie später,	*Die Nächsten fürchtet man.*
dann zu verachten.	*Die Nächsten verweist man.*
Wo das Vertrauen fehlt	*Wer nicht genug vertraut,*
spricht der Verdacht	*dem ist man nicht treu.*

Die Schrift

„Kannst du mir das erklären?",
fragte ein Taxifahrer,
„Chinesisch hat Tausende von Zeichen.
Ich habe gehört, Englisch hat nur 26.
Ist das wahr?"
Ich bestätigte.
„Ich kann mir einfach nicht vorstellen,"
fuhr er fort,
„wie 26 Zeichen ausreichen,
um sich verständlich zu machen!"

Die chinesische Schrift ist **die älteste** heute noch gebräuchliche **Schrift der Welt** – Bildzeichen auf Bronzegefäßen und Orakelknochen datieren bis auf das zweite Jahrtausend vor Christus zurück. Damals schon war das Schriftsystem relativ entwickelt, begegnen uns doch wie aus dem Nichts etwa dreitausend Schriftzeichen, von denen einige leicht abgewandelt heute noch verwendet werden, andere (etwa die Hälfte) noch nicht entziffert sind.

Ursprünglich war die Zeichenschrift eine **Bilderschrift.** Wir sehen das an den alten Zeichen für Mensch, Sonne, Mond, Vogel, Fisch oder Pferd:

	Orakelknochenschrift	heutige Langform	Kurzform
Mensch	𠂉	人	人
Sonne	☉	日	日
Mond	ᐛ	月	月
Vogel	🐦	鳥	鸟
Pferd	🐎	馬	马
Baum	木	木	木

Manche Zeichen fungierten als **Symbole.** Das Wort für Osten z. B. zeigt eine Sonne, die gerade am Horizont hinter einem Baum aufgeht:

Das Zeichen für Westen stellt einen Vogel auf seinem Nest dar.

Abends, wenn die Sonne im Westen steht, kehren die Vögel in ihre Nester zurück:

Ferner gibt es die **aus zwei Bildern zusammengesetzte Zeichen**:

Zwei Bäume bilden einen Wald:

drei Bäume einen Urwald:

Die Frau:

- unter dem Dach

ist der Friede:

Das Schwein:

- unter dem Dach

das Zuhause:

Die Sonne:

- und der Mond

sind hell:

Selten sind **Spiegelbild-Zeichen** wie bei Leiter und Kaiserin:

Auch die so genannten **Entlehnungen** sind rar, das sind Zeichen, die eigentlich etwas ganz anderes bedeuten, aber ersatzweise benutzt werden, weil sie zufällig die gleiche Aussprache haben.

Die überwiegende Mehrheit der Zeichen, nämlich 90 %, wird aus einem **graphischen Element und** einem **lautlichen Element** gebildet. Das graphische Element gibt dabei an, welchem Themenbereich ein Wort in etwa zuzurechnen ist. So gehören die Wörter: „Kiefer", „Granatapfel" oder das Adjektiv „verdorrt" zum Themenbereich Holz/Baum. Sie werden daher mit dem Zeichenelement für Baum geschrieben:

Kiefer: Granatapfel: verdorrt:

Der jeweils zweite Teil der Zeichen gibt einen ungefähren Hinweis auf die Aussprache: Im Zeichen „Kiefer" wird der rechte Teil alleine *gōng* ausgesprochen. Die Kiefer ist also ein Baum, der so ähnlich wie *gōng*, nämlich *sōng* ausgesprochen wird:

Der rechte Teil des Zeichens Granatapfel wird *liú* ausgesprochen:

Der Granatapfel ist ein Baum, der *liú* genannt wird.

Im Fall von „verdorrt" ist der phonetische Teil übrigens gleichzeitig auch von inhaltlicher Bedeutung. Es heißt für sich genommen alt und wird *gŭ* ausgesprochen.
Der Baum, der zu alt ist, ist verdorrt.

Zeichen, in denen sich das lautliche Element auch inhaltlich mit dem graphischen Element gut ergänzt, gibt es sehr viele. Es scheint, als sei man bei der Zusammensetzung der zwei Bestandteile bemüht gewesen, möglichst sinnige Kombinationen zu schaffen: So wird das Zeichen für Geschäftigkeit (links) aus dem graphischem Element für Herz/Gefühl (mitte) und dem phonetischem Element für *wáng*: verlieren (rechts) gebildet.

Geschäftigkeit, *máng* ausgesprochen, ist jener Zustand, bei dem man sein Herz verlieren kann.

Die Ameise	ist ein Insekt,	das *yi* ausgesprochen wird

Yi bedeutet Pflichtgefühl: das pflichteifrige Insekt.

Das graphische Element, das den Themenbereich eines Zeichens angibt, nennt man in der Fachsprache **Radikal**. Insgesamt gibt es zweihundertvierzehn Radikale. Das ist nicht viel, wenn man bedenkt, dass ihnen insgesamt fünfzigtausend Schriftzeichen zugeordnet sind. Häufige Radikale sind Herz, Wasser, Baum, gehen, Mensch, Frau oder Krankheit. Seltene Radikale sind z. B. Nase, Trommel, Flöte oder Dreifuß.

Für den Anfänger empfiehlt es sich, die häufigsten Radikale möglichst bald auswendig zu lernen. Es ist nicht nur eine immense Hilfe beim Lernen der einzelnen Zeichen, wenn man weiß, für welchen Themenbereich welches Radikal steht, die Radikale sind auch gleichzeitig unerlässlich zum **Nachschlagen eines Schriftzeichens.** So ähnlich wie wir ein fremdes Wort nach dem ABC nachschlagen, schlagen die Chinesen ein unbekanntes Zeichen nach den 214 Radikalen nach. Wenn hier stets von zweihundertvierzehn Radikalen die Rede ist, so bezieht sich das übrigens auf die klassische nahezu zwei Jahrtausende übliche Einteilung. Moderne Lexika halten sich nicht immer daran, sondern können ein paar mehr Radikale benutzen – die Abweichungen von der traditionellen Version sind jedoch im Grunde genommen nur gering. Weiß man erst, welches Radikal in einem fremden Schriftzeichen steckt, ist das Nachschlagen ein Kinderspiel. Gezählt werden dann nur noch die restlichen Striche des Zeichens:

Im Fall des Schriftzeichens

jiāng, „Steinbrücke" ist	Stein das Radikal.	drei restliche Striche

Nun sucht man unter der Abteilung „Stein/drei Striche" in einer Liste unter all den Worten, die mit Radikal Stein und drei zusätzlichen Strichen geschrieben werden nach dem gewünschten Zeichen:

112	
石	5239
2 矴	6344
矻	2497
矼	1899
矽	5415

Es ist das zweitunterste. Die Nummer verweist auf die Stelle im Lexikon, an der wir es finden. Nachschlagen ist also nicht schwer, aber es ist Übungs- und Erfahrungssache. Anfänger fluchen heftig dabei: Manche Zeichen haben ganz vertrackte Radikale, bei den Strichen kann man sich verzählen oder man übersieht das Zeichen in der Liste einfach. Leute, die geübt sind, schlagen chinesische Zeichen ähnlich schnell nach wie englische Wörter.

Konfusion stiftet bei Anfängern oft die Tatsache, dass es zwei verschiedene Versionen von Schriftzeichen gibt, nämlich **Langzeichen** und **Kurzzeichen.** Langzeichen sind die eigentlichen überlieferten chinesischen Schriftzeichen. Schon sehr früh in der Schriftgeschichte bürgerten sich für einzelne besonders häufig gebrauchte Langzeichen Abkürzungen ein, die in der handgeschriebenen Schrift gerne verwendet wurden. Sie waren einfacher und zeitsparend. Als sich die KPCh nach 1949 daran machte, das Analphabetentum zu beseitigen (80 % im Jahre 1952), entsann man sich der vereinfachten Schriftzeichen. Neue Vereinfachungen wurden hinzuerfunden und ersetzten im Verlauf mehrerer Schriftreformen schrittweise einen Teil der umständlicheren herkömmlichen Schreibweisen. Heute sind in der Volksrepublik sowohl Kurzzeichen als auch nicht von der Schriftreform betroffene Langzeichen in Gebrauch. In Hongkong, Singapur, Macao und Taiwan benutzt man nach wie vor durchweg die Langzeichen.

Die in der Volksrepublik per Dekret beschlossene Verwendung der Steno-Version der chinesischen Schrift hat nicht nur Beifall gefunden. Da ist einmal die Tatsache, dass heutige Chinesen aus der VR Inschrifttafeln von vor 1950 kaum noch lesen können. Sämtliche eingravierten Texte an historischen Stätten bedürfen nun der „Übersetzung". Ferner sind die Kurzzeichen nicht unbedingt besser zu lernen. Viele haben ihre Bildhaftigkeit verloren, was man unschwer an folgendem Beispiel sieht.

車 Wagen mit Rädern, Draufsicht:

Langzeichen　　　　　　　　　　　Kurzzeichen

Und schließlich bemängeln Ästheten das unschöne Schriftbild, das die Kurzzeichen im Druck abgeben, waren doch auch die früher gebräuchlichen Kurzzeichen nur für den handschriftlichen Duktus gedacht.

Zum Politikum wurde die Verwendung von Lang- bzw. Kurzzeichen für alle Chinesen sichtbar bei der Studentendemonstration von 1989, als auf Transparenten längst außer Gebrauch geratene Langzeichen auftauchten: eine indirekte, aber deutliche Kritik an der Regierung, die sie dereinst abgeschafft hatte.

Als Kunst wird die **Schreibkunst (Kalligraphie)** in China seit alters her fast noch höher geschätzt als die Malerei. Wer es auf diesem Gebiet zu bescheidenen Resultaten bringen will, übt mindestens zehn Jahre täglich mehrere Stunden. Allein bis der Anfänger einen Punkt so setzen kann, dass sein Lehrer ehrlich zufrieden ist, vergehen Wochen, wenn nicht Monate. In der Volksrepublik China wenig gefördert, ist der Nachwuchs der Kalligraphen rar geworden.

Die lateinische **Umschrift** für chinesische Schriftzeichen, die heutzutage am gebräuchlichsten ist, ist das auch in diesem Buch verwendete **hànyǔ pīnyīn,** das von der Regierung *Máo Zédōng* eingeführt wurde. Doch längst nicht alle China-Bücher benutzen *hànyǔ pīnyīn,* und auch in Hongkong und Taiwan hat man andere Umschriften. So wird Herr *Lǐ* in einem taiwanesischen Pass zum Herrn *Lee,* obwohl die Aussprache dieselbe ist. Am verwirrendsten sind die verschiedenen Umschriften für den Benutzer verschiedener Lexika des Klassischen Chinesisch, deren Verfasser ausländische Sinologen sind. Bislang existieren kaum zwei Lexika, die mit der gleichen Umschrift arbeiten, da jeder Autor sein eigenes System benutzt. Auch das Wiederfinden von chinesischen Namen in Geschichtswerken kann für den Laien sehr schwierig sein. Woher soll der Leser wissen, dass ein Name wie z. B. *Zhuāngzi* mit *Chuang-tzu* oder gar *Dschuang Dsi* identisch ist!

Der chinesische Alltag

Höflichkeit

„Mund und Herz sind zweierlei."
(Chin. Sprichwort)

Das Irritierende an der chinesischen Höflichkeit ist, dass sie manchmal das Gegenteil von dem zu sein scheint, was Menschen im Westen unter gutem Benehmen verstehen. *„The Lack of Sincerity"*, „Der Mangel an Aufrichtigkeit", überschrieb der amerikanische Missionar *Arthur Smith* im Jahre 1894 ein ganzes Kapitel, das von chinesischer Höflichkeit handelt:

„Den wahren Grund für irgendetwas kann man kaum je erwarten, und selbst wenn ein (Grund) genannt wurde, kann man sich nicht darauf verlassen ... Ein chinesischer Lehrer machte eine Bemerkung des Inhalts, daß man niemals eine Bitte auf harsche Weise abweisen solle, sondern vielmehr im Gegenteil ihr der Form halber nachgeben solle, auch ohne jegliche Absicht, dies auch tatsächlich zu tun. 'Vertröste ihn auf morgen und dann auf ein anderes morgen', schrieb er. 'So tröstest du sein Herz.'" [59]

Seither sind rund hundert Jahre vergangen, das Kommunikationswesen ist technisch fortgeschritten – doch die Verständigung zwischen Angehörigen verschiedener Kulturen ist so mühsam wie eh und je.

„*Wir haben*", erzählten zwei westliche Geschäftsleute, „*telefonisch mit einem Chinesen ein Geschäft abgesprochen. Es war schon alles klar. Wir sind nur zum Vertragsabschluss hierher gekommen. Auf einmal stellte sich heraus, dass der Mann gar nicht wollte.*"

Auf Chinesisch kann „Ja" unter Umständen „Nein" heißen. Man muss es nur herauszuhören wissen. Chinesen bereitet das in der Regel wenig Schwierigkeiten. Westler müssen erst mühsam lernen, die Botschaft hinter den Worten wahrzunehmen. Das ist nicht nur für sie anstrengend, sondern auch für die Chinesen, die mit ihnen zu tun haben und die zu ihrem Leidwesen ständig beim Wort genommen werden.

So brachte ich einmal ein Fräulein *Li* wochenlang in Verlegenheit: Fräulein *Li* war mir als Nachhilfeschülerin für Englisch vermittelt worden. Sie war mir sympathisch. Das Problem war, dass mein Englisch fast ebenso eingerostet war wie ihres. Trotzdem war ich der Überzeugung, mich in der ersten Probestunde nicht schlecht geschlagen zu haben, lächelte sie mich doch am Ende strahlend an und verabredete sich mit mir für die nächste Woche. Ein Mittwoch. Am besagten Mittwoch wartete ich einige Stunden auf sie. Abends rief ich sie an. Oh, sagte Fräulein *Li*, leider habe sie mich nicht mehr rechtzeitig benachrichtigen können. Sie habe für ihren Chef auswärts etwas erledigen müssen. Ob wir die Stunde vielleicht nachholen könnten? Nächste Woche? Am Mittwoch?

An jenem Mittwoch kam sie und hielt sich die Hände vor den Bauch. Mit diesen Magenschmerzen könne sie sich unmöglich konzentrieren. „Bitte", sagte ich, denn mir war nicht entgangen, dass da etwas faul war, „bitte sag einfach, wenn du nicht weitermachen willst. Es macht mir wirklich überhaupt nichts." Fräulein *Li* war entrüstet. Selbstverständlich wolle sie weitermachen. Wir müssten unbedingt die Stunden nachholen. Auf jeden Fall sollten wir uns wieder treffen. Am nächsten Mittwoch. Am Dienstag rief sie mich an und erklärte, sie müsse leider auf eine Hochzeit gehen. Ob wir uns vielleicht ...? Selbstverständlich. Am Mittwoch. Am Mittwoch morgen rief sie an und sagte, sie käme am Nachmittag bestimmt. Ich atmete auf. Meine Geduld hatte sich also doch gelohnt. „Außer", fuhr Fräulein *Li* fort, „es regnet. Ich habe nämlich keinen Schirm."

Es war Regenzeit. Spätestens um zwei Uhr mittags entluden sich täglich gewaltige Wassermassen. Man konnte fast die Uhr danach stellen.

Um nichts in der Welt hätte Fräulein *Li* einfach abgesagt. Mit Unaufrichtigkeit hatte das nichts zu tun. Doch es gehört sich einfach nicht, sein Gegenüber durch eine offene Zurückweisung zu brüskieren, weil er dadurch das Gesicht verlöre. Höflichkeit auf chinesisch ist **Rücksicht auf das Gesicht der anderen.**

Auch Westler kennen Gelegenheiten, in denen sie mit Rücksicht auf das Gesicht eines anderen bewusst die Unwahrheit sagen. Wer einen empfindlichen Chef auf etwas aufmerksam machen will, was dieser selber verpatzt hat, wird Mittel und Wege suchen, so schonend und indirekt wie möglich vorzugehen, wird vielleicht den Fehler sogar lieber auf sich nehmen. Chinesische Höflichkeit ist im Prinzip nichts anderes. Sie erstreckt sich allerdings nicht nur auf heikle Vorgesetzte, sondern auch auf nicht ganz so vertraute Freunde, Bekannte, Verwandte, Kollegen oder auf Ausländer.

Ein weiterer Unterschied ist, dass in China von vornherein niemand erwartet, direkt und unverblümt mit „der Wahrheit" konfrontiert zu werden. Chinesen untereinander verlassen sich in der Regel darauf, dass ihr Gegenüber von sich aus die Situation richtig einschätzt und die entsprechenden Konsequenzen zieht – und zwar **egal, was dem Wortlaut nach vereinbart wurde.** Das verlangt natürlich von allen Beteiligten Mitdenken.

Eine herzliche Einladung muss noch lange nicht bedeuten, dass man willens ist, den oder die Angesprochenen bei sich als Gast aufzunehmen. Sie kann genausogut einfach nur Bestandteil eines netten Small-talks sein. Wer sicher gehen will, wirklich willkommen zu sein, lehnt eine Einladung also erst einmal höflich ab, zweimal, dreimal oder noch öfter. Erst wenn wiederholt versichert wurde, dass man sich auf seinen Besuch freue, darf er getrost zusagen.

Vielleicht wird von A eine Einladung ausgesprochen und von B freundlich angenommen, wobei beide wissen, dass es sich um reine Good-will-Bekundungen handelt. Jede Situation ist anders und erfordert neues **Einfühlungsvermögen.**

Bo Yang, der Autor von „Der häßliche Chinese", behauptete daher einmal, in seinem Land verbrächten alle Leute zu viel Zeit damit herauszufinden, was das jeweilige Gegenüber wirklich gemeint habe. Vielleicht ist das so. Doch wohlerzogene Chinesen werden von klein auf dazu gezwungen, sehr feine Sensoren für die Stimmungen und Empfindungen anderer Menschen zu entwickeln. Die Botschaften mögen leiser und verschlüsselter sein, aber die Empfänger sind auch viel sensibler. Was einer sagt, ist nicht so wichtig. Es kommt darauf an, was einer meint. Dazwischen können Welten liegen. Die Intuition spielt bei der Verständigung eine größere Rolle als der Inhalt des Gesagten. Das zeigt sich übrigens auch an der Sprache: Man sagt nicht, „Ich glaube, dass er kommt." oder „Ich denke, das ist so und so." Man sagt „Ich fühle, dass er kommen wird." und „Ich fühle, dass das so ist." Gefühl steht für Wissen und Ahnen, Meinen und Denken.

Eine für chinesische Verhältnisse unzweideutige Absage ist dagegen die Antwort: Vielleicht. „Ich käme gerne mit, ich weiß nur noch nicht, ob ich Zeit dazu habe." ist die höfliche Antwort eines Chinesen, der nicht die geringste Lust hat. Auch eine bedenkenlose Zusage, die sämtliche Erwartungen übertrifft, kann eine klare Absage sein. Da man sowieso nicht vorhat, sich an das Versprochene zu halten, möchte man dem anderen wenigstens rhetorisch „Gesicht geben" *(gei mianzi)*. So erklärte eine Chinesin, die einen zum Sprachaustausch engagierten Ausländer loswerden wollte, sie hätte statt der verabredeten zwei Stunden Unterricht wöchentlich doch lieber gleich vier.

Chinesische Höflichkeit einzuschätzen und zu verstehen, lernt man nicht in drei Tagen. Man kann sie sich in keinem Volkshochschulkurs, in keinem Universitäts-Seminar aneignen und nicht nach Regeln auswendiglernen. Sie hat nichts mit Logik zu tun, aber einiges mit der Kunst, Gedanken zu lesen. Sie ist Bestandteil einer Kommunikationskultur, die auf genauem Hinfühlen beruht. Vir-

Freundinnen haben sich wie überall auf der Welt viel zu erzählen

tuosen auf diesem Gebiet geraten fast nie in einen krassen Widerspruch zu ihren Gesprächspartnern, denn sie erfassen deren Denkweise intuitiv richtig und passen sich verbal an. Selbst unter Chinesen sind Menschen dieses Schlages gefürchtet, weil sie kaum je preisgeben, was sie wirklich denken.

Zur höflichen chinesischen Rede gehört **die Kunst der Andeutung**. Es zeugt von plumpem Benehmen, eine Bitte so unumwunden vorzubringen, dass der andere sie zur Kenntnis nehmen muss. Bei weitem eleganter ist es, sie so zu verpacken, dass der Angesprochnene sie ohne schlechtes Gewissen übergehen könnte, wenn er denn Stoffel genug ist.

„Liebes Fräulein H.", so oder so ähnlich lautete der Brief aus Shanghai, *„ich komme am 24.3. um sechs Uhr früh in Frankfurt an. Es ist sehr nett von Ihnen, dass sie mich am Flughafen abholen wollen, aber es ist ganz bestimmt nicht nötig. Bitte machen Sie sich keine Umstände. Sicher wird es für mich überhaupt kein Problem sein, alleine den Zug nach Göttingen zu finden ..."* Chinesen, die diese Zeilen lesen, wissen sofort Bescheid. Klarer Fall, der Mann hat Sorge, dass er nicht abgeholt würde.

Eigentlich hieß der Brief also: *„Ich weiß natürlich, dass es Ihnen Umstände macht. Aber wenn Sie trotzdem kommen, bin ich Ihnen sehr dankbar. Denn Sie können sich ja denken, wie schwierig es für mich wird, ohne Sprachkenntnisse alleine den Zug nach Göttingen zu finden ..."*

Sich in die Situation eines anderen hineinzuversetzen und ihm auch dann, wenn er (aus purer Höflichkeit) Hilfe ablehnt, unbedingt weiterzuhelfen, gehört zu den Spielregeln der Höflichkeit. Vor allem Bitten und Erwartungen werden gerne so subtil und beiläufig geäußert, dass Ausländer Verständnisschwierigkeiten haben. Enttäuschung und Ärger bei der betreffenden Person, die sich nun schlecht behandelt fühlt, können die Folge sein.

Sie habe gehört, europäisches Olivenöl sei wunderbar für die Haut, ließ eine Chinesin ihre westliche Mitbewohnerin wissen, die ein paar Monate später auf Heimaturlaub ging. Für die Chinesin war dies deutlich genug. Noch offener hätte sie ihr Ansinnen nicht äußern können, denn sie wollte die Ausländerin nicht über Gebühr bedrängen. Diese kam von ihrer Reise ohne Olivenöl zurück. Zwei Monate vergingen. Eines Morgens platzte die Chinesin heraus: „Warum hast du mir kein Olivenöl mitgebracht?"

Ausländer besitzen einen gewissen Trampeligkeits-Bonus und man nimmt ihnen in der Regel einen solchen Vorfall nicht allzu sehr übel. Für Chinesen kann es besonders im Berufsleben gefährlich werden, Andeutungen zu überhören:

„Wenn es sich um gleichgestellte Freunde handelt, dann macht es nichts. Aber wenn einer Macht hat, eine hohe Position oder viel Geld und du hast mit ihm zu tun, so bist du ununterbrochen dabei nachzugrübeln, was er eigentlich gemeint hat." [60]

Nicht wenige Chinesen arbeiten vorzugsweise mit Westlern zusammen, weil ihnen ihre eigenen Landsleute zu kompliziert sind.

Denn auch Chinesen untereinander erleben Missverständnisse: Herr *Chang* war für einige Monate verreist und hatte Frau *Lo* seinen Zimmerschlüssel samt Geld hinterlassen, um eventuell anfallende Rechnungen zu bezahlen. Er kam früher als erwartet zurück. „Ich geb dir gleich auch das Geld!", sagte Frau *Lo*, als Herr *Chang* die Schlüssel bei ihr abholte, denn es waren noch ein paar hundert Euro übrig. „Ach, lass mal", sagte Herr *Chang*. Frau *Lo*, die für Herrn *Chang* nicht nur Blumen gegossen, sondern auch schon Referate getippt hatte, fasste dies offensichtlich als eine zartfühlende Art von Bezahlung auf. Sie gab das Geld tatsächlich nicht zurück. Herr *Chang* wartete Monatelang darauf, ohne sie allerdings je wieder zu erinnern, denn das gehörte sich nicht. Ein halbes Jahr später kam es deswegen zu einem heftigen, nahezu wortlosen Zerwürfnis zwischen ihnen.

Chinesisch sei, so heißt es, im Gegensatz zu Englisch die Sprache der Overstatements. Das aber gilt nur für Mitteilungen der angenehmen Art. Negatives drückt man so sachte wie eben möglich aus. *Idiandian* ... „ein ganz kleines bisschen ..." Ein ganz kleines bisschen besser könnten deine vier Töne noch werden." Das heißt soviel wie: „An deinen vier Tönen musst du wirklich noch arbeiten!" „Kannst du ein ganz kleines bisschen ruhiger sein?" entspricht in etwa dem deutschen: „Halt den Mund!"

Charakteristisch für die indirekte höfliche Ausdrucksweise ist ferner das so genannte **„spiralenförmige Reden"** der Asiaten. Es ist wenig höflich, gleich zum Kern eines Themas zu kommen, seine Zuhörer mit Dingen zu konfrontieren, die sie vielleicht gar nicht hören wollen. Also nähert man sich dem Hauptpunkt in konzentrischen Kreisen. Je beiläufiger man beginnt, um so besser kann man seinen Gesprächspartner und seine Reaktionen beobachten. Um so eher weiß man, an welchem Punkt Verständnis oder Geduld des Gegenübers strapaziert sind.

„Entschuldige bitte, dass ich vorgestern Abend so spät nach Hause gekommen bin." Ein Satz wie dieser kann vieles bedeuten. Er kann zum Beispiel genau das bedeuten, was er besagt. Er kann auch heißen: *Du* hast mich in letzter Zeit beim späten Nachhausekommen öfter geweckt. Und er kann irgend etwas ganz anderes bedeuten, vor allem wenn sich bis dato noch kein Mitbewohner um das Nachhausekommen des anderen gekümmert hat. In diesem besonderen Fall bedeutete es: „Ich habe etwas auf dem Herzen". Was das war, stellte sich nach etwa anderthalb Stunden heraus. Das späte Nachhausekommen der Betreffenden hatte etwas mit der Schwester des Verlobten zu tun, die sie wieder einmal herumkommandiert hatte. Seit sieben Jahren ging das schon so. Nichts tat der Verlobte dagegen, weil er zu schwach und zu harmlos war, um die Frauen seiner Familie im Zaum zu halten. Schließlich war alles unerträglich geworden: Es hatte den großen Knall gegeben. Deswegen war sie also zu spät nach Hause gekommen ...

Natürlich kann man sich auch durch Taten indirekt verständlich machen – indem man sie nämlich unterlässt. **Stille Verweigerung** statt offener Entrüstung oder Vorwürfen ist ein geradezu klassisches chinesisches Mittel, jemand anderen in seine Grenzen zu weisen. Der Ausländer, der vielleicht den rechten Ton nicht gefunden hat, wird feststellen, dass sein Gegenüber sich nun erst recht dumm stellt: „Ich weiß nicht." *(Wo bu xiaode)* „Haben wir nicht." *(meiyou)* „Ist ausverkauft." *(maiwanle)* „Geht nicht." *(bu xing).* In staatlichen Geschäften der Volksrepublik China gehört dies übrigens zum festen Repertoire der Angestellten, wenn sie sich von Kunden in ihrer Ruhe gestört fühlen.

Ein freundlicheres Beispiel für eine Unterlassung ist das folgende: Chinesen erwarten, wenn sie jemanden besuchen, dort abgeholt zu werden, wo sie ankommen, am Flughafen, am Bahnhof oder an der Haltestelle. Bei der Verabschiedung begleitet der Gastgeber selbstverständlich seine Gäste wieder dorthin zurück und wartet, bis sie abgefahren sind. Dass viele Westler dies nicht wissen, ist eine lebhafte Quelle interkulturellen Missvergnügens.

Ein chinesischer Bekannter, neu in Deutschland, versuchte, seine deutschen Gastgeber auf höfliche Weise an ihre vermeintlichen Pflichten zu erinnern: Sie wohnten im ersten Stock eines Hochhauses und hatten den Weg von der U-Bahn-Station bis zum Haus sowie die Lage der Wohnung im ersten Stock exakt beschrieben. Er fand bis dort hin und klingelte. Sie öffneten die Haustür unten per Türöffner. Aber niemand kam herauf. Es klingelte wieder. Wieder betätigten sie den Türöffner. Wieder kam niemand. Das ging etwa drei oder viermal so, bis sie auf die Idee kamen, der Türöffner sei defekt. Sie gingen hinunter. Unten im Flur des Hauses wanderte ihr Gast in sichtlicher Unruhe auf und ab. „Warum kommen Sie denn nicht hoch?" wurde er gefragt. Er lächelte nur. Das konnten sie sich ja schließlich auch selber denken.

Die chinesische **Entschuldigung** *duibuqi*, das heißt wörtlich „Erhebe nicht (deine Hand) gegen (mich)", hat viel Ähnlichkeit mit einem freundlichen Lächeln: Beide sind praktisch nie fehl am Platze. Nicht immer ist sie Ausdruck tatsächlichen Bedauerns: Bei Einladungen zum Essen pflegen sich die Gastgeber für das bescheidene Mahl zu entschuldigen, selbst wenn sich der Tisch vor Delikatessen biegt. Gelegenheiten sich zu entschuldigen sind zahlreich: Man entschuldigt sich für einen Umstand, den man anderen macht, man entschuldigt sich dafür, dass man sein gutes Recht wahrnimmt, und man entschuldigt sich für das Versehen, das dem anderen unterlaufen ist.

Eine in ihrer Vielseitigkeit unübersetzbare Floskel der Entschuldigung ist die Wendung *bu hao yisi*. Wörtlich heißt das: „(Es macht) keinen guten Sinn". In der praktischen Anwendung kann es alles mögliche heißen. *Bu hao yisi* sagt jemand, der ein Geschenk in Empfang nimmt, zu deutsch: „Aber das wäre doch nicht nötig gewesen." *Bu hao yisi* sagt man im Reisebüro, wenn man sein Ticket

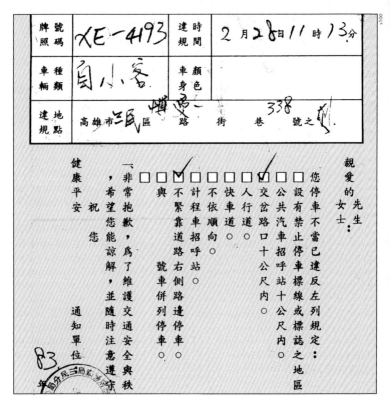

ändert: „Entschuldigen Sie, dass ich Ihnen Umstände mache." *Bu hao yisi* ist es, sich von einem Bekannten den neuen Wagen auszuleihen, daher unterlässt man es. Hier bedeutet die Wendung: „Das wäre wirklich zu viel verlangt." „Sei nicht *bu hao yisi*!" beim Essen dagegen heißt: „Greif zu! Keine falsche Zurückhaltung!" „Entschuldigung, vielmals Entschuldigung, ich bin *bu hao yisi*!" sagt die Frau in der Reinigung, weil sie ihren Kunden darauf aufmerksam machen muss, dass er noch nicht bezahlt hat. In diesem Fall heißt es: „Es ist mir peinlich, dass ich dich auf dein Versehen aufmerksam machen muss."

Es ist bezeichnend für die chinesische Höflichkeit, dass immer der Sprechende selber *bu hao yisi* ist. Man sagt nicht: „Du bist jetzt aber *bu hao yisi*!" Man gibt vor, den Fehler nur bei sich selbst zu sehen. Auf diese Weise kann eine Entschuldigung also indirekt einen Vorwurf beinhalten. Umgekehrt ausgedrückt: Es ist höflicher, einen Vorwurf in die Form einer Entschuldigung zu kleiden.

Selbst der Staat hält sich an diese Regel, wenn er seine Bürger verwarnt. Ein Strafzettel (s. l.) für falsches Parken lautet auf Taiwan so:

Liebe/r Herr/Dame:
Sie haben beim Parken gegen folgende der links aufgeführten Regeln verstoßen: (folgt eine Liste) Wir bitten Sie vielmals um Entschuldigung, dass wir zur Aufrechterhaltung von Ordnung und Sicherheit des Verkehrs von Gesetzes wegen Gebühren erheben müssen. Wir hoffen, Sie verstehen und verzeihen das und möchten in Zukunft darauf achten, die Verkehrsregeln einzuhalten.
Wir wünschen Ihnen Gesundheit und Frieden.   *Die Benachrichtigungseinheit*

Es wird dem Verkehrssünder keine „Ordnungswidrigkeit vorgeworfen", kein „Vergehen gegen die STVO zur Last gelegt" und kein „Bußgeldverfahren gegen" ihn eingeleitet, wie es in der Sprache deutscher Ordnungsämter heißt. Bezahlt werden muss allerdings trotzdem.

So wie es höflich ist, sich zu entschuldigen, wenn dem anderen ein Fauxpas unterlaufen ist, für dessen Folgen er nun leider geradestehen muss, so ist es unhöflich, in einer Streitfrage am Ende allzu offensichtlich recht zu behalten. Derjenige, der unrecht hat, sollte wenigstens zum Schein Recht und Gesicht behalten. Offener Triumph kommt stets vor dem Fall:

Einst bestieg ein König den Berg der Affen. Die Affen flohen in Panik, nur einer blieb ganz unbekümmert, kletterte umher und zeigte seine Künste. Der König schoß einen Pfeil auf ihn ab, doch der Affe fing ihn geschickt mit der Hand auf. Da befahl der König allen Dienern, den Affen mit Pfeilen zu überschütten. Der Affe brach im Hagel der Geschosse zusammen ...[61]

Es gibt kaum eine Geschichte, die das Wesen **chinesischer Bescheidenheit** prägnanter illustrieren könnte. Man macht sich nicht nur aus purer Demut kleiner und unbedeutender, als man ist, sondern auch, weil es gefährlich ist, mit besonderen Fähigkeiten zu glänzen, sich zu exponieren. Man könnte den Zorn Mächtigerer auf sich ziehen, den Neid der Nachbarn oder den Spott der Bekannten. Die höfliche Bescheidenheit ist Selbstschutz. Nicht dass Chinesen grundsätzlich in einer verbalen Auseinandersetzung klein beigeben. Aber wenn ihr Gegenüber eingesehen hat, dass er im Unrecht ist, wird der höfliche Sieger dies nicht auskosten. Eine Chinesin, die sich mit ihrer Dozentin in einer sachlichen Frage uneins war, machte, sobald sie diese überzeugt hatte, sofort einen Rückzieher. Sichtlich verlegen begann sie nun nach Gegen-Argumenten für ihre eigene These zu suchen.

Zurückhaltung beim Rechthaben, Bescheidenheit im ganzen Auftreten charakterisiert das vornehme Benehmen – nicht nur in verbaler Hinsicht. Die ganze **Körpersprache** ist leiser, verhaltener. Jene Attribute, die im Westen nach landläufiger Meinung den aufrichtigen Menschen ausmachen, wie fester Handschlag und offener Blick, sind im chinesischen Raum Zeichen von schlechten Manieren. Man drückt sich zur Begrüßung nicht kräftig die Hand, um dem anderen zu signalisieren: Hallo, hier bin ich. Früher gab man sich überhaupt nicht die Hand, sondern legte zur Begrüßung die eigenen Handflächen gegeneinander. Heutzutage wird, wenn Westler zugegen sind, der Handschlag zwar aus Höflichkeit praktiziert, aber man bemüht sich, die Hand des anderen dabei nur flüchtig und weich zu berühren: Hallo, ich bin gar nicht so wichtig. Lass uns sehen, wie sich die Dinge entwickeln ...

Auch starrt man während eines Gesprächs seinem Gegenüber nicht unablässig in die Augen. Westler interpretieren den „verdeckten" chinesischen Blick mitunter auf ihre Weise – falsch: *„You never know what they think!"* Doch umgekehrt empfinden viele Chinesen die Augen der Westler als ausgesprochen unangenehm, wenn nicht sogar aggressiv.

Nur unter wirklich guten Freunden kann man sich (fast) alles erlauben – laut sein, dem anderen tief in die Augen sehen, ihm kräftig auf die Schulter klopfen, eine deftige Sprache benützen, recht haben und Schwächen bewitzeln. **Unter Freunden** zählt die Freundschaft mehr als das Gesicht, die Bescheidenheit, die Vorsicht, die Rücksicht und was da noch den menschlichen Umgang miteinander so schwierig macht. Unter guten Freunden kann man sich so benehmen „wie zu Hause".

Auch **in der Öffentlichkeit** ist höfliches Verhalten nicht unbedingt am Platze – vorausgesetzt die Öffentlichkeit besteht aus lauter unbekannten Menschen. Denn chinesische Höflichkeit ist eine Tugend, die nur in einem relativ begrenzten Kreis zum Tragen kommt. Während Westler unter Höflichkeit ein Verhalten verstehen, das auch oder sogar vorrangig den Umgang von Fremden miteinander erleichtert, so ist chinesische Höflichkeit in den meisten Fällen für Menschen reserviert, mit denen man aus irgend einem Grund etwas zu tun hat: für Freunde und Verwandte, für Bekannte und Besucher, für Kunden und Geschäftspartner, für Interviewpartner, ja sogar für Verkehrssünder – aber niemals für die völlig unbekannte Person, die da etwa Schwierigkeiten hat, ihre drei riesigen Koffer in den Zug zu bekommen. Der höflichste chinesische Gentleman wird gelassen zuschauen, wie er oder sie sich da abmüht, denn dies geht ihn schließlich nicht das geringste an. Die gebrechliche Alte, die sich sichtlich mühsam auf den Beinen hält, wird nur mit viel Glück einen Sitzplatz im Bus angeboten bekommen. Dass traditionell das Alter geehrt wird, ist eine Sache. Eine völlig andere ist das Alter von fremden Leuten.

Eine Ausnahme von dieser Regel bilden mitunter die Ausländer. Ihnen wird in Taiwan immer, in China manchmal, in Hongkong immerhin in einigen Fällen bereitwillig weitergeholfen, teils aus Gastfreundschaft und teils, um auf die Ausländer einen guten Eindruck zu machen. Doch dies ist bereits ein anderes Kapitel.

Anderer Leute Kinder sterben nie aus

„*Die Menschen des Altertums
gaben kein Haar her
und wenn sie damit auch
der ganzen Welt hätten nützen können.*"
(Liezi)

Bahnhof in Shanghai

Wer mit einer chinesischen Fluggesellschaft auf einer internationalen Strecke, z. B. Amsterdam – Hongkong, fliegt, der wird in aller Regel einen guten bis erstklassigen Service genießen. Sollte man dann mit derselben Fluggesellschaft auf einer innerchinesischen Strecke mit beinahe ausschließlich chinesischen Passagieren weiterfliegen und feststellen, dass der Service plötzlich mäßig und die neue Crew eher unfreundlich ist, so möge man sich nicht wundern. Man hat soeben Bekanntschaft mit einem chinesischen Prinzip gemacht, welches lautet: „Wir sind hier (fast) unter uns, wozu sollen wir uns noch ein Bein ausreißen?"

Dieselbe Schalterbeamtin, die vielleicht lächelnd und geduldig einem westlichen Ausländer erklärt, wo die Bushaltestelle ist, antwortet einem Chinesen auf dieselbe Frage unter Umständen nur mit einem Achselzucken. Vielleicht sagt sie auch: „Weiß nicht." – der Gipfel an Verbindlichkeit.

Einander unbekannte Chinesen sind sich vor allem eines: **gleichgültig.** Man hilft sich nicht, wenn man sich nicht kennt.

Der Lastwagen, der, auf der Straße umgekippt, im Straßengraben liegt und dessen Fahrer allem Anschein nach schläft oder besinnungslos ist, liegt Stunden später immer noch da. Inzwischen ist sogar schon die Polizei daran vorbeigekommen, ohne anzuhalten.

Zeit für eine Pause

Die Frau, die soeben von einem Auto angefahren wurde und unter schwerem Schock steht, hat Glück gehabt: Zufällig kam gerade eine Ausländerin vorbei, die ihr aufgeholfen und sie ins Krankenhaus gebracht hat. Kein Einzelfall übrigens: Ausländer, die Zeugen von Unfällen wurden, berichten übereinstimmend, dass außer ihnen selber niemand in irgend einer Form Hilfe geleistet habe.

Dass sich bei einem Hausbrand ein Ausländer, der gerade zugegen war, am Löschen beteiligte, obwohl er gar nicht in dem betroffenen Apartment wohnte, das war vor einigen Jahren in Taipeh eine Zeitungsmeldung wert.

Die alte Frau, die im Bus auf der Gangseite Platz gefunden hat, wird auf keinen Fall zur Seite rücken, um eine andere alte Frau neben sich am Fenster Platz nehmen zu lassen. Sie muss schon selbst sehen, wie sie sich durchzwängt. Dass jemandem, der keine Hand frei hat, die Tür aufgehalten wird, oder dass Mitreisende helfen, einen schweren Koffer mit ins Gepäcknetz zu heben, kommt sozusagen nie vor. Chinesen im Westen sind immer wieder tief beeindruckt, wenn Unbekannte ihnen bei solchen Gelegenheiten zur Hand gehen.

Der chinesische **Mangel an Hilfsbereitschaft gegenüber Fremden** wird auch von vielen Chinesen als sehr störend empfunden und heftig kritisiert.

Eine junge Frau erzählte: *„Ich hatte das Baby meiner Schwester im Arm. Mit der einen Hand hielt ich das Kind, mit der anderen suchte ich irgend wie Halt. Meine Schwester stand neben mir, sie ist im neunten Monat schwanger. Da ist nicht einer im Bus für uns aufgestanden, noch nicht mal eine von den Frauen, und die müssten es doch wahrhaftig wissen. Ich begreife das nicht."*

In dem taiwanesischen Film „Terroristen" sieht man in einer Szene ein Mädchen auf der Straße zusammenbrechen. Die Autos fahren an ihr vorbei, als existiere sie gar nicht. „Typisch!" kommentierte ein chinesischer Zuschauer. „Typisch chinesisch! Jeder denkt nur an sich." Wenn sich aber nun doch einer erbarmt und einen Krankenwagen ruft? Nun, der Wagen kommt nicht unbedingt noch in dieser Stunde. Vielleicht auch nicht in der nächsten. Er kommt vielleicht sogar überhaupt nicht. Sollte er aber doch auf dem Weg sein, bleibt er garantiert im Stau stecken. Niemand denkt daran, einen Rettungswagen vorbeizulassen. Warum auch? Warum soll ausgerechnet der Rettungswagen schneller vorankommen sollen als ich? Eine Notsituation? Nicht meine Sache!

Augenfällig wird die große Gleichgültigkeit gegenüber allen Angelegenheiten, die nicht die eigenen sind, beim **Müllproblem**. Gemeint sind dabei nicht Umweltskandale, die rosa Flüsse und schwarze Reisernten zur Folge haben, sondern das ganz normale Wegwerfverhalten von jedermann, egal ob privat oder im Dienste des Staates: Wer hat es in der VR China nicht schon einmal erlebt, wie im Zug die Behälter, in denen Essen verkauft wurde, sorgsam eingesammelt, gestapelt und dann mit Schwung aus dem Fenster geworfen werden? Eines schönen Tages wird man nicht nur die chinesische Mauer vom Mond aus sehen, sondern auch das gesamte Eisenbahnnetz: als ein weiß-graues Liniengewirr aus Abfällen.

In vielen Städten der VR China wird der Müll irgend wohin gekippt. Hauptsache, er sammelt sich nicht gerade direkt vor der eigenen Haustür. In Taiwans Straßen waren bis vor kurzem dafür bestimmte Müllecken vorgesehen, die nicht immer täglich geräumt wurden. Im Sommer, der wochenlang Temperaturen bis zu 36 Grad bringt und dessen Luftfeuchtigkeit auch die Schuhe schimmeln lässt, wurden solche Müllecken zu belebten Biotopen für Flöhe, Kakerlaken und Ratten. Letztere sind auf Taiwan so fett, dass selbst die Katzen respektvoll Abstand halten. Der Gestank war unschreiblich. Doch warum wurden keine Mülltonnen verteilt? Die chinesische Erklärung dafür lautet:

"Wer würde dafür etwas bezahlen wollen? Niemand! Die Hauptsache ist doch, dass man den Müll nicht mehr in der eigenen Wohnung hat. Wozu Geld dafür geben, dass andere Leute eine saubere Straße haben?"

Die Lösung, die schließlich gefunden wurde, war einfach. Der Müll darf nicht mehr auf die Straße geworfen werden, sondern wird direkt jeden Abend zu einem Müllauto gebracht, dass sich mit der immer gleichen wehmütigen Melodie („Für Elise") ankündigt.

„Gemeinsinn" heißt auf chinesisch **„öffentliches Tugendherz"** (*gongdexin*). Sowohl im kapitalistischen als auch im kommunistischen China geben sich die Regierungen größte Mühe, das öffentliche Tugendherz immer wieder in Kampagnen oder Werbespots heraufzubeschwören.

Die Propagierung diverser Vorbilder, wie die des braven Soldaten **Lei Feng** und anderer in den sechziger Jahren in der VR China ist symptomatisch dafür: Sie verkörperten all jene Tugenden, die Chinesen sich für gewöhnlich nicht nachsagen: *Lei Feng* ließ keinen Tag vergehen, ohne eine gute Tat im Dienste der Gesellschaft getan zu haben. Seine Lebensmittelrationen verteilte er an Genossen im Krankenhaus; er spendete seine gesamten Ersparnisse an Hilfsfonds zur Unterstützung von Bedürftigen; er trug alten Frauen die schweren Taschen, bügelte die Uniformen für seine Kameraden und wusste zu jeder Gelegenheit ein passendes Mao-Zitat. Er starb früh in Ausübung seiner militärischen Pflichten. Der Nachwelt hinterließ er ein (wahrscheinlich gefälschtes) Tagebuch voll mitreißender Einsichten:

„Ich muß die Worte des Vorsitzenden Mao studieren", hieß es da zum Beispiel, *„Ich muß die Anweisungen des Vorsitzenden Mao befolgen und ein guter Soldat des Vorsitzenden Mao werden."*

Sein Vorbild hat jedenfalls kaum Nacheiferer hinterlassen. Das Volk hält sich an seine eigene uralte Weisheit: *Bieren de haizi sibuwan!* Anderer Leute Kinder sterben niemals aus. Es gibt unendlich viele davon. Was gehen sie mich an? Ich habe genug damit zu tun, mich um meine eigenen zu kümmern.

So offenkundig die Nachteile dieses krassen Egoismus sind, er hat auch seinen ganz eigenen Charme. In vieler Hinsicht lebt es sich unbeschwerter in einem Land, in dem sich jeder zuvörderst um seinen eigenen begrenzten Kreis kümmert.

Undenkbar, dass ein unbeteiligter Passant den Fahrer eines auf der Busspur anhaltenden Autos wüst zu beschimpfen begänne, weil er auf der Busspur nicht anhalten darf, oder dass einem Mann, der bei Rot die Straße überquert, nachgerufen würde: „Dir wünsche ich, dass du totgefahren wirst!"

Weniger liebenswert als erschreckend wirkt auf die meisten Besucher allerdings jener **Sozial-Darwinismus,** der in jüngster Zeit **auf den Straßen der Volksrepublik China** den menschlichen Umgang miteinander ersetzt. Hier hat sich eine neue Dimension von Indifferenz herausgebildet, die weit über die traditionelle Passivität im oben beschriebenen Sinne hinausgeht.

Nirgends sonst im friedlichen Asien erlebt man eine Öffentlichkeit von so asozialem Verhalten wie ausgerechnet hier im Stammland einer einzigartigen Hochkultur. Nirgends ist die Verrohung der öffentlichen Sitten dermaßen fortgeschritten. „Es ist nicht übertrieben", stellte eine Sinologin fest, „in der Volksrepublik China den sozialen Tod zu diagnostizieren." [62]

Im Folgenden zitiere ich aus dem Bericht eines Touristen, der sich 1988 in China aufhielt (mit freundlicher Genehmigung von *Alfred Wirth,* Kiel):

„Ich stehe auf dem Bahnsteig und warte auf den Zug. Es ist schon unglaublich, wie groß die Menschenmasse ist. In China ist man nie, mit wenigen Ausnahmen, allein. Ich habe mich so ungefähr zwei Meter von der Bahnsteigkante zurück gestellt. Man weiß ja nie. Menschenmengen wogen, drängen, schieben. Der Zug fährt ein. Platsch, ein Mensch vor mir fällt aufs Gleis. Kein Aufschrei! Kein Heulen! Nichts! Jeder, der eine Platzkarte hatte, musste einsteigen. Die Eisenbahnpolizistin sorgte mit Nachdruck dafür."

Unser Tourist schilderte auch einen Autounfall, bei dem ein Mann auf dem Hintersitz ums Leben gekommen war:

„Der angefahrene Kleinlaster war folgender Typ: PS 200, L. 2 m. Lenker: nur ein gebogenes Rohr. Sitz und Ladefläche waren eins. Die Ladefläche war mit einer Kiste Kies beladen, darauf hatte der arme Kerl gesessen … Aller Wahrscheinlichkeit nach war er eingeschlafen und ist voll aufgebrummt. Es ist möglich, dass er überhaupt nichts mitbekam. Der Schädel war total abgetrennt und man hatte den Ärmsten auf seinen Kieslaster gelegt. Stumm, ohne mit der Wimper zu zucken, ist praktisch jeder einmal hingegangen und hat sich das Malheur angeschaut. Daraufhin habe ich gefragt. Was passiert nun? Der notbremsende Fahrer wird den nächsten Polizeiposten verständigen, sagte man

mir. Wo, wann, wußte auch keiner. Eine Frage beschäftigt mich immer, immer wieder. Was denken die Chinesen sich überhaupt bei solchen Vorfällen? Eigentlich bin ich nie dahintergekommen."

Derselbe Reisende wurde Zeuge eines Arbeitsunfalls:
„1988 in Wuhan
Dreimillionen-Stadt
Arbeit im Dock
Schiff eingedockt
Schiff sechs Etagen hoch
Gerüst: Bambusstangen
Wetter: Nieselregen
Unfall: Arbeiter fiel von der sechsten Etage des Arbeitsgerüstes
Arbeiter: Mausetot
Wichtig: Arbeitskollegen lachen darüber.

Nun wollte ich Näheres über den Unfall erfahren.
   Also, der Arbeiter hatte Durchfall in einem solchen Maße, dass er, kaum oben auf dem Arbeitsgerüst angelangt, schon wieder hinunter musste, sechs Etagen. Um das Maß vollzumachen, verlor er auf dem Weg abwärts noch einen Teil davon.
   Diese beiden Dinge, glitschige Bambusrohre und der leichte Nieselregen, waren geradezu eine Todesfalle. Aber wie und was denken die Chinesen und warum?
   Nun, erstens war dieser Unglücksrabe kein Han, sondern er kam nur aus der nördlichen Mongolei. Und, man halte sich fest, man hat ja genug Menschen. Es wurde weitergearbeitet, als wäre nichts geschehen."

Vorfälle wie diese sind insofern nicht typisch „chinesisch", als sie sich erst seit wenigen Jahrzehnten dramatisch häufen. So mitleids- und skrupellos das vormoderne China auch gewesen sein mag, in alten Reiseberichten aus dem vorigen Jahrhundert oder der ersten Hälfte dieses Jahrhunderts sind derartige Schilderungen nicht zu finden. Sich angesichts tragischer Unfälle passiv zu verhalten, entspricht zwar der traditionellen Haltung: „Anderer Leute Kinder sterben nie aus". Doch dass das Sterben von unschuldigen Menschen sogar mit Belustigung zur Kenntnis genommen wird, ist eindeutig ein neueres Phänomen.

Volksrepublikanische Chinesen selber führen den traurigen Zustand ihres „Tugendherzens" auf die jüngste Geschichte zurück: Hauptschuld tragen demnach die zehn Jahre der Kulturrevolution.

Unglaubliche Grausamkeiten geschahen besonders in den ersten Jahren der „Katastrophe", und sie geschahen vor aller Augen im ganzen Land. Sadistische Quälereien gehörten zum Alltag. Eltern verrieten ihre Kinder, Kinder ihre Eltern – fast in jeder Familie ereigneten sich Tragödien.

Der spottlustige Pekinger Volksmund machte in den Jahren nach der Kulturrevolution einen Witz daraus:

„Wo sind bloß all die jungen Tunichtgute von Peking geblieben? Antwort: Sie sitzen zu Hause und schreiben ihre Autobiographie."

Jeder hatte in diesen Jahren genug erlebt, um einen haarsträubenden Roman schreiben zu können. Was am Ende des großen Sturms übrig blieb, waren zerrissene Lebensläufe, eine völlig desillusionierte junge Generation, die nur wenig Bildung mitbekommen hatte, und die allgemeine Abgestumpftheit der Menschen. Zehn Jahre lang hatten Begriffe wie Menschlichkeit und Mitleid als reaktionär gegolten, waren Tugenden wie Höflichkeit als bourgeois verpönt. Offensichtlich ist es einfacher, einem Volk zivilisatorische Umgangsformen auszutreiben als wieder anzugewöhnen: Heute hat die Regierung große Mühe, auch nur die elementarsten Spielregeln des guten Benehmens wie z. B. Bitte- oder Danke-Sagen, in der Öffentlichkeit wieder populär zu machen.

Viel scheint der ganze propagandistische Aufwand bisher nicht genützt zu haben. Der Verfall der ganz alltäglichen Umgangsformen auf der Straße schreitet eher fort. Es müssen Äonen vergangen sein, seit der russische Sinologe *Aleksev* in seinem Reisetagebuch von 1907 China „Das Land der Höflichkeit" genannt hat. Was *Aleksev* gemeint hat, erschließt sich wohl nur noch den Besuchern Taiwans und Macaos. Die Volksrepublik China ist längst **das Land des Rempelns.**

Welche Ruppigkeit das öffentliche Leben in der VR China beherrscht, ist einem, der sie nicht am eigenen Leib erfahren hat, nur schwer zu vermitteln. In Geschäften wird oft nicht Schlange gestanden, weil nur der eine Chance hat, der besser rempelt. Flüchtlinge aus Festland-China, die in Hongkong in einer normalen Wartereihe anstehen, können von den Leuten vor ihnen schon blind erkannt werden. Vor lauter Angst, es könne sich jemand dazwischen drängen, gehen sie mit Vordermann oder Vorderfrau auf allerengste Tuchfühlung. Es ist nicht angenehm.

Die Kampfbereitschaft der Menschen beim Einsteigen in einen Bus in den volksrepublikanischen Städten lässt so manche Touristen die Entstehung des Kungfu in völlig neuem Licht betrachten. Klar, dass nur die kräftigsten jungen Männer eine Chance auf einen Sitzplatz haben. Sollte da eben ein komischer Ausländer aufgestanden sein, um einen Alten oder eine Hochschwangere sitzen zu lassen, so wird er feststellen, dass er sich noch nicht ganz erhoben hat, dieweil ein Zwanzig- oder Dreißigjähriger seinen Hintern schon auf den Sitz schiebt.

Auslandschinesen oder Chinesen aus Taiwan, Macao oder Singapur beobachten solche Szenen genauso befremdet wie westliche Touristen. Selbst Einheimische sind gelegentlich fassungslos. So erinnere ich mich an einen alten Mann in Shanghai, der wie ich die Absicht hatte, in den Bus zu kommen. Ungläubig sah er die trampelnden Horden vor sich den Wagen stürmen. Ein

Mann zog sich an den Zöpfen einer jungen Frau hinein. Mehrfach wurde versucht, die Tür zu schließen, wobei wie immer verschiedene Menschen und Körperteile gequetscht wurden. Schließlich war es geschafft, und der Bus fuhr an. Der alte Mann und ich waren zurückgeblieben. Offenen Mundes stand er da und schüttelte wieder und wieder den Kopf.

So beängstigend niedrig das Niveau der öffentlichen Moral in China mittlerweile ist, so darf man doch nie vergessen, dass dieselben Menschen, die auf der Straße rücksichtslos ihre Ellenbogen einsetzen, in ihrem privaten Bereich ganz normal sorgende Familienväter, liebevolle Eheleute oder aufrichtige Freunde sind.

„Natürlich", sagte eine sehr gebildete Shanghaierin, „gebrauche ich auch meinen Ellenbogen, um in den Bus reinzukommen. Einmal habe ich jemanden angerempelt und dann beim Hinschauen gemerkt, dass es eine Freundin von mir war. In dem Moment ist mir mein Rempeln ungeheuer peinlich geworden. Aber normalerweise denke ich nicht darüber nach."

Überbevölkerung

Der Eindruck von Brutalität im öffentlichen Leben wird durch die Überbevölkerung nicht gemildert. Der alltägliche Stress, mit viel zu vielen Menschen um viel zu wenig Platz, Arbeit, Transportmittel, Wohnraum und Konsumgüter zu kämpfen, gibt Chinas neuer Rüpelhaftigkeit zweifellos zusätzlichen Auftrieb. Vor ein paar Jahren gab es einen Witz:

Lübke kommt von einer China-Reise zurück. „Wie waren die Chinesen?" fragt seine Frau. „Sie waren zahlreich, meine Liebe, vor allem zahlreich ...", antwortet Lübke.

Wer darüber lachen kann, war noch nicht in China.

Menschen sind das einzige, was dieses Land im Überfluss hat. Sie stellen ein Fünftel der Menschheit und ernähren sich von nur 6 % der landwirtschaftlich nutzbaren Fläche der Erde. Während Chinas Anbaugebiete seit Jahrhunderten praktisch gleich groß geblieben sind, hat sich seine Bevölkerung im Lauf der letzten drei bis vier Jahrhunderte verzehnfacht. Chinas Abstieg vom vielleicht reichsten und fortschrittlichsten Staat der Welt zum leidgeprüften Entwicklungsland korreliert in etwa mit dem Anstieg seiner Einwohnerzahl. Der Weg in die Armut begann zwischen dem 17. und 18. Jahrhundert mit einer Periode langen Friedens. Als es dann auch noch gelang, größere Überschwemmungskatastrophen, die bislang stets immense Opfer gekostet hatten, durch Deichbauten zu vermeiden, und die durchschnittliche Lebenserwartung stieg, vermehrte sich die Bevökerung von weniger als hundert Millionen zur Mitte des 17. Jahrhunderts auf über vierhundert Millionen Mitte des 19. Jahrhunderts. Wieder hundert Jahre später zur Gründung der Volksrepublik zählte China bereits 600 Millionen Menschen – das waren fünf- bis zehnmal mehr, als vorangegangene Dynastien von der Han- (206 v. Chr. bis 220 n. Chr.) bis zur Ming- (1368-1644) zu ernähren gehabt hatten.

Doch der neuen Führung unter *Mao Zedong* war das nicht genug. Im Glauben, die junge Republik benötige Menschen und nochmals Menschen, um das sozialistische Paradies zu errichten, wurde Familienplanung erst gar nicht in das politische Konzept einbezogen. Als in den fünfziger Jahren ein chinesischer Demograph vor den Folgen des Baby-Booms warnte, jagte man ihn aus dem Amt.

Erst zu Beginn der 70er Jahre wurde auch die politische Führung des Desasters gewahr. 1979 begann man dann mit dem Versuch, die Ein-Kind-Familie verbindlich einzuführen. Dass dies bei einem traditionell nachwuchsfreundlichen Bauernvolk auf Schwierigkeiten stoßen musste, ist verständlich, zumal Töchter noch nie viel gezählt hatten (siehe Kapitel „Frauenrollen"). Wer es sich leisten kann, umgeht also die gesetzliche Regelung und bezahlt lieber Strafe, als sich mit einer Tochter zufriedenzugeben. Auch die Tatsache, dass erst jetzt die geburtenstarken Jahrgänge im gebärfähigen Alter sind, dass die Kindersterblichkeit drastisch gesenkt werden konnte und die Lebenserwartung gestiegen ist, lässt die Bevölkerung weiter wachsen. Für die Mitte des 21. Jahrhunderts rechnet man mit etwa anderthalb Milliarden Menschen in China.

Die Menschenfluten in chinesischen Städten, in den Straßen, Geschäften, Bussen und Zügen wirken auf jeden Besucher überwältigend. Praktisch kein Aspekt des täglichen Lebens bleibt von den **Problemen der Überbevölkerung** unberührt. In den Städten hat jeder Einwohner kaum mehr als sechs Quadratmeter Wohnraum für sich zur Verfügung. Zwei Drittel aller Haushalte benutzen die Küche gemeinsam mit einer Nachbarfamilie, weniger als zehn Prozent der Wohnungen verfügen über ein Badezimmer. Universitätsstudenten teilen sich ein Zimmer zu sechs bis zwölf Personen; die Betten reihen sich doppelt übereinander entlang der Wand; für persönliche Dinge steht jedem eine schmale Tischhälfte und eine Schublade zur Verfügung. Als Kleiderschrank dient der Koffer unter dem Bett und als letzte Zuflucht vor den Blicken der Mitbewohner der Moskitovorhang am Bett.

Ein Stadtbummel in Shanghai oder Kanton ist ein pausenloses Bad in der Menge. Man ist nirgends allein und sei es auch nur für Augenblicke. Selbst die Toiletten sind im wahrsten Sinne des Wortes öffentlich: größtenteils ohne Türen und mit nur meterhohen Zwischenwänden.

Überhaupt ist es mit **Privatheit** nicht weit her: Viele Tätigkeiten werden auf die Straße verlegt, Gemüseputzen, Haareschneiden, Kartenspielen, Babyfüttern … Was vielen Touristen am chinesischen Straßenleben so reizvoll erscheint, hat seine Ursache im schlichten Mangel an (privat nutzbarem) Platz. Ein Mangel, der von den einzelnen übrigens sehr unterschiedlich empfunden wird. Während die einen im Westen ohne Zimmergenossen keinen Schlaf finden und sich einsam fühlen, träumen die anderen von nichts mehr als einem eigenen Zimmer.

Drangvolle Enge herrscht auch in Chinas Bussen und Zügen. Auf vier Omnibusse kommen etwa 10.000 Personen. Das Festhalten während der Fahrt erübrigt sich; zu den Stoßzeiten ist in den Stadtbussen kein Zentimeter Platz übrig. Immer wieder hört man von weniger abgebrühten Touristen, die bei ihrer ersten Bus- oder U-Bahn-Fahrt in Ohnmacht gefallen sind.

Dass die öffentlichen sanitären Verhältnisse in vielen Städten eine Katastrophe sind, ist zu verstehen. Die bei weitem hygienischsten Orte sind den Kleinkindern vorbehalten. Sie verrichten ihre Notdurft auf offener Straße, in überfüllten Zügen notfalls auch auf dem Gang.

In Chinas Menschenmengen geht einem leicht das Gefühl für den Wert eines anderen verloren. Wer ermessen will, was es bedeutet, hier den täglichen Überlebenskampf zu leisten, kann ein ganz simples Experiment machen: Man versuche einmal, ein paar Wochen lang in Shanghai oder einer beliebigen anderen Stadt Festland-Chinas mit einem normalen Bus zu fahren und nehme sich dabei vor, zu bestimmten Terminen rechtzeitig an einem bestimmten Ort sein zu müssen. Wenn man sich zum ersten Mal dabei ertappt hat, Schwächere, Alte oder Kinder im Getümmel abgedrängt zu haben, ist man auf dem besten Wege, sich zu assimilieren. Sehr lange dauert das nicht.

Ausländische Sinologiestudenten, die lange in der VR studiert haben, fangen spätestens in Hongkong an, über die Dringlichkeit der eigenen Resozialisierung nachzudenken:

„Ich ging durch eine Gruppe Hongkonger auf die Rolltreppe eines Hotels zu", schilderte ein Student seine Erfahrungen nach zwei Jahren China. *„Plötzlich, ich habe gar nicht gemerkt wie, fand ich mich ganz allein oben auf der Rolltreppe wieder und sah unten die Menschen fassungslos hinter mir herstarren."*

Einen Westler, der ohne Hemmungen um sich boxt, nur um auf eine Rolltreppe zu gelangen, erlebt man in Hongkong eben nicht alle Tage.

Beziehungen

„Wenn einer zum Zuge kommt,
steigen sogar seine Hühner und Hunde
zum Himmel auf."
(Sprichwort)

Guanxi sind die Beziehungen. *La guanxi*, die Beziehungsfäden ziehen, ist der Volkssport schlechthin. Beziehungen sind das A und O der chinesischen Gesellschaft. Sie ersetzen einerseits eine Sozialversicherung und sind andererseits der Stoff, aus dem die Anarchie gemacht ist, jedenfalls eine chinesische Variante davon.

Guanxi und Gesetze

Neben den Beziehungen gibt es die Gesetze. Sie gelten für die, die keine Beziehungen haben. Sie gelten also relativ selten.

So ist es nur natürlich, dass das Vertrauen in das geschriebene Recht nicht sehr groß ist. Nach einer Umfrage, die im Juni 1992 in der Hongkonger Zeitung *Jiushi niandai* veröffentlicht wurde, erklärten über siebzig Prozent der Taiwanesen, Gesetze könne man ruhig umgehen, falls sie einem „ungerechtfertigt" vorkämen. Vierzig Prozent zeigten sich überzeugt, dass, wer sich ans Gesetz halte, dabei bloß Schaden nehmen würde. Über die Hälfte der Befragten gab an, dass Menschen mit Geld und Macht noch weniger gesetzestreu seien als andere.

Wie eine entsprechende Umfrage in Festland-China ausgesehen hätte, wissen wir nicht. Im großen chinesischen Mutterland ist längst der Wilde Osten ausgebrochen: Besonders im Süden des Landes, einer traditionell schwer regierbaren Region, ist die **Staatsmacht auf dem Rückzug.** Sogar Touristen können neuerdings davon etwas zu spüren bekommen: Busfahrer verkaufen reservierte Plätze privat unter der Hand an andere Kunden weiter. Bedienstete in staatlichen Hotels präsentieren für nicht vorhandene Extras Phantasie-Rechnungen; sogar Telefongespräche ins Ausland unterliegen beträchtlichen „Tarif"-Schwankungen – je nachdem wer in der Vermittlung mitverdienen möchte und wie naiv der Kunde ist. Beschwerden bei höherer Stelle nutzen wenig. Ausländer haben zwar eher eine Aussicht auf Erfolg als Einheimische, doch im Prinzip interessiert es überhaupt niemanden, was „rechtens" ist. Erlaubt ist, was die Polizei duldet, und deren Kulanz, so die allgemeine Auffassung, ist käuflich.

Der Augenschein scheint dies zu bestätigen. Wenn der schönste Schwarzmarkthandel mit Devisen und Drogen sich ganz offen vor den Augen verkehrsregelnder Polizisten abspielt, dann werden auch arglose Gemüter nachdenklich.

Nun ist die Verbindung zwischen Polizei und Unterwelt eine Sache für sich und für den Normalbürger ohnehin nicht zu durchschauen. Doch praktisch jeder ist Nutznießer jener großen Grauzone der geduldeten **Illegalität im Alltag,** in der Delinquenten, Polizei und Bevölkerung in einer Art stillschweigendem Einverständnis Hand in Hand arbeiten. Das betrifft vor allem kleinere Verstöße bzw. solche, die nach dem Volksempfinden eigentlich gar nicht richtig kriminell sind. Die nachfolgenden Beispiele stammen aus Taipeh, können sich so oder so ähnlich aber in jeder beliebigen Stadt des chinesischen Kulturkreises ereignen.

Zu nennen wäre etwa der **Straßenhandel,** der seit undenklichen Zeiten zum typischen Erscheinungsbild einer chinesischen Stadt gehört. Die Leute lieben ihn, denn wo die fliegenden Händler sich ausbreiten, ist oft bis Mitternacht „etwas los", und außerdem sind die Waren konkurrenzlos billig. Straßenverkäufer zahlen keine Miete, denn als Geschäftsgrundlage genügt ein Laken auf dem Bürgersteig, und obendrein zahlen sie keine Steuern. Die staatlichen Behörden freut das wenig. Jährlich gehen dem Fiskus immense Summen verloren.

Fernsehspots, die die Bevölkerung zum Boykott des Straßenhandels aufrufen, zeitigen keine sichtbaren Erfolge. So kommt es, dass tagtäglich auf einer der großen Einkaufsstraßen Taipehs das folgende Ritual zu beobachten ist: Polizisten nähern sich mit Trillerpfeife dem Ort des Geschehens und wedeln mit den Armen. Die Händler beginnen daraufhin gelangweilt, ihre Sachen zusammenzupacken und sich zu verziehen. Einmal schloss einer der Schmuckverkäufer seine Sachen einfach nur in einer Vitrine ab und ließ diese gleich auf der Straße stehen. Recht hatte er. Spätestens am nächsten Tag sind sie doch alle wieder da: die Straßenhändler, die Kauflustigen und die Polizisten. Manchmal sieht man Händler ihre Sachen schon wieder auspacken, noch bevor der letzte Polizist außer Reichweite ist. Das ist dann allerdings selbst der Polizei zu viel. Sie möchte wenigstens das Gesicht wahren.

So ähnlich funktionierte wohl auch das landesweit bekannte illegale **Busunternehmen,** das in scharfer Konkurrenz zu den staatlichen Linien stand. Es hatte sein Büro direkt am Bahnhof. Damit niemand den Weg verfehlen konnte, wurden große Schilder auf die Straße gestellt, auf denen die Abfahrtszeiten und Zielorte bekannt gegeben wurden. Lediglich das Einsteigen der Passagiere wurde auf Bahnhofsgelände nicht geduldet. Zubringerdienste von kleineren PKWs brachten die Leute zwei Straßen weiter zum eigentlichen Bus. Inzwischen hat der Staat übrigens sein Transportmonopol aufgegeben, und die private Gesellschaft ist legalisiert worden. Die Gesetze den Verhältnissen anzupassen anstatt umgekehrt die Verhältnisse unter viel Aufwand den Gesetzen anzupassen, entspricht der vielgepriesenen chinesischen Vorliebe für praktische Lösungen.

Die Aufhebung des Ausnahmezustands, der bis 1987 seit bereits vierzig Jahren auf Taiwan herrschte, war in diesem Sinne überfällig. Die Wirklichkeit hatte ihn zum Teil längst ad absurdum geführt. So hätte man eigentlich nicht **tanzen** dürfen. Und doch war Taipeh bekannt für seine wunderschönen, großzügigen Diskotheken und Tanzpaläste. Bunte Leuchtreklamen im Riesenformat machten sie schon von weitem kenntlich.

Gesetzlich verboten und trotzdem bei entsprechenden Beziehungen toleriert wird eine Form des **Garagenbaus,** bei der sich clevere Bürger die vorhandenen baulichen Gegebenheiten zunutze machen: In taiwanesischen Städten sind des vielen Regens wegen die meisten Bürgersteige überdacht. Da ist es naheliegend, auf dem Gehweg vor dem eigenen Haus zwei Wände hochzuziehen und ein Tor einzubauen. Fußgänger können ja auf die Straße ausweichen ...

Es ist für fast jeden Chinesen eine allgegenwärtige Erfahrung, dass auf die Gesetze kein Verlass ist. Recht zu bekommen ist keine juristische Frage und auch nicht vom Geschick des Anwalts abhängig. Ausschlaggebend sind einzig und allein die Beziehungen. Nicht jeder kann also machen, was er will.

Wehe dem Straßenhändler, der keine Beziehungen hat! Er wird so oft von der Polizei aufgegriffen, bis er aufgibt. Andere dagegen, die Beziehungen zur Polizei haben, können am hellichten Tag in Seelenruhe „sündigen": So begannen Nachbarn auf einer normalen, von Autos befahrenen Straße, ihr Haus anzubauen. Aus der ehemaligen Straße wurde eine Fast-Sackgasse mit schmalem Durchgang für Motorräder. Die Anwohner standen Kopf. Doch die Polizei ist nie gekommen. Die Nachbarn hatten einen Verwandten, der dort arbeitete. Da solche Vorfälle als alltäglich gelten, ist der Ruf der Ordnungshüter nicht eben gut. Was

Illegaler Straßenhandel

sind die besten Gesetze wert, wenn niemand da ist, der ihnen Geltung verschafft? „Das Gesetz ist ein Stück Papier", fasste eine Redakteurin ihre langjährige Berufserfahrung zusammen, „du kannst es zerreißen und wegwerfen."

Zu den amüsanteren Begleiterscheinungen dieser Einstellung gehört ein gewisser grundsätzlicher **Unernst gegenüber Anordnungen der Obrigkeit,** der unter Chinesen, zumal unter Südchinesen, verbreitet ist. Vorschriften, deren Nichtbeachtung nicht sofort, immer und überall konsequent geahndet wird, werden gerne als Empfehlungen verstanden. Man nimmt sie durchaus nicht unfreundlich zur Kenntnis, kümmert sich aber nicht weiter darum.

„Verehrte Fahrgäste! Bitte spucken Sie die Hülsen Ihrer Sonnenblumenkerne nicht auf den Boden!" schallt es zum Beispiel in Chinas Zügen wieder und wieder aus den Lautsprechern. Derweilen sitzt oder steht das verehrte Volk völlig unbeeindruckt in den Wagen und spuckt die Hülsen der Sonnenblumenkerne auf den Boden. Wenn irgend wo auf einem asiatischen Flughafen Ostasiaten in der Wartehalle seelenruhig in der Nichtraucherzone vor sich hin paffen, ist die Wahrscheinlichkeit groß, dass es sich um Chinesen handelt. Auf Taiwan erfüllen rote Ampeln im Straßenverkehr oft eine Funktion wie hierzulande Vorfahrtsschilder. In Städten, in denen das Verkehrsaufkommen nicht so dicht ist, dass in jedem Fall mit Verkehr aus der Querrichtung zu rechnen wäre, bremsen nur die Vorsichtigen bei Rot. Das heißt nicht, dass sie stehen bleiben, bis es Grün ist. Vielleicht ist die Ampel ja auch kaputt und steht überhaupt immer auf Rot? Wer wird so lange warten wollen?

Guanxi und Korruption

Die geringe Achtung, die die Gesetze und die Hüter der öffentlichen Ordnung genießen, haben auch weniger unterhaltsame Seiten. Eine allgemeine **Rechtsunsicherheit** macht sich in vielen Bereichen des täglichen Lebens bemerkbar.

Niemand möchte im Ernstfall auf die Unabhängigkeit eines Richters angewiesen sein. Der *Yamen*, der traditionelle chinesische Gerichtshof, stand schon immer im Ruf der Bestechlichkeit. *„Du hast einerseits recht"*, lautet ein alter chinesischer Richterwitz, bei dem der Sprechende vielsagend eine Hand öffnet, *„aber dein Kontrahent hat noch viel mehr recht als du"*, wobei er die andere Hand noch weiter öffnet.

Dass in der VR China bis vor kurzem der Beruf des Richters von juristischen Laien ausgeübt werden konnte, hat das Vertrauen in richterliche Kompetenz nicht gefördert. Doch auch in Taiwan, wo den Juristen immerhin ein ordentliches Jurastudium abverlangt wird, erwartet man nicht, dass es im Prozessfall mit „rechten" Dingen zugeht. Es empfiehlt sich daher nicht für einen Ausländer oder eine Ausländerin, z. B. nach chinesischem oder taiwanesischem Gesetz zu heiraten. Im

Ernstfall ist es vollkommen egal, ob das Scheidungsrecht die Kinder theoretisch dem Mann oder der Frau zuspricht. In der Praxis ist der verloren, der keine Beziehungen hat, und das dürfte in den meisten Fällen der/die Fremde sein.

Zu den vielbelästerten Auswirkungen des allzu menschlichen Faktors im chinesischen Rechtswesen gehört auch die **Korruption im öffentlichen Leben.** Wer eine Stelle bei der Steuerbehörde bekommt, gilt als Glückspilz. Er sitzt direkt an der Quelle der Bestechungen. Zahlreiche Karikaturen nehmen in der VR China die „Arbeit" diverser Untersuchungskomitees aufs Korn, die eigentlich die Einhaltung von gesetzlichen Vorschriften in Fabriken und Betrieben überwachen sollen, sich stattdessen aber nur auf Kosten der Belegschaft reichlich bewirten lassen. Besonders Privatunternehmen leiden unter der Praxis der staatlichen Behörden, sich jede Zulassung, jede Genehmigung, ja selbst die Zuteilung von fließendem Wasser und Elektrizität mit Geschenken und Einladungen teuer bezahlen zu lassen.

Im reichen Staat Taiwan ist es der bemerkenswert schlechte Zustand der Straßen, der von lebhafter Korruption zeugt. Es nützt überhaupt nichts, dass der Asphalt wieder und wieder repariert und erneuert wird. Solange Bauunternehmer und zuständige Stadtinspektoren gemeinsam daran verdienen, Pfusch zu machen, wird die Straßenqualität eher noch abnehmen.

Selbst bei solchen Kleinigkeiten wie der Qualitätsauszeichnung von Textilien ist der Kunde vor Betrug und Gekungel nicht sicher. Kein Mensch rechnet damit, dass ein Kleid, in dem ein Schildchen „100 % Baumwolle" bestätigt, auch aus reiner Baumwolle ist.

„Erstens fehlt die Kontrolle", so die Begründung. „Und zweitens kann man sich auf die Kontrolle, wenn es eine gibt, nicht verlassen."

Die dunkelste Seite des Beziehungsprinzips aber lernen die kennen, die im falschen Moment keine Beziehungen haben. Das kann lebensgefährlich werden, vor allen Dingen für die, die krank und arm sind. Eine Chinesin erzählte:

„Mein Vater war in lebensbedrohlichem Zustand und mußte auf die Intensivstation. Dort haben sie ihn auch tatsächlich retten können. Danach sollte er sofort in eine Spezialklinik verlegt werden. Wir warteten auf den Transportwagen. Stunde für Stunde. Der Wagen kam einfach nicht. Mein Vater war die ganze Zeit unversorgt. Nach einigen Stunden starb er. Wir haben später gefragt, warum der Wagen nicht gekommen sei. Man hat uns gesagt, wir hätten dem Fahrer des Wagens Geld zustecken müssen."

Die Familie hat diese Erklärung hingenommen. Alles andere wäre zwecklos gewesen.

Beziehungspflege ist eine vitale Notwendigkeit im täglichen und im beruflichen Leben. Kleine Gefälligkeiten erhalten die Freundschaft. Wer ins Ausland fährt, bringt Verwandten, Kollegen, Freunden und Bekannten eine Kleinigkeit mit. Damit sich niemand benachteiligt fühlen kann, werden oft insbesondere für die Frauen des Bekanntenkreises die jeweils gleichen Artikel gekauft. Ein Chinese, der zweiunddreißig Schminksets auf einmal ersteht, will also sehr wahrscheinlich keinen Handel damit eröffnen, sondern steht kurz vor der Heimreise ...

Noch viel wichtiger ist die richtige Dosierung materieller Zuwendungen gegenüber Vorgesetzten oder bei Vertretern aus Politik und Wirtschaft. In der kapitalistisch orientierten chinesischen Welt engagieren Firmen oder große Banken eigens zu diesem Zweck Profis, die nichts weiter zu tun haben, als wichtige Leute zum Essen einzuladen, sie ins Bordell oder zum Karaoke zu führen oder mit Geschenken geneigt zu stimmen. Beziehungspflege ist das Öl, das die Geschäfte schmiert. Schmeicheleien und kleine Aufmerksamkeiten halten Chefs und Chefinnen bei Laune ...

Es gibt keine Schätzungen darüber, wie viel Vermögen jährlich im Dienst der **Beziehungserhaltung** und -pflege in Restaurants und Bars vertrunken und verspeist wird. Beziehungsunkosten, die das Vielfache des Jahreseinkommens eines einfachen Arbeiters übersteigen sind keine Seltenheit. Für taiwanesische oder Hongkonger Verhältnisse ist selbst das nicht viel. Schon eine einzige Einladung zu einer Hochzeit kann einen Gast mehrere tausend amerikanische Dollar kosten (siehe Kapitel *Hochzeiten*).

Belebt die Konkurrenz um die besten *guanxi* vor allem den gastronomischen Sektor, so wirkt sie sich in anderen Bereichen des täglichen Lebens oft lähmend aus. Die einfachsten **Service-Leistungen** können zum Gegenstand von *guanxi* werden. 1998 waren etwa für die Strecke Taipeh – Gaoxiong mit normalen Mitteln keine Platzreservierungen in der Bahn zu bekommen. Nicht, dass es keine Plätze gab. Wahrscheinlich gab es an manchen Tagen sogar genug, aber die Reservierungen wurden aus Prinzip zurückgehalten: für Leute mit Beziehungen. Anstatt sich also am Schalter anzustellen, mussten Leute mit Beziehungen erst einmal herumtelefonieren, um einflussreiche Menschen dazu zu bewegen, die Beamten an der Fahrkartenausgabe dahingehend zu beeinflussen, eine Platzreservierung zu veranlassen ...

Doch nur selten ist das öffentliche Ärgernis, das Korruption und Beziehungen mit sich bringen, so groß, dass es den Zeitungen eine Meldung wert ist. So geschah es bei dem Aktienskandal im Juli 1992 in Shenzhen, der sogar in westlichen Medien Beachtung fand. Um aus dem Verkauf Shenzhener Aktien, die als bombensicheres Geschäft galten, noch mehr Profit zu ziehen, wurden fünf Millionen Lose für Kaufwillige ausgegeben. Etwa jedes zehnte Los (Kostenpunkt: ein durchschnittlicher Monatslohn) berechtigte seinen Besitzer zum Erwerb einer Aktie. Eine halbe Million Interessenten strömte zusammen. Als durchsickerte, dass sämtliche Lose unter Angehörigen von Polizei, Militär und Banken verteilt worden waren, brach ein Sturm der Empörung los. Die aufgebrachte Menge skandierte „Nieder mit der Korruption!", demolierte Autos und steckte sogar Polizeifahrzeuge in Brand.

Solche Vorkommnisse sind die großen Ausnahmen. Normalerweise sind auf breiter Ebene viel zu viele Leute an einer unsauberen Geschichte beteiligt, als dass sie Angst vor Konsequenzen haben müssten. Die **netzartige Beschaffenheit von Beziehungen** garantiert ein Höchstmaß an Sicherheit. Ein einzelner Unbestechlicher kommt gegen das dichte Gewebe der Vorteilsnehmer gar nicht an. Wenn dennoch unerfreuliche Dinge an die Öffentlichkeit gelangen, bemüht man sich, sie so schnell wie möglich wieder zu vertuschen: „Eine große Sache rede zu einer kleinen herunter und aus einer kleinen mache ein Nichts."

Guanxi und soziale Wärme

Beziehungen, so könnte man meinen, sind das Grundübel der chinesischen Geselllschaft. Das ist jedoch so nicht richtig.

Sie sind vielmehr die Grundlage der Gesellschaft. Beziehungen, die zum Schlechten genutzt werden, produzieren Ungerechtigkeit und Korruption. Ebenso können sie aber auch zum Guten genutzt werden und zum Beispiel jemandem, der in Not geraten ist, auf unbürokratische und menschliche Weise weiterhelfen. Das Netz der Beziehungen fungiert zugleich als **Netz sozialer Sicherheit.** Man ist niemals ganz hilflos auf sich gestellt, solange man noch jemanden kennt, der jemanden kennt, der jemanden kennt, der weiterhelfen kann ...

Sich unter Freunden oder auch nur Bekannten gegenseitig beizustehen, ist selbstverständlich. Es macht überhaupt nichts, wenn am Ende einer Beziehungskette derjenige, der hilft, denjenigen, dem geholfen wird, noch nie gesehen hat: A ist mit B befreundet. B mit C. C mit D. D hat eine Verbindung zu Y. Y wird gebeten, sich für A einzusetzen. A steht nun in der Schuld von B. B in der von C. C in der von D, und D in der von Y. Jeder wird sich bei seinem Ansprechpartner in irgend einer Form revanchieren.

Die **Hilfsbereitschaft und Herzlichkeit** unter denjenigen Chinesen, die in einer Beziehung zueinander stehen, ist für Westler immer wieder überraschend und beschämend. Beruht das chinesische Beziehungsprinzip vielleicht auch nur auf der Einsicht, dass eine Hand die andere wäscht und alle davon einen Vorteil haben, so erzeugt es dennoch eine hierzulande unbekannte soziale Wärme.

Hilfsbereitschaft gehört zu den Fundamenten der sozialen Beziehungen

Als sei es das Natürlichste von der Welt, wird Freunden von Bekannten Unterkunft gewährt, und sie werden eingeladen, an den Mahlzeiten teilzunehmen. Chinesen, die in eine Stadt fahren, in der sie fremd sind, sind daher nicht unbedingt allein. Vielleicht wohnen in der betreffenden Stadt Freunde eines Freundes oder einer Freundin, die für den unbekannten Gast schon wartend am Bahnhof bereitstehen.

Auch westliche Ausländer lernen die Geborgenheit, die die Beziehungen dem einzelnen geben, sehr zu schätzen. Auf wundersame Weise wird dem einen oder anderen unverhofft weitergeholfen – ob es nun um Platzkarten, Hotelzimmer, Bürgen oder einen Job geht. Der Freund meines Freundes ist im chinesischen Kulturkreis immer auch mein Freund.

Auslandsunerfahrenen Chinesen begreiflich zu machen, dass Freundschaften in vielen westlichen Ländern nur zwischen den Menschen bestehen, die sich gut kennen, und keinesfalls deren Freunde, Bekannten und Verwandten miteinbeziehen, das ist gar nicht so einfach. Es ist eine lausige Freundschaft in ihren Augen, die noch nicht einmal dazu ausreicht, Hilfe für Dritte oder Vierte zu mobilisieren. Eine chinesische Studentin, die ein Studium in Salzburg plante, wandte sich daher ganz selbstverständlich an eine (westliche) Freundin in Norddeutschland. Diese, so wusste sie, hatte eine Freundin in Wien. Und natürlich wäre es ja möglich, dass die Wienerin jemanden in Salzburg kennen würde. Der- oder diejenige könnte dann vielleicht bei Behördengängen oder bei der Zimmersuche helfen ...

In solchen Situationen steht der Westler, der es noch nicht einmal gewöhnt ist, einen guten Freund um Hilfe für Dritte zu bitten, dumm da.

Verpflichtung und Berechnung

Beziehungen bereichern den zwischenmenschlichen Umgang nicht nur, sie können ihn auch ungeheuer komplizieren. Oft ist nicht einmal für die Beteiligten selber klar, ob in einer Beziehung der Aspekt der Freundschaft oder der Zweckmäßigkeit vorherrschend ist.

Mit großem Misstrauen werden zum Beispiel **kostspielige Geschenke** betrachtet, von denen der Beschenkte nicht recht weiß, weshalb sie gemacht werden. Man wittert dahinter sofort eine bestimmte Absicht und ist verstimmt. Während im Westen „Geben seliger als Nehmen" ist, weil die Geste des Schenkens selbst Freude macht, ist unter Chinesen Geben vor allem deswegen besser als Nehmen, weil der, der etwas bekommt, von dem Moment an in der Schuld des Gebers steht. Geschenke, zumal wertvolle Geschenke, werden auch im Privatleben nicht als Geschenke aufgefasst, sondern als Vorleistungen, die zu Gegenleistungen verpflichten.

Ein Herr *Lu*, der in Deutschland studierte, kam einmal völlig verstört zu Besuch:

„Ich muss die Uni wechseln", kündigte er an. *„Ich muss weg aus dieser Stadt, weit weg. Denk dir nur, Chefkoch Chen will mir einen Mercedes schenken. Einen ganz neuen Mercedes! Kannst du dir denken, was ich tun muss, wenn es einen neuen Mercedes wert ist? Worum er mich dann auch immer bittet, ich kann einfach nicht mehr nein sagen. Diese verdammten Beziehungen nehmen mir die Luft zum Atmen."*

Herr *Lu* sollte mit eben diesem Mercedes die Frau von Chefkoch *Chen* gelegentlich fahren lassen; sie war auf einem Auge stark sehbehindert und hatte keinen hierzulande gültigen Führerschein.

So entsetzt wie Herr *Lu* war wohl auch die Chinesin, der eine Amerikanerin aus einer herzlichen Laune heraus eine Perlenkette schenkte. Sie sah das Mädchen nicht wieder. Zurück bleiben in solchen Fällen stets verdatterte Westler, die sich überhaupt nicht vorstellen können, was sie falsch gemacht haben.

Der Kompliziertheit des Schenkens trägt Rechnung, dass ein Geschenk selten sofort ausgepackt wird. Es wird beiseite gelegt und erst genauer betrachtet, wenn die Gäste fort sind. Erstens will man nicht gierig wirken, und zweitens will man nicht unbedingt allen zeigen, was man bekommen hat, denn ein Geschenk sagt eine Menge über die Beziehung aus, die man mit der schenkenden Person pflegt. Auch kann man dem Schenkenden einen peinlichen Vergleich ersparen: Jenes Präsent ist viel wertvoller als dieses etc. Obendrein muss man sich ohnehin für jedes Geschenk etwa im Gegenwert revanchieren. Das kann die Freude an den Gaben dämpfen.

Beziehungen bringen dem, der sie hat, also eine Reihe von Verpflichtungen, die zur Last werden können. Jeder einzelne ist eingebunden in ein **vielmaschiges Netz von Erwartungen,** denen allen gleichzeitig Rechnung getragen werden muss. Freie oder spontane Entscheidungen sind damit unter Umständen nicht mehr möglich. Denn die Fesseln der Beziehungen sind eng, so eng, „dass ich mich nicht mehr bewegen kann". Die Vorstellung, unentrinnbar in Beziehungen gefangen zu sein, ist ein spezifisch chinesischer Alptraum.

Keiner formulierte das mit mehr Schärfe als der Schriftsteller *Lu Xun* in seinem berühmten **„Tagebuch eines Verrückten".** Die traditionelle chinesische Gesellschaft mit ihren undurchschaubar verflochtenen Beziehungen und Dankesschulden bezeichnete er als eine Gesellschaft von Menschenfressern. „Menschen fressen" ist auf chinesisch der Ausdruck für ein gnadenloses Ausnutzen, Ausnehmen anderer. Unter dem Schutzmantel von Fürsorge und Herzlichkeit, so suggeriert das „Tagebuch eines Verrückten", findet tatsächlich ein Interessenschacher unmenschlichen Ausmaßes statt. Wohl nur Chinesen können den Verfolgungswahn nachvollziehen, den *Lu Xuns* Held packt, sobald ihn ein Mitmensch auch nur anlächelt, denn auch das sei pure Berechnung:

„Außerdem standen da noch sieben oder acht andere Menschen herum, steckten die Köpfe zusammen und flüsterten über mich, taten jedoch ganz unschuldig. Alle Leute, denen ich auf der Straße begegnete, verhielten sich ebenso. Einer der bösartigsten unter ihnen öffnete den Mund und grinste mich zähnefletschend an; ein Schauer durchlief mich vom Kopf bis zu den Füßen; denn kein Zweifel bestand für mich, daß sie ihre Pläne fertig hatten und im Begriffe waren zuzuschlagen." [64]

Das Tagebuch endet mit den Eintragungen:

„Nur nicht mehr daran denken!

Viertausend Jahre lang ist dies ein Land der Menschenfresserei gewesen, das wird mir erst jetzt bewußt; und auch ich habe dort viele Jahre zugebracht. (...)

Es ist möglich, daß ich, ohne zu wissen, was ich tat, ein paar Stücke vom Fleisch meiner Schwester aß! Und nun ist die Reihe an mir. (...)

Und ich mit einer Geschichte von viertausend Jahren Menschenfresserei - auch wenn ich nichts davon wußte - begreife erst jetzt, wie schwer es ist, einem menschlichen Menschen zu begegnen.

Vielleicht gibt es noch Kinder, die kein Menschenfleisch gefressen haben?

Rettet, rettet die Kinder ..." [65]

Vor allem junge Chinesen haben die Hoffnung, dass sich eines Tages all die Widerwärtigkeiten, die das Beziehungssystem mit sich bringt, ausmerzen lassen. Doch dazu müssten vermutlich die Beziehungen selbst abgeschafft werden. Die soziale Wärme und Geborgenheit, die sie auch bieten, werden wohl durch keine Rechtsvorschriften ersetzt werden können.

Strategien der Konfliktbegrenzung

*„Eine große Sache
rede zu einer kleinen herunter,
eine kleine Sache zu einem Nichts."
(Sprichwort)*

Absperrungen am Fahrkartenschalter
sollen Drängeleien verhindern.

Xie heißt „gemeinsam, zusammen" und *tiao* „in Einklang bringen, die Harmonie". **Xietiao** bedeutet, dass man sich untereinander solange austauscht, bis eine Art **Konsens** entstanden ist. „Sich abstimmen" kommt *xietiao* vielleicht am nächsten, allerdings wird das deutsche Wort in Situationen gebraucht, in denen man sich auf ein gemeinsames Vorgehen einigt, während *xietiao* unabhängig von gezielten Handlungsweisen eher für einen Dauerzustand menschlichen Miteinanders steht.

Xietiao ist ein sehr komplexer sozialer Vorgang. Er funktioniert nur, wenn alle Beteiligten mitspielen, was auch im Geschäftsleben sichtbar wird. „Leute, ich bin hier nicht auf dem Basar!", donnerte ein Deutscher, als dessen chinesische Geschäftspartner sich über einige Vertragsklauseln in einer Ausführlichkeit ergingen, die man hierzulande als „endloses Palaver" bezeichnet. Bezeichnenderweise endete das Gespräch ergebnislos. Es gehört zu *xietiao* bei **Verhandlungen,** dass alle Beteiligten ihre Argumente solange hin- und herwenden, bis man sich bei größtmöglicher Wahrung der eigenen Interessen wenigstens auf den kleinstmöglichen gemeinsamen Nenner geeinigt hat. Da das erfahrungsgemäß reichlich Zeit in Anspruch nimmt, verbinden chinesische Geschäftsleute gerne das Angenehme mit dem Nützlichen und verlegen ihre Geschäftsgespräche in Restaurants oder Bordelle, in deren Atmosphäre sich vielleicht entspannter und einfacher ein Einvernehmen herstellen lässt. Es ist kein Zufall, dass selbst bei politisch brisanten Verhandlungen zwischen den Regierungen Taiwans und der Volksrepublik China das gemeinsame Essen eine so große Rolle spielt.

Xietiao setzt voraus, dass eine Einigung grundsätzlich möglich ist, zumindest aber, dass alle Beteiligten den guten Willen mitbringen, zu einer allgemeinverträglichen Lösung zu kommen. Dieser **Wille zur Verträglichkeit** ist im chinesischen Kulturkreis normalerweise sehr ausgeprägt. Er wird im Westen gerne mit einem Mangel an Individualismus gleichgesetzt, doch nichts wäre falscher. Die chinesische Bereitschaft, sich mit anderen zu arrangieren, vor allem dann, wenn es unbedingt sein muss, folgt der Einsicht, dass es so am vernünftigsten ist. Die Übereinstimmung muss ja nicht von Herzen kommen, Hauptsache ist, dass sie ein weitgehend störungsfreies Zusammenleben gewährleistet. Ohne *xietiao* würde Anarchie im Land der Mitte herrschen, besser gesagt, noch mehr Anarchie.

Denn Chinesen sind, entgegen dem Meinungsbild, das in der westlichen Öffentlichkeit herumgeistert, ein Volk von geborenen Eigenbrötlern. *Bo Yang*, der Autor von *„Der häßliche Chinese"*, beobachtete:

Bauernhandel

„*Chinesen kooperieren nicht nur nicht miteinander, sie haben auch noch eine Fülle von Gründen, nicht miteinander zu kooperieren; jeder einzelne könnte aus seinen Gründen ein ganzes Buch machen. Man kann es in den USA überdeutlich sehen; das beste Beispiel liegt gerade vor unseren Augen: eine jede chinesische Gemeinde ist in mindestens dreihundertfünfundsechzig verschiedene Fraktionen zersplittert, die sich alle gegenseitig den Garaus zu machen versuchen. Es gibt ein Sprichwort in China: 'Ein Mönch schultert (mit einer Tragestange zwei Eimer) Wasser zum Trinken. Zwei Mönche heben (mit einer Tragestange zwischen sich einen Eimer) Wasser zum Trinken. Drei Mönche schultern gar kein Wasser zum Trinken.' Was nützt es, daß wir viele Menschen sind? Chinesen haben in tiefstem Herzen überhaupt keinen Begriff von der Wichtigkeit zusammenzuarbeiten. Sagst du das aber einem auf den Kopf zu, wird er dir einen ganzen Roman von der Wichtigkeit des Zusammenarbeitens erzählen.*"

China ist das Land des Kleinkapitalismus schlechthin. Die überwältigende Mehrheit der privaten Betriebe sind Einmann-, Einfrau- bzw. Einfamilien-Betriebe. „Jeder Chinese", erklären sie selber ihren Hang zur geschäftlichen Verein-

zelung, „ist am liebsten sein eigener Chef". In Taiwan, einem Land, das auf vier Jahrzehnte Erfahrung mit der freien Marktwirtschaft zurückblickt, dominieren nach wie vor unzählige Mini-Läden das Straßenbild.

„*Chinesen sind eine Schüssel Streusand!*" lautete eine verächtliche japanische Redensart während des Zweiten Weltkriegs. Dass der Zwerg Japan den riesigen chinesischen Kontinent im Handumdrehen erobert hatte, war auch auf die Unfähigkeit der Chinesen zurückzuführen, einen geschlossenen Widerstand zu organisieren – jede politische Gruppe (mit Ausnahme der Kommunisten) schien ausschließlich ihr eigenes Süppchen zu kochen. Eine chinesische Redensart drückt den Unterschied im Nationalcharakter der beiden asiatischen Völker so aus:

„*Ein Japaner ist ein Wurm, aber fünf Japaner sind ein Drache. Ein Chinese ist ein Drache, aber fünf Chinesen sind ein Wurm.*"

Gerade weil Chinesen so äußerst ungerne mit anderen in einer Gruppe zusammenarbeiten, gerade weil „Gruppengeist" anders als in Japan in China traditionell unbekannt ist, gerade darum spielt *xietiao* überhaupt eine so große Rolle. *Xietiao* schützt vor dem gnadenlosen Vernichtungskampf eines jeden gegen jeden in einer Gesellschaft, in der das Gesetz zu schwach ist, um den einzelnen zu schützen. Man muss sich einfach miteinander ins Benehmen setzen, alles andere gleicht einer Kriegserklärung an die Gemeinschaft.

Der Held vieler chinesischer Seifenopern, besonders derjenigen, die im staatlichen Auftrag gedreht werden, ist der besonnene, rücksichtsvolle, vernünftige Charakter. Er schafft Frieden unter den Zerstrittenen und gleicht Gegensätze aus. Dies tut er nicht deswegen, weil er zu wenig Selbstbewusstsein hätte, sondern aus Klugheit. Er weiß, dass auf die Dauer **Frieden nur durch Einigung** möglich ist. Er ist also in vieler Hinsicht das Gegenstück zu dem durchsetzungsstarken Ellenbogentypen, der den erfolgreichen Karrieristen westlicher Serien verkörpert. „Sich durchsetzen" ist überhaupt ein Wort, das es im Chinesischen so nicht gibt. Man kann es umschreiben, aber die damit üblicherweise verbundene Rechthaberei, die Fähigkeit, seinem eigenen Standpunkt offen gegen alle Widerstände zur alleinigen Geltung zu verhelfen, wird eher mit Kopfschütteln quittiert werden. Gibt es denn keinen besseren Weg, zum Ziel zu kommen, als seine Mitmenschen auf so gefährliche Weise zu verärgern?

Wie wirksam *xietiao* ist, zeigt das folgende Beispiel: Anlässlich der Rückgabe der Kaution kam es zwischen einem chinesischem Vermieter und seinen ausländischen Mietern zu einer heftigen Auseinandersetzung. Beim Auszug fehlte an einem alten Lampenschirm die Schraube, mit der er zu befestigen war. Der Vermieter wollte dafür etwa fünfzig Euro haben – mehr als die ganze Lampe gekostet hatte. Die Ausländer fühlten sich natürlich verschaukelt und sagten glattweg nein. Der Vermieter wurde hart. Sie wurden härter. Man begann sich feindselig zu taxieren. Eine Aussicht auf Einigung schien nicht mehr in Sicht, als der chinesische Freund der Mieter eingriff. Er redete eine Viertelstunde lang, als führe er das netteste Gespräch der Welt. Er zeigte großes Verständnis für den Vermieter, stimmte ihm aus vollem Herzen zu. Bloß wegen der Kaution, einer Kleinigkeit, nicht wahr?, müsse man sich noch ein bisschen einiger werden. Wo da das Problem sei? Schließlich seien doch alle gute Freunde, und unter guten Freunden wolle man sich doch wegen einer Schraube, die da locker gewesen und schließlich heruntergefallen sei, nicht böse sein ... Der Vermieter wand sich, versuchte, sich der Suggestion dieses Redeflusses zu entziehen, aber am Ende halbierte er seine Forderung. **Die Spielregeln des xietiao** waren stärker als sein Geschäftssinn.

Wenn man bedenkt, dass in solchen Fällen keiner der Beteiligten juristisch irgend etwas ausrichten kann, weil sich in aller Regel weder Polizei noch Gerichte mit Zivilklagen dieser Art befassen, dann wird klar, welche Rolle *xietiao* in der Gesellschaft spielt. *Xietiao* ist der Grund dafür, dass chinesische Gemeinden in Übersee als die gesetzestreuesten ausländischen Enklaven überhaupt gelten. Man regelt **Streitfragen nicht vor Gericht,** sondern privat, indem man Kompromisse sucht. *Xietiao* stellt allerdings in vieler Hinsicht höhere Ansprüche an die soziale Intelligenz des Menschen, als Gesetz und Polizei dies tun. Denn es müssen alle versuchen, einen Frieden zu erhalten, mit dem alle leben können. Wer das nicht fertigbringt, hat vielleicht keine rechtlichen Folgen zu tragen. Aber er bekommt anders artige, soziale Schwierigkeiten. Das gilt ganz besonders für die Volksrepublik China, wo der größte Teil der Bevölkerung in kleinen überschaubaren Einheiten, den *danwei*, lebt, wohnt und arbeitet, jeder also praktisch ein Leben lang immer denselben Menschen über den Weg läuft. Da überlegt man es sich sehr genau, ob man sich mit Extra-Touren zum Paria der Gemeinschaft macht oder die anderen mit Hilfe von *guanxi* übel übervorteilt. Doch auch in Taiwans anonymen Großstädten ist *xietiao* nach wie vor für das nachbarliche Zusammenleben wichtig. Wer seine Nachbarschaft zum Beispiel dadurch ärgert, dass er den in den engen Gassen kostbaren Park-Platz über Gebühr beansprucht, muss mit empfindlichen Folgen rechnen. Beliebt ist das Zerkratzen von Autos, denn es lässt sich nicht nur einfach und unauffällig mit Hilfe eines Schlüssels erledigen, sondern hat auch den Vorteil, der ganzen Welt sichtbar zu machen, dass der Besitzer ein „schlechtes Ei" *(huai dan)* ist, einer, der mit seiner Umgebung nicht zurecht kommen kann. Das ist eine unschöne Auszeichnung. Steigerungen der Vergeltung sind Zucker im Tank, aufgeschlitzte Reifen oder Demolierungen des Kotflügels mit der Axt. Während mutwilliger zielloser Vandalismus eher etwas Ungewöhnliches ist, sind gezielte Racheakte, die Autos, Motorräder, Fahrräder oder sonstige Gegenstände in Mitleidenschaft ziehen, häufig. Es empfiehlt sich also auch für den, der die besten Beziehungen zur Obrigkeit und deshalb von dieser nichts zu befürchten hat, seine Mitmenschen nicht allzu dreist zu verärgern.

In einer moralisch intakten chinesischen Gemeinde ist **Anständigkeit** deswegen ein hoher Wert. Von Nachbarn, Verwandten und Bekannten für einen „guten Menschen" gehalten zu werden, ist ein verlässlicherer Schutz als die Polizei. Das gesprochene Wort eines „guten Menschen" gilt dabei genausoviel bzw. viel mehr als ein schriftlicher Vertrag. Denn wo der Wille zur Anständigkeit fehlt, da nützt auch ein schriftlicher Vertrag nichts. Das haben besonders ausländische Geschäftspartner zu ihrem Schaden in den letzten Jahren in der VR China erfahren können. Zunehmender moralischer Verfall gehört zu den Schattenseiten, die Chinas gesellschaftliche Umbrüche seit einigen Jahrzehnten begleiten.

Konsens lautet das chinesische Konzept des Miteinanders, doch wo dieser Konsens nicht zu haben ist, was häufig geschieht, wird er durch **Konfliktvermeidung** ersetzt. Dass man einen unlösbaren Konflikt dadurch löst, dass man seine Unlösbarkeit erkennt und nicht mehr daran rührt, ist eine jahrtausendealte Weisheit:

Ein Mann aus Lu schenkte dem König von Song einen Knoten. Der ließ im ganzen Reich nach Leuten suchen, die ihn lösen könnten. Niemand schaffte es. Schließlich versuchte sich ein junger Mann daran, brachte die Hälfte des Knoten auf, besah sich die andere Hälfte und meinte: „Nicht nur ich kann diesen Knoten nicht lösen. Er ist überhaupt unlösbar." Man befragte den Mann, der den Knoten gemacht hatte. „Der Knoten ist tatsächlich nicht lösbar", antwortete der, „ich habe ihn selber gemacht und weiß es deshalb. Aber jener hat ihn nicht gemacht und trotzdem seine Unlösbarkeit erkannt. Er ist noch geschickter als ich."

Nicht die gewaltsame Durchtrennung des Knotens mit dem Schwert gilt als Lösung, sondern die stille Einsicht in seine Unlösbarkeit. „*Meiyou banfa*": „Da kann man nichts machen" ist einer der meistgebrauchten chinesischen Sätze im Alltag. Man schickt sich halt. *Rennai yixia:* „Ertrag's ein Weilchen". Diese Haltung wird begleitet von der Bereitwilligkeit, auch gröbste Untaten eines anderen nicht gerade zu vergessen und zu verzeihen, aber doch im Geiste beiseite zu schieben. Ein Arbeitskollege hat mich beim Chef angeschwärzt? Das war nicht nett, aber es ist kein Grund, ein paar Wochen später nicht doch mit ihm zusammen essen zu gehen. *Mei shi, mei shi*, es ist gar nichts, es ist gar nichts, lautet die Allround-Beschwichtigungsformel, die bedeutet, dass sehr wohl etwas ist oder gewesen ist. Aber das spielt keine Rolle. Man stellt sich nicht gegenseitig zur Rede, man geht zur Tagesordnung über. Besonders nach der Kulturrevolution hat China von dem versöhnlichen Verhalten seiner Menschen profitiert. Da standen nach zehn Jahren zum ersten Mal wieder die rehabilitierten zurückgekehrten Opfer ihren erbitterten Feinden von einst gegenüber, und es geschah – nichts. Man war gezwungen zusammenzuarbeiten, und deshalb tat man es.

Die meisten Chinesen sind schockiert, wenn einem Westler „der Kragen platzt", denn sie wissen nicht, woran sie dabei sind. Was für uns vielleicht ein „normaler" Temperamentsausbruch ist oder – wie offener **Streit** unter Mitbewohnern – sozusagen zum Alltag gehört, ist für sie nicht selten befremdlich oder erschreckend. Es gibt keine „Streitkultur" in China. Schon allein dieses Wort ist praktisch nicht verständlich übersetzbar. Was soll Streit mit Kultur zu tun haben?

Chinesen, die typisches deutsches (WG-)Zusammenleben genossen haben, erzählen mit fassungslosem Staunen von den stundenlangen Streitereien ihrer Mitbewohner um die Frage, wer wann den Müll wegtragen, das Geschirr spülen und die Haare aus der Dusche entfernen soll. Dass man sich ums Prinzip streitet, dass man sich sogar aus Prinzip ums Prinzip streitet, ist ihnen einigermaßen fremd: „Wir Chinesen leben zusammen, indem wir einfach zusammenleben ..."

Überdies gibt es oft elegantere Möglichkeiten, die anderen an ihre Pflichten zu erinnern. Die seit Wochen nicht geputzte Küche kann man zum Beispiel just in dem Moment unter Seifenwasser setzen, in welchem der, der mit dem Putzen an der Reihe ist, nach Hause kommt, um sich sein Essen zu kochen.

Offener Streit unter Chinesen ist eine soziale Entgleisung, ein Unfall – und beileibe kein harmloser Unfall. Denn wenn sie untereinander in einen lauten Streit geraten, dann geschieht dies mit einer emotionalen Wucht, die auch Unbeteiligten die Sprache verschlägt. Chinesen platzt nicht einfach so der Kragen. Es bedarf einer lange angestauten, wieder und wieder unterdrückten Wut, bis es zur Explosion kommt. Kommt es dazu, dann gleicht sie einer Naturkatastrophe: Sie findet unaufhaltsam statt ohne Rücksicht auf Zeit, Ort oder Anwesende. Man kann solche Szenen hin und wieder auf offener Straße beobachten. Den in Rage Geratenen wird es nicht im mindesten beeindrucken, dass sein Gebrüll einen Volksauflauf verursacht. Man kann es im Supermarkt erleben, im Restaurant oder sogar in den stillen, geheiligten Hallen einer riesigen Zentralbibliothek, in der das Schreien noch im dritten Stock zu vernehmen ist. Chinesische Wutausbrüche sind dabei nicht nur ungeheuer heftig, sie sind auch enorm andauernd. Es kann eine geschlagene Stunde vergehen, bis sich jemand seinen Zorn von der Seele gebrüllt hat. Kein Dritter wird versuchen, sich hier mit beruhigenden Worten einzumischen. Eher ruft man die Polizei, wenn, wie im Fall der Zentralbibliothek, die Allgemeinheit durch das Drama zu sehr gestört wird.

Kein Wunder also, dass Chinesen mit der Heftigkeit, mit der Westler Ungeduld oder Unmut äußern, nichts anzufangen wissen. Wutausbrüche sind für sie immer ein sozialer GAU. Chinesen nehmen sich zusammen, solange sie irgend können, und sie können es lange. Die sprichwörtliche chinesische Geduld ist weniger Herzensregung als Selbstbeherrschung. Seine Aggressionen zu unterdrücken und nochmals zu unterdrücken, gehört sich für zivilisierte Menschen. Westler mögen irritiert sein, wenn sie ihr asiatisches Gegenüber während einer unschönen **Konfrontation** heftig lächeln sehen, aber genauso irritiert es Chinesen, wie schnell Ausländer ihre Contenance verlieren. Nirgends prallen westliche und östliche Verhaltensweisen hilfloser aufeinander als in Konfliktsituationen, denn gerade im Zorn kommen die ureigenen Verhaltensmuster zum Vorschein. So sehr der Verstand einem *laowai* (Ausländer[66]) auch sagen mag, dass es mehr schadet als nützt, mal „gründlich die Meinung zu sagen", so selten sind die Ausländer, die sich auch noch im gereizten Zustand der gebotenen chinesischen Höflichkeit befleißigen. Wo immer eine Auseinandersetzung droht, sollte ein Westler das Reden möglichst Chinesen überlassen, die auf seiner Seite stehen. Zu leicht vergreifen wir uns im Ton und provozieren dabei wahre Völkerfeindschaft.

Die Rolle der Danwei in der VR China

*„Gestern Nacht blickte ich auf eine
Stadt in China nieder", sagte der Mond.
„Meine Strahlen beschienen
die langen nackten Mauern,
welche die Straßen bildeten.
Hier und da findet man wohl eine Tür,
sie ist aber verschlossen,
denn was kümmert die Welt draußen
den Chinesen?"
(H.C. Andersen, Bilderbuch ohne Bilder)*

Blick in eine Dorfgasse

Die **Danwei** ist nach der Familie die zweitkleinste Basis-Einheit im chinesischen Staat. Ansätze zur Danwei-Bildung gibt es auch im Westen. Wenn etwa Firmen ihren Mitarbeitern Werkssiedlungen zur Verfügung stellen, dann ist eine wesentliche Bedingung der Danwei schon erfüllt: die Einheit von Wohnen und Arbeiten. Eine Fabrik samt dazugehörigem Wohnviertel etwa ist eine Danwei. Eine Zeitungsredaktion oder eine Universitätsfakultät bildet eine Danwei. In ländlichen Gebieten ist die Danwei in aller Regel das Dorf. Fälle, in denen die Wohn-Danwei und die Arbeits-Danwei nicht identisch sind, häufen sich, doch ist man bemüht, ihre Zahl so gering wie möglich zu halten.

Auch große Städte wie Shanghai oder Peking sind also nur Konglomerate von (dorfähnlichen) Mini-Gemeinschaften. Städtische Anonymität wie im Westen oder auf Taiwan ist hier unbekannt. Die Danwei stiftet Identität: Am Telefon meldet man sich immer zunächst mit dem Namen der Danwei, dann erst mit dem eigenen.

Die **Aufgaben einer Danwei** sind vielgestaltig. Sofern es sich um Beamten-, Arbeiter- oder Angestellten-Danweis von staatlichen Betrieben handelt, kümmern sich diese um Kindergartenplätze, um die Rentenversorgung, die Krankenversorgung und den Mutterschutz. Dörfliche Danweis, in denen die überwältigende Mehrheit der Bevölkerung lebt, haben keinen gesetzlichen Anspruch auf Rente oder Krankenversicherung. Nach wie vor kommt die Familie für alles auf. Dass hier die Ein-Kind-Politik zum Scheitern verurteilt ist, nimmt nicht wunder.

Doch die Danwei ist mehr als nur eine Organisation in sozialpolitischen Belangen. Sie „kümmert" sich um die **Privatangelegenheiten** ihrer Mitglieder mit ähnlicher Gründlichkeit wie die ehemalige Großfamilie: Sie besorgt Möbel und Kino-Karten, schlichtet Ehekräche, verhindert Scheidungen, erteilt die Erlaubnis zum Heiraten, wenn das offizielle Heiratsalter erreicht ist; sie genehmigt Schwangerschaften oder auch nicht, maßregelt Aufbegehrende und vermittelt Heiraten. Kurz: Sie sorgt „für Disziplin, Ordnung und Hilfe" [67], und das ist durchaus nicht jedermanns Sache. Junge Leute jedenfalls, die sich wegen einer Verabredung vor ihrer Danwei-Leitung rechtfertigen mussten, haben die Danwei weniger als Schoß der Geborgenheit, sondern vielmehr als Instrument zur Beschneidung ihrer persönlichen Freiheit erlebt.

Jüngste Entwicklungen weisen allerdings darauf hin, dass auch die Danwei nicht mehr das ist, was sie einmal war. Viele Danweis der staatlichen Betriebe können die Lohnzahlungen nicht mehr vollständig leisten. Sie zahlen nur noch siebzig oder achtzig Prozent, manche sogar nur fünfzig oder gar dreißig Prozent aus. Einige sind pleite. Ihre Arbeiter und Angestellten stürzen sich „hinab

ins Meer" (*xiahai*) des privaten Geldverdienens. Auch ihre Rolle als Garant für Wohnraum zeigt **Auflösungstendenzen.** Manche Danwei ist dazu übergegangen, die Werkswohnungen zu verkaufen. Bei der Krankenversorgung entstehen Probleme, wenn der oder die Erkrankte auf einem Gebiet Hilfe benötigt, in dem sich der Danwei-Arzt nicht so gut auskennt. Muss ein Spezialist von außerhalb hinzugezogen werden, übernimmt die Danwei die Kosten nicht.

Die Zukunft der Danwei ist bei einem sich derzeit täglich ändernden China nicht vorhersehbar. Ganz ohne solche Mini-Organisationen ist China allerdings noch nie ausgekommen. Früher war es besonders im Süden Chinas der Clan, der sich um die sozialen und privaten Bedürfnisse seiner Mitglieder kümmerte. Es gab (und gibt heute wieder!) regelrechte Sozialhilfe für bedürftige Mitglieder; Verwandtschaftssolidarität wurde großgeschrieben. In der Architektur hat das „Danwei-Denken" unübersehbar Spuren hinterlassen. Nach außen hin geschlossene Wohneinheiten sind typisch für den traditionellen Häuserbau. Bis heute verleiht er China das allen Besuchern auffallende **Mauergepräge.** Solche Gebäude-Komplexe zeigen zu allen vier Seiten nach außen hin Mauern, im Innern gruppieren sich die Wohnhäuser um einen gemeinsam genutzten Innenhof. Dass das Leben innerhalb dieser behüteten Welt manchmal alles andere als eine Idylle war, wissen wir aus zahlreichen Familienromanen. Es ist eine kleine Welt, in der Macht- und Cliquen-Kämpfe genauso üblich sind wie in jeder westlichen Zwangsgemeinschaft. Die Abschottung nach außen hin funktioniert im Großen und Ganzen allerdings trotzdem. Innerhalb einer Danwei ist der moralische Standard immer noch um ein Vielfaches höher als in der anonymen Öffentlichkeit.

Für den Erhalt der Danwei sprechen auch **bevölkerungspolitische Überlegungen.** Die Danwei garantiert (noch) einen geregelten Zu- und Wegzug zwischen Stadt und Land. Niemand kann einfach so umziehen. Er gehört ja zu seiner Wohn- und Arbeits-Danwei. Nicht auszudenken, was aus Chinas Küsten-Metropolen würde, wenn eine massive Landflucht Millionen Menschen in die Städte der vielversprechenden Wirtschaftssonderzonen spülen würde. Die derzeit (2004) geschätzten 80-150 Millionen Wanderarbeiter, die in den großen Städten eigene „Siedlungen" am Stadtrand bilden und von denen viele obdachlos sind, sind jetzt schon ein gefürchtetes soziales Unruhepotential. Auf das Recht zur Freizügigkeit, das die Danwei bislang einigermaßen wirksam unterbinden konnte, werden die Chinesen noch lange verzichten müssen.

Bildungselite im Wandel der Zeit

„Ich schloß,
daß es sich für Schüler nicht gehört,
solche Fragen zu stellen.
Sie haben sich
aufs Lernen zu konzentrieren."
(Lu Xun)

Einen *wenren*, einen „Mann der Schrift", in der Familie zu haben, war der Traum aller ehrgeizigen Sippen. Gesellschaftlicher Aufstieg ohne Bildung war im konfuzianischen Staat fast nicht möglich: **Die Elite des Kaiserreiches** war vor allem eine Bildungselite. Natürlich konnte man in sie hineingeboren werden, aber ebenso konnte man die Zugehörigkeit zu ihr „erlernen". Zum Adel, wenn auch nur zum niederen Adel, gehörte in China, wer die Eignungsprüfung für die Beamtenlaufbahn bestanden hatte. Man musste dafür ein strenges schriftliches Staatsexamen absolvieren, das im Abstand von einem oder mehreren Jahren in der Hauptstadt stattfand und den angereisten Prüflingen fundierte Kenntnisse in den klassischen konfuzianischen Schriften abverlangte. Viele scheiterten zum wiederholten Male, manche über mehr als zehn, ja zwanzig Jahre hinweg.

Mit diesem **Prüfungssystem** sind Glanz und Elend des Kaiserreiches eng verknüpft. Einerseits hielt es die herrschende Schicht offen für strebsame Emporkömmlinge; es verhalf China zu einer relativ fähigen Beamtenschaft, die, obwohl zahlenmäßig klein, eine vielbestaunte und effiziente Bürokratie managte; andererseits war es zu einseitig auf die Kenntnisse der konfuzianischen Literatur ausgelegt. Es verhinderte, dass Chinas Akademiker sich ein gründliches Wissen in anderen Bereichen aneigneten. Am Prüfungssystem lag es, dass die Entwicklung der Naturwissenschaften und moderner Technologien in China schließlich stagnierte. Die vielen genialen Ansätze und Entdeckungen in diesem Bereich blieben das Werk von einzelnen, die keine Beachtung fanden.

Das rächte sich, als die ersten Kriegsschiffe des Westens vor Chinas Küste auftauchten. Man hatte deren Technik nichts entgegenzusetzen außer moralischer Überlegenheit und der weltfremden Hoffnung, dies reiche, um den Krieg zu gewinnen. Erst der Schock der Demütigung durch den Westen bewirkte ein Umdenken der Elite.

Gefördert wurde in der **Schule des vorrevolutionären China** also konfuzianisches Bücherwissen. Es wurde auswendig gelernt und reproduziert. Was die Regierung brauchte, waren keine Nörgler und Zweifler, sondern loyale Diener. Der typische chinesische Gelehrte war ein enorm gebildeter Mann, klassikerfest, wie manche Theologen im Westen bibelfest waren, und von tiefem Glauben an das gedruckte Wort beseelt. *Mao Zedong* sollte sich diese Tradition zunutze machen, als er sein berühmtes kleines rotes Buch unters Volk brachte. Wie eh und je lernten die Chinesen daraus auswendig und waren mehrheitlich bereit, das Gelernte für richtig zu halten. Bis heute erstaunt chinesisches Vertrauen in Geschriebenes westliche Lehrer und Studenten. So manche Diskussion, vor allem mit älteren Chinesen, endet mit deren Beharren, dass ein Argument schon allein deshalb richtig sein müsse, „weil es doch da steht".

Kritisches Bewusstsein beim Lernenden zu wecken, war und ist auch heute nicht Ziel der Bildungsanstalten. Um so mehr Nachdruck wurde auf die Vermittlung von Wissensstoff gelegt. Brachiale Lehrmethoden waren weit verbreitet. Im Hintergrund stand dabei mehr als bloß die Ausbildung eines Kindes. Sein Schulbesuch war vielmehr eine Investition in die Zukunft. In ärmeren Familien legte die ganze Sippe zusammen, um für wenigstens einen der Sprösslinge das Schulgeld zu bezahlen. Der Erfolg von dessen späterer Karriere würde auf alle zurückfallen. Einfluss und Beziehungen eines einzigen Beamten kamen der ganzen Verwandtschaft zugute. Natürlich kannte man unter diesen Umständen kein Pardon mit dem Kind, das sich gegen seine immensen schulischen Pflichten sperrte oder auch nur schwer von Begriff war. Chinesische Lehrer droschen los, was der Bambusstock hielt. Der Dichter *Guo Muoruo* erinnert sich an verschiedene **Disziplinierungsmaßnahmen:**

„Das Instrument des Strafvollzugs war eine zwei Daumen dicke und drei Fuß lange Bambuslatte.(...) Mein Kopf hatte schon soviele Schläge abbekommen, daß sich Blasen gebildet hatten. Abends im Bett wagte ich nicht, ihn aufs Kissen zu legen, so sehr schmerzte er. (...) Wir titulierten diese Strafe 'geröstetes Fleisch mit Bambusspitzen'. (...) War aber der Lehrer schlecht gelaunt, so setzte er uns noch einen Hocker auf den Kopf. Nun waren die Hocker bei uns zu Haus aus Zedernholz und splitterten, daß heißt sie waren schwer und schmerzhaft. Reichte dies als Strafe nicht aus, so ließ uns der Lehrer noch Wasser auf dem Kopf balancieren. Er placierte auf die beiden Enden des Hockers jeweils eine bis

Schulraum um 1900

zum Rand gefüllte Schale, und dann mußte man mit durchgestrecktem Oberschenkel, geradem Kreuz und Nacken lange Zeit knien, ohne sich im geringsten zu bewegen. Eine Bewegung, und das Wasser kam von oben herunter, als ginge die Sonne unter. Und als zusätzliche Strafe gab es zu allem Überfluß besonders heiß 'geröstetes Fleisch mit Bambusspitzen'. Auf diese Weise wurden früher alle zukünftigen Mandarine durchgebleut, und es war kein Wunder, daß sie, sobald sie in Amt und Würden waren, Rache an der Bevölkerung nahmen und dabei ihre Lehrmeister um einiges übertrafen." [68]

Auch in den **Schulen von heute** gehören die körperlichen Kinderqualen offenbar nicht der Vergangenheit an. Doch erst seit im Jahr 2000 der Fall eines siebzehnjährigen Schülers bekannt wurde, der aus hoffnungsloser Überforderung seine Mutter mit dem Hammer erschlagen hatte, rückte das Problem der drakonischen Züchtigung von Schulversagern auch ins Interesse der Öffentlichkeit. Es wurden Fälle berichtet, bei denen ganze Schulklassen Mitschüler verprügeln mussten, weil diese die Hausaufgaben vergessen hatten, Lehrer Schüler zwangen, wegen schlechter Noten aus dem zweiten Stock zu springen oder Eltern ihre Kinder totschlugen. Denn an einem hat sich nicht viel geändert: Immer noch ist die akademische Bildung die wichtigste Voraussetzung für

Schulausflug

den späteren gesellschaftlichen Erfolg. Zu Geld kann man auf viele Weisen kommen, aber Geld allein zählt nicht. Auch der ungebildete, neureiche Bauer von heute träumt ganz selbstverständlich davon, sein Kind später auf die Universität zu schicken. Die Steigerung davon ist die Erlangung eines Doktortitels. Auf Taiwan stechen inzwischen zwei Magistertitel einen Doktortitel aus. Noch besser als inländische Titel sind ausländische.

Die allgemeine **Schulpflicht** wurde in der Volksrepublik China erst im Jahre 1985 offiziell eingeführt. Bis dahin glaubte man, der Bildungs-Ehrgeiz der Eltern für ihre Kinder mache ein Gesetz überflüssig. Da viele Kinder jedoch besonders auf dem Land als Arbeitskräfte gebraucht werden, ist der Schulbesuch immer noch in manchen Gegenden Chinas ein großer Luxus.

Das **Schulsystem** der Volksrepublik China und das Taiwans gleichen sich in groben Zügen: Der Wettlauf um die besten Noten beginnt offiziell mit sechs, sieben Jahren, für Taiwans Kinder oft schon im Kindergarten, wo ehrgeizige Eltern auf Englisch-Unterricht bestehen. Nach dem Kindergarten erfolgt die Einschulung auf eine Volksschule, die sechs Jahre dauert. Die sich anschließende Mittelschule nimmt drei Jahre Zeit in Anspruch, die Oberschule, die nur noch von wenigen besucht werden kann, ebenfalls drei Jahre. Absolventen der Oberschule legen eine Aufnahmeprüfung für die Universität ab.

Diese Prüfung ist die letzte Hürde vor dem **Studium,** das nach vier Jahren mit dem Bachelor abgeschlossen wird. In der Volksrepublik China gibt es derzeit etwa zwei Mio. Studenten und elfhundert Universitäten oder vergleichbare weiterführende Hochschulen. Von hundert Schülern mit Oberschulabschluss schaffen sechs die Aufnahmeprüfung (Stand 1990). Der ungeheure Konkurrenzdruck, der auf den jungen Menschen lastet, führt wie in den guten alten Zeiten zu einem fürchterlichen Lernprogramm. Die Selbstmordrate unter den Durchgefallenen ist hoch. Studiengebühren werden nur von „Selbstzahlern" entrichtet. Das sind Studenten, die zwar die Aufnahmeprüfung nicht geschafft haben, aber bereit sind zu zahlen. Der Preis liegt derzeit bei fünf- bis sechshundert Yuan pro Jahr.

In Taiwan existiert ein gemischtes System von staatlichen und privaten Universitäten, wobei die staatlichen die billigsten und bestbeleumdeten sind, allen voran die Taida in Taipeh. Schlechtere Kandidaten weichen auf private Universitäten aus, die um ein Vielfaches mehr Geld kosten. Sehr viele Taiwanesen setzen ihr Studium im Ausland fort.

Auch aus der Volksrepublik China sind von 1978 bis Ende 2003 mehr als 580.000 Chinesen zum Studium ins Ausland gereist. Da sie nur selten Unterstützung von ihrem eigenen Staat bekommen und Stipendien des jeweiligen Auslandes nicht leicht zu ergattern sind, endet für viele die ersehnte Ausbildung im Westen frühzeitig und endgültig mit Jobben im China-Restaurant oder ähnlichem.

Das ist nicht das einzige, was am chinesischen Bildungssystem im Argen liegt. Ein weiteres Problem besteht im Ausleseverfahren selbst. Der Konkurrenzdruck unter den Schülern, der Druck, den Eltern und Großeltern ausüben, ist gewaltig. Das gilt für Taiwan genauso wie für die Volksrepublik China. In der letzteren wird zwar das Einzelkind verwöhnt und verzogen; in einem aber sind chinesische Eltern unnachgiebig wie eh und je: Für die Schule wird gebüffelt. **„Entenstopfen"** *(tianya)* nennt man die klassische Methode, einem Kind an Wissen einzutrichtern, was es nur eben aufnehmen kann. Viel Zeit zum Spielen bleibt den Kleinen nicht mehr.

Nun gibt es gewiss schlechtere Beschäftigungen für Kinder als Lernen, doch es ist ein Irrtum anzunehmen, dass soviel Lerndisziplin die Wissbegierde zwangsläufig fördere. Selbst unter den besten chinesischen Studenten, die eine Elite-Universität besuchen können, gibt es immer wieder solche, deren Unlust, sich aus eigenem Antrieb für ihr Studium zu interessieren, geschweige denn freiwillig akademische Leistungen zu erbringen, frappierend ist. Sie sind hochintelligent, hochbegabt, aber sie haben genug vom akademischen Betrieb. Auf sie hat sich das ganze System kontraproduktiv ausgewirkt.

Auf der Gegenseite ist das Problem des **Analphabetentums** in Festland-China drängend. Die Schulpflicht soll sich (wie in Taiwan) auf neun Jahre bis zur abgeschlossenen Mittelschule erstrecken und nach und nach auch in den armen Regionen durchgesetzt werden. Derzeit fehlt es Landbauern oft an Geld, die geringen Schulgebühren zu bezahlen, oder die Kinder werden als Arbeitskräfte gebraucht.

Man schätzt die Zahl derer, die nicht lesen und schreiben können, auf etwa zweihundert Millionen, also zwanzig Prozent. Das scheint sehr viel zu sein, ist aber angesichts der Tatsache, dass das vorrevolutionäre China etwa achtzig Prozent Analphabeten hatte, ein großer Fortschritt.

Die Familie – eine lebenslange Disziplin

*„Jede Familie
hat ihr schwer verständliches Buch"
(Sprichwort)*

In der Volksrepublik China werden nur sehr wenige Ausländer auf Dauer bei einer chinesischen Familie unterkommen. Zu beengt sind die Wohnverhältnisse, und außerdem ist der Kontakt mit Ausländern in der Vergangenheit immer auch ein politisches Risiko gewesen. Was die Zukunft bringt, weiß niemand. Doch in Taiwan oder Hongkong besteht durchaus die Möglichkeit, bei einer chinesischen Familie Quartier zu beziehen. Viele Neulinge glauben, das müsse wundervoll sein. Die wenigsten allerdings halten es länger als ein Vierteljahr aus. Das ist kein Wunder, denn alle Schwierigkeiten, die der freiheitsliebende junge Mensch aus dem Westen mit seiner eigenen Familie hat, dürften sich in einer chinesischen noch potenzieren. Außerdem ist auch eine chinesische Familie eine gewachsene Gemeinschaft und für Außenstehende schwer durchschaubar.

Chinesen halten sich auf ihr Familienleben viel zugute. Der Zusammenhalt, so behaupten sie, sei ungleich stärker als im Westen, die Anhänglichkeit zwischen Kindern und Eltern größer, die Beziehungen enger. Doch die vermeintliche Nähe unter den Mitgliedern einer chinesischen Familie ist sehr oft das Ergebnis einer Sprachregelung oder eines festgelegten **Pflichtkanons der familiären Fürsorglichkeit.** Diese Fürsorglichkeit ist in chinesischen Familien zwar ausgeprägter als in vielen westlichen. Sie ist aber, entgegen chinesischer Selbstdarstellung, durchaus nicht immer mit innigen und aufrichtigen Gefühlen füreinander verbunden.

Egal, ob sich jemand mit seinen Eltern versteht oder nicht, er oder sie wird fast immer stereotyp erklären: „Ich liebe meine Eltern", schon allein deshalb, weil eine andere Formulierung undenkbar wäre.

Egal, ob Geschwister ihren Bruder gerne haben oder nicht, wenn er durch Spielsucht hoch verschuldet ist, werden sie Überstunden machen, um beim Abbezahlen zu helfen, selbst dann, wenn sie sich schwarz ärgern und den Betreffenden offen oder insgeheim zum Mond wünschen.

Egal, was zwischen Schwiegertochter und Schwiegermutter vorgefallen ist, wenn die Jüngere im Wochenbett liegt, wird die Ältere ihr freiwillig die anstrengenden Arbeiten wie Putzen, Kochen und Waschen abnehmen, und sie wird es selbst dann tun, wenn eine Haushaltshilfe das genausogut könnte. Nicht weil sie die Frau ihres Sohnes mag, sondern weil es sich für eine Schwiegermutter so gehört.

Egal, ob Mann und Frau sich seit Jahren ausschließlich angeschrien oder überhaupt nicht miteinander geredet haben, gegenüber ihren eigenen Kindern werden sie ihre gemeinsame Elternrolle wahrnehmen.

Die Konventionen des Füreinander-Daseins tragen eine chinesische Familie unter Umständen selbst über solche Abgründe von Abneigungen, die in westlichen Familien zur völligen Zerrüttung führen. Das Pflichtbewusstsein gegenüber den Mitgliedern der eigenen Familie entspringt der Tradition. Innerhalb eines Clans in der alten chinesischen Gesellschaft kam es vor allem auf den Zusammenhalt an. Familiengeist war eine Art **Disziplin,** der alles andere untergeordnet war – erst recht das persönliche Glück. Der schon zitierte Missionar *Arthur Smith* konstatierte vor hundert Jahren mit Staunen:

„So groß die Unterschiede in den verschiedenen Familien auch sind, und so prekär es ist, hierbei zu verallgemeinern, so offenkundig ist doch, daß die meisten chinesischen Familien, die man sieht, in keiner Weise glückliche Familien sind. (...) Eine chinesische Familie ist im Allgemeinen eine Assoziation von Individuen, die unlöslich miteinander verbunden sind, viele gemeinsame Interessen haben und viele unterschiedliche." [69]

Daran hat sich in mancher Hinsicht bis heute wenig geändert. Die Ehe zum Beispiel wird immer noch als eine „unauflösliche" Gemeinschaft betrachtet, deren Aufrechterhaltung mit vielen Dingen zu tun hat: mit Kindern, Geld, gesellschaftlicher Position usw. – nur nicht mit Liebe. Aus Liebe zu heiraten, mag das Verlangen vieler junger Leute sein. Für ihre Eltern, die ihr eigenes Zusammensein als lebenslängliche Pflicht erfahren, ist das eher einer der letzten Gründe, die wirklich zählen. Sowohl in Taiwan als auch in der Volksrepublik China sind materielle Erwägungen bei der Mehrheit der älteren Generation vorrangig. Scheidungen sind schon allein deswegen selten, weil die Familie als Institution an sich wichtiger ist als die eheliche Harmonie.

Gewandelt hat sich seit *Smiths* Zeiten jedoch die **Einstellung zu den eigenen Kindern.** Seit der Nachwuchs in der Volksrepublik China sich allzu übersichtlich auf ein einziges Kind reduziert hat, sind die Kleinen zum über alles geliebten Mittelpunkt der familiären Sorge geworden. Sie sind nicht länger der beherrschenden Familienräson untergeordnet. Fast ist es schon umgekehrt: Der kindliche Tyrann, der Großeltern und Eltern mit seinen Wünschen in Atem hält, ist ein vielbeschriebenes und vieldiskutiertes Phänomen der modernen chinesischen Gesellschaft. Durch die Ein-Kind-Familie ist das Prinzip der Fürsorglichkeit für die Eltern-Kind-Beziehung in einem Maß bestimmend geworden, das vielen Chinesen Unbehagen bereitet.

„Ich wollte mit meinen Studenten einen Dialog nachstellen", berichtete eine chinesische Universitätslektorin. *„Sie sollten auf Englisch in einem Laden etwas einkaufen und nach den Preisen fragen. Sie wussten aber keine Preise, weil ihre Eltern alles einkaufen. Sie wussten nicht nur nicht, was Lebensmittel kosten, sie wussten auch nicht, wie viel man für einen Bleistift und einen Block Papier ungefähr bezahlen muss. Keiner von ihnen hatte sich seine Sachen jemals selbst besorgt."*

„Eine Freundin von mir", so schilderte eine andere, *„studiert jetzt in den USA. Sie ist krank geworden und schrieb ihrer Mutter, dass sie sich nicht getraue, alleine zum Arzt zu gehen. Daraufhin schrieb die Mutter an sämtliche Bekannte, die in der Nähe dieser amerikanischen Stadt wohnten, um jemanden zu finden, der ihre Tochter zum Arzt begleiten könnte."*

Es soll sogar vorkommen, dass wohlhabende Eltern ihren Kindern in den Staaten per Luftpost Dinge des täglichen Bedarfs zuschicken, damit diese sich nicht die Mühe machen müssen, den langen Weg zum nächsten Supermarkt zu fahren, in dem es genau dieselben Artikel weitaus billiger gibt.

Die seelischen Folgen des permanenten „Overprotecting" scheinen seltsamerweise (derzeit noch) weniger gravierend zu sein, als man befürchten sollte. Chinesische Kinder und junge Leute machen keinen unsichereren oder unausgeglicheneren oder neurotischeren Eindruck als Gleichaltrige im Westen. Sie sind auf ihre Eltern auch längst nicht so sehr angewiesen, wie diese es vielleicht gerne hätten. Auch chinesische junge Leute haben ihren eigenen Kopf und ihre eigenen Vorstellungen. Aber der Protest gegen die Vorgaben der Altvorderen kann sich auf eine so stille Weise äußern, dass er den betroffenen Eltern ebenso leicht entgeht wie westlichen Besuchern, die glauben, in China das Land gefunden zu haben, in dem der Zustand der Kindheit ewig dauert.

Der **Generationenkonflikt** schwelt in China und Taiwan ebenso wie in westlichen Industriestaaten. Er lässt sich ablesen an Cartoons und Werbespots, die der Gesellschaftserziehung (*shihui jiaoyu*) dienen. Er wird sichtbar an so alltäglichen Dingen wie Mode und Musik, er zeigt sich in politischen Strömungen und nicht zuletzt in den Gesprächen junger Leute untereinander. Das Konfliktpotential zwischen chinesischen Eltern und ihren Kindern ist möglicherweise sogar größer als das im heutigen Westen, da sich sowohl China als auch Taiwan in einer Phase des rapiden Wertewandels befinden. Das eine Land nimmt Abschied von der kommunistischen Ideologie, das andere von so manchen herkömmlichen konfuzianischen Verhaltensregeln. Dennoch hört und liest man fast nie von so dramatischen Familientragödien, wie sie sich z. B. in den Jahren um 1968 in vielen westlichen Familien ereigneten. (Die Ausnahme von dieser Regel ist die Kulturrevolution, die ja in vieler Hinsicht die chinesischen Verhältnisse auf den Kopf stellte.)

Feldstudien von statistischer Relevanz fehlen zu diesem Thema, und Verallgemeinerungen sind immer anfechtbar. Doch vielleicht ist die Feststellung nicht ganz falsch, dass chinesische Kinder eher dazu bereit sind, ihren eigenen Eltern gegenüber eine Haltung anzunehmen, die irgend wo zwischen **Nachsicht, Resignation und Konfliktvermeidung** anzusiedeln ist. Was die Eltern nicht mitbekommen, darüber können sie sich nicht aufregen und nicht mit ihren Kindern streiten. Zahlreiche Stadtkinder haben längst voreheliche Erfahrungen gesammelt, bevor ihre Eltern überhaupt zum ersten Mal auf die Idee kommen, zu fragen, ob sie mit jemandem befreundet sind. Dabei muss seitens der Kinder nicht einmal Angst das Motiv des Verschweigens sein. Es ist einfach die praktischere Lösung. Äußerungen wie die folgenden sind charakteristisch für die Grundhaltung vieler junger Leute.

"Meine Eltern sind meine Eltern. Aber das Leben, das ich führe, können sie nicht nachvollziehen. Sie sind eine andere Generation mit anderen Gewohnheiten."

"Mein Vater wäre entsetzt, wenn er das erführe. Das wäre zu viel ihn. Es ist besser für ihn, wenn er es nicht weiß."

"Meine Mutter hat nicht viel gelernt. Sie hat immer nur dieses einfache Leben als Hausfrau geführt. Sie ist gar nicht in der Lage, das zu verstehen."

Eine beträchtliche Einsicht und Reife also. Die angeblich so abhängigen und „unreifen" jungen chinesischen Erwachsenen haben mitunter ihren westlichen Altersgenossen einiges an Souveränität und Distanziertheit voraus. Da wo die Kluft zwischen Eltern und Kindern allzu tief ist, kann die Kommunikation in den Familien auch völlig abbrechen. Doch selbst wenn man sich nichts mehr zu sagen hat, kann man seine Mahlzeiten immer noch gemeinsam einnehmen. Der in vielen Haushalten ununterbrochen laufende Fernseher ersetzt mühelos das Tischgespräch.

Vielleicht entspricht das nicht dem, was man sich unter einem erfüllten Familienleben vorstellt. Der Mangel an gegenseitiger Offenheit, der sich so oft im chinesischen Umgang miteinander zeigt, bewahrt auf der anderen Seite aber auch vor Krächen, die das jeweilige soziale Gefüge restlos zerstören. Hier ist die chinesische Strategie der Konfliktvermeidung erfolgreicher als das westliche Konzept der offenen Auseinandersetzung.

Zusätzlich verstärkt wird die chinesische Familienloyalität durch die im Konfuzianismus wurzelnde Vorstellung, dass das Kind seinen Eltern dankbar zu sein habe. Vor allem seiner Mutter schuldet es lebenslange Dankbarkeit, hatte sie doch die mühselige Arbeit mit Baby und Kleinkind. Elterliche Liebe wird nicht als Selbstverständlichkeit und Instinkt verstanden, der auch den meisten Tieren zu eigen ist, sondern als selbstlose Leistung. Früh wird dem Kind suggeriert, dass es niemals wiedergutmachen kann, was seine Eltern für es getan haben.

Aus dieser Haltung heraus erwächst die Neigung zu einer besonderen Art von moralischer Erpressung, die für viele chinesische Familien charakteristisch ist: „Deine Eltern haben soviel für dich getan und jetzt machst du ihnen Kummer! Schau, wie deine arme Mutter sich grämt!" Der Kummer besteht in solchen Fällen zumeist darüber, dass das Kind nicht gehorcht. Die **„Deinetwegen-geht-es-mir-schlecht!"-Taktik** findet übrigens nicht nur zwischen Eltern und Kindern Anwendung. Auch von jungen Leuten kann sie im Beziehungskampf wirkungsvoll eingesetzt werden. Anders als in der westlichen Gesellschaft, in der man eher durch offene Aggression seine Wünsche durchsetzt, ist hier das Mitleiderregen die Waffe der Wahl. Besonders Frauen wissen sie einzusetzen und das nicht erst in unserer Zeit: Schon in der frühesten authentischen Frauenlyrik aus dem sechsten und siebten Jahrhundert wird mit Tränen und Appetitlosigkeit Druck ausgeübt.

Frauenrollen früher und heute

„Mit Frauen und Dienerschaft
ist schwer umzugehen.
Wenn man sie zu vertraut behandelt,
werden sie respektlos.
Wenn man Abstand zu ihnen wahrt,
murren sie."
(Konfuzius)

„Die Frauen tragen die Hälfte des Himmels", lautet einer der berühmtesten Slogans *Mao Zedongs.* Dass sie für die gleiche Arbeit aber nur die Hälfte des Lohnes bekommen, der den Männern bezahlt wird – das steht auf einem anderen Blatt.

Nach einer 1994 von der Regierung der Volksrepublik China veröffentlichten Studie[70] arbeiten chinesische Frauen im Durchschnitt zwei Stunden länger als die Männer, ihr Einkommen liegt insgesamt um etwa vierzig Prozent niedriger. Die Hälfte aller Bus- und LKW-Fahrer sind Frauen, der Frauenanteil in den Bereichen Müllabfuhr, Straßenkehren und Steineklopfen (!) wird als sehr hoch bezeichnet. Frauen stellen zwei Drittel aller Arbeitskräfte in der Landwirtschaft; doch dort, wo sich derzeit Chinas Besserverdienende tummeln, im Handel z. B., sind sie mit einem Anteil von einem Drittel unterrepräsentiert. Entlassungen im Industriebereich betreffen dagegen vor allem Frauen (69 %). Beklagt wird in derselben Studie das Wiederaufleben alter feudaler Sitten: Mädchenhandel und Prostitution.

Die seit vierzig Jahren verfassungsmäßig dem Volk verordnete Gleichberechtigung von Mann und Frau hat, so scheint es, wie so viele andere gutgemeinte kommunistische Neuerungen die Herzen der Menschen doch nicht erreichen können. Zu mächtig war da wohl die Tradition, die über Nacht beseitigt werden sollte: Anders als im Westen hatte es in der Geschichte Chinas keine breite Emanzipationsbewegung gegeben. Die Gleichstellung der Geschlechter wurde nicht von den Frauen erkämpft, sondern fiel ihnen als Geschenk der Revolution in den Schoß. Nichts hatte sie und die Männer auf dieses Geschenk vorbereitet.

Nichts? Fast nichts, außer der Tatsache, dass der Druck der Geringschätzung, dem der weibliche Teil der chinesischen Bevölkerung seit Jahrhunderten in extremem Maße ausgesetzt war, auch immer einen Gegendruck besonderer Art erzeugt hatte. China ist schon immer nicht nur das Land der unterdrückten, sondern auch der unterdrückenden Frauen gewesen. Die Mischung aus Demutshaltung und eisernem Siegeswillen, die uns auch heute noch an der modernen Chinesin imponieren mag, ist vermutlich so alt wie das Patriarchat selbst.

Frauenrollen im vorrevolutionären China

Es hat Zeiten in China gegeben, in denen Frauen große Freiheiten besaßen, und in der schönen Literatur oder der Malerei als durchaus gleichwertige Partnerinnen der Männer erscheinen. Doch das ist schon lange her. Seit etwa sieben bis acht Jahrhunderten verengte sich die Rolle der Frau immer mehr auf den häuslichen Bereich und eine dienende Funktion. Diese Zeitspanne ist gemeint, wenn im Folgenden vom vorrevolutionären China die Rede ist.

Es war vor allem die **konfuzianische Tradition,** die die Vormachtstellung des Mannes gegenüber der Frau untermauerte. *„Frauen"*, soll der Meister gesagt haben, *„sind diejenigen, die den Männern gehorchen."* An diese Rolle waren sie frühzeitig zu gewöhnen. Ein altes Lied lautet:

> *Wenn ein Knabe geboren wird,*
> *bereitet man ihm eine Wiege, zieht ihm Schuhe an*
> *und gibt ihm ein Jadezepter zum Spielen.*
> *Wenn er brüllt, gilt dies als gutes Zeichen.*
> *Der Tag wird kommen,*
> *an dem er in prachtvollen Kleidern einhergeht ...*
> *Wenn dem Prinzen ein Mädchen geboren wird,*
> *legt man es auf den Boden zum Wickeln*
> *und gibt ihm ein tönernes Weberschiffchen zum Spielen.*
> *Sie wird keinen Anlaß zum Ärger geben*
> *und nichts Schlechtes tun.*
> *Sie trägt die Sorge für Essen und Trinken*
> *so macht sie ihren Eltern keine Schande.*[71]

Die **Geringschätzung des weiblichen Nachwuchses** beruhte vor allem darauf, dass Töchter nach ihrer Heirat nicht mehr zu ihrer Herkunftsfamilie zählten. Sie waren nun die Schwiegertöchter anderer Familien, besuchten ihre leiblichen Eltern eher selten und waren für deren Versorgung im Alter auch nicht zuständig. Das war Aufgabe der Söhne samt deren angeheirateten Frauen.

„Wer eine Tochter großzieht", so ein chinesisches Sprichwort, „zieht eine Schwiegertochter für andere Leute auf." Das kostete Geld, machte Mühe und war ein Verlustgeschäft, wenn es nicht durch einen entsprechenden Brautpreis entlohnt wurde. Niemand war also sonderlich erpicht darauf, ein Mädchen zu bekommen. Wehe der Frau, die keine Söhne gebar! Han Suyin, die zwischen den Weltkriegen in China als Geburtshelferin tätig war, erzählt von einer Bäuerin, die nacheinander neun Töchter bekommen hatte:

„Als die Wehen einsetzten, (...) erzählte sie, was aus ihren Töchtern geworden war: Die erste lebte noch, ebenso die dritte; die zweite aber hatte ihr Mann nach der Geburt erdrosselt, ebenso die fünfte und die sechste; die siebte war in einem schlechten Jahr zur Welt gekommen, in dem es nichts zu nagen und zu beißen gab und ihr die Bauchhaut am Rücken klebte, und dieser siebten hatte der Mann mit der Axt den Schädel eingeschlagen; bei der Geburt des achten Mädchens war er so wütend geworden, daß er es an die Wand schleuderte: das neunte hatte sie im Alter von einem Jahr einem Nachbarn gegeben, und jetzt trug sie wieder ein Kind im Bauch ... mochte der Himmel geben, daß es endlich ein Sohn war. Als die Wehen einsetzten, fragte Fräulein Hsü: 'Und was passierte mit dem vierten?' Wieder machten wir die Kindesmorde der Reihe nach durch, aber jedesmal ließ die Frau ein Kind aus - das vierte. Als die Wehen stärker wurden (...) brach die Frau in Tränen aus und erzählte endlich, wie das vierte Kind ums Leben gekommen war. Als sich

nach der Geburt herausstellte, daß es wieder ein Mädchen war, hatte sie es, von panischer Angst getrieben, eigenhändig in den großen Toilettenkrug gesteckt und erstickt." [72]

Im Prinzip ist das Problem bis heute das gleiche geblieben. Besonders seit die Regierung versucht, verstärkt ihre Ein-Kind-Politik durchzusetzen, kommt es auf dem Land wieder zu solchen Neugeborenen-Tötungen. Durch die in den letzten Jahren möglich gewordene Geschlechtsbestimmung des Ungeborenen durch Ultraschall hat darüber hinaus die Abtreibung von weiblichen Föten ein Ausmaß angenommen, dass die Regierung sich gezwungen sah, die Verwendung von Ultraschall-Geräten 1997 gesetzlich zu verbieten. Bereits heute hat China einen Männerüberschuss von fünfzig Millionen[73], für das 21. Jahrhundert rechnet man mit der doppelten Anzahl.

In Taiwan gibt es zwar keine staatliche Geburtenkontrolle (somit auch keinen Mädchenmord), doch wird auch dort nach konfuzianischer Tradition die Geburt eines Mädchens nicht unbedingt als Bereicherung der Familie betrachtet. Die Frau, der ein Sohn bei den ersten Malen versagt bleibt, versucht, ihr Missgeschick mit dem nächsten Kind wettzumachen.

Die erzieherische Sorgfalt, die im alten China das heranwachsende Mädchen begleitete, war völlig anderer Art als die, die den Söhnen angedieh. Söhne sollten später eine Familie ernähren und Erfolg in der Gesellschaft haben. Eine

Buddhistische Nonnen

Tochter wurde im wesentlichen auf zwei Rollen vorbereitet: auf die der zukünftigen Schwiegertochter und die der Mutter. Beide Rollen waren strikt auf den häuslichen Bereich beschränkt. „Der Mann wirkt außer Haus, die Frau wirkt im Innern des Hauses", hieß es in China. Gegenseitige Einmischung war dabei nicht vorgesehen.

Die den jungen Mädchen vermittelten Fähigkeiten waren also häuslicher und praktischer Natur. Zu viel akademisches Wissen brauchten sie nicht, denn: „Je weniger eine Frau weiß, desto tugendhafter ist sie." Tugend bedeutete Gehorsam: gegenüber den Eltern oder Schwiegereltern, gegenüber dem Ehemann und gegenüber dem eigenen Sohn, wenn der erwachsen war. Doch auch in anderer Hinsicht war es überflüssig, der eigenen Tochter zu viel Bildung zu vermitteln. Als Schwiegertochter anderer Leute hätte sie kaum Verwendung dafür gehabt, sollte sie doch putzen, weben, nähen, kochen, auf dem Hof arbeiten oder die Schwiegereltern bedienen, also erledigen, was so anfiel (und was sonst keiner machen wollte). Zu heiraten bedeutete in erster Linie nicht, eine glückliche Ehe zu führen, sondern der Familie des Mannes zu dienen. Die Bereitschaft dazu musste eine Braut mitbringen.

Vielleicht hängt damit einer der grausamsten Initiationsriten zusammen, die eine Gesellschaft je an ihren Kindern vollzogen hat: Kleinen chinesischen Mädchen wurden, beginnend in einem Alter von ca. fünf Jahren, ganz langsam die Fußknochen verkrüppelt. Die Prozedur des so genannten **Füßebindens** zog sich über zwei Jahre lang hin und geschah im Namen eines wohl um die Jahrtausendwende aufgekommenen Schönheitsideals. Frauenfüße, die nur halb so groß waren wie natürlich gewachsene, wurden zunächst nur in der Oberschicht geschätzt, kamen dann aber auch in unteren Bevölkerungskreisen in Mode. Die Zehen wurden unter die Ferse gebogen – oft faulten sie mit der Zeit ab – und die Bandagen so lange fester und fester gezurrt, bis die Idealgröße von etwa 8-12 cm erreicht war. Die Höllenqualen, die das Mädchen dabei durchmachte, markierten das Ende seiner Kindheit. Laufen, springen oder hüpfen konnte es von da an nicht mehr, und den allermeisten verging das Lachen. Die Tugenden des Gehorchens und der Zurückhaltung dürften sehr viele in dieser Zeit von ganz allein verinnerlicht haben. Wie viel späterer weiblicher Sadismus auf diese kindlichen Erfahrungen zurückzuführen ist, bleibt der Spekulation überlassen.

Zwischen dem zwölften und vierzehnten Lebensjahr wurden die Mädchen verheiratet. Die Heimführung der **Braut** war jedenfalls noch im vorigen Jahrhundert für sie selbst kein Erlebnis voll von Honig. Am ersten Tag in ihrer „neuen Familie" war sie „derselben Art von kritischen Bemerkungen ausgesetzt wie ein neugekauftes Pferd, und es ist nicht schwer sich vorzustellen, was sie dabei empfindet", beschrieb ein amerikanischer Missionar die Vermählung.[74] Braut und Bräutigam kannten sich in der Regel nicht. Es ist auch zu bezweifeln, dass für die Eltern und Heiratsvermittler, die die Ehe arrangierten, das persönliche Glück des jungen Paares in ihren Überlegungen eine sehr große Rolle spielte. Die traditionelle chinesische Ehe wurde nicht im Himmel geschlossen. Sie war zunächst ein Pakt zwischen zwei Familien und dann zwischen Eltern und Sohn. Letzterer hatte den Fortbestand der Familie zu sichern, indem er mit der **Schwiegertochter** seiner Eltern männliche Nachkommen zeugte. Dass sich zwischen den Jungvermählten doch Liebe einstellte, war nicht unbedingt vorgesehen. Rasend eifersüchtige Schwiegermütter konnten darauf bestehen, dass das junge Paar nachts die Tür zum Schlafzimmer weit aufließ, fuhren dazwischen, wenn sie liebevolle Zärtlichkeiten beobachteten, misshandelten die Frauen ihrer Söhne, trieben sie in den Selbstmord oder marterten sie eigenhändig zu Tode. Wenn die Beobachtungen des Missionars *Smith* richtig sind, dann waren selbst solche extremen Fälle im vorrevolutionären China keine besondere Seltenheit:

„Eltern können überhaupt nichts tun, um ihre Tochter zu schützen, außer der Familie, in die sie eingeheiratet haben, Vorstellungen zu machen, und eine teure Beerdigung auszurichten, wenn ihre Tochter in den Selbstmord getrieben wurde. Wenn ein Mann seine Frau schwer verletzt oder umbringt, entgeht er allen legalen Konsequenzen, wenn er geltend macht, daß sie nicht 'pietätvoll' zu seinen Eltern war. Selbstmorde junger Frauen sind, wir müssen es wiederholen, exzessiv häufig, und in einigen Gegenden findet man kaum eine Handvoll Dörfer, in denen nicht gerade welche vorgekommen sind (...) Der Autor ist persönlich bekannt mit vielen Familien, in denen solche vorgekommen sind." [75]

Eine **Scheidung** kam für die chinesische Frau praktisch nicht in Betracht, es sei denn, ihr Mann hätte sich des Mordes an einem Mitglied ihrer Sippe schuldig gemacht. Der Mann seinerseits durfte seine Frau aus sieben Gründen verstoßen. Dazu zählten Schwatzhaftigkeit, Krankheit, Ungehorsam u.ä., doch tatsächlich waren Scheidungen (zumindest in den letzten 800 Jahren) gesellschaftlich so verpönt, dass sie kaum vorkamen. Für reichere Männer war es sowieso entschieden einfacher, sich eine neue Frau als Konkubine ins Haus zu nehmen.

Heutzutage sind Scheidungen in der VR China immer noch sehr schwierig. Diverse Komitees führen endlose Schlichtungsgespräche, und selbst nach vollzogener Scheidung ist eine Trennung nicht immer möglich, weil es einfach nicht genügend Wohnraum gibt. In Taiwan ist die Scheidungsrate allein bei jungen Leuten stark angestiegen – diese sind dem Druck der Gesellschaft gegenüber offensichtlich unempfindlicher geworden.

Die junge **Ehefrau** war nicht nur Dienerin ihrer Schwiegereltern, sondern auch die ihres Mannes. Inwieweit ein Ehemann diesen Anspruch aufrechterhalten konnte, vor allem dann, wenn man die Partner ohne Rücksicht auf ihr Alter miteinander verheiratet hatte und er sehr viel jünger war, das wird von Fall zu

Fall verschieden gewesen sein. Die vielen Demütigungen, Schmerzen und Niederlagen, die Frauen im Lauf ihres Lebens einstecken mussten, wirkten auf die einen vielleicht eher einschüchternd, auf die anderen stählend. Die kampferprobte *Taitai* ist Gegenstand unzähliger chinesischer Witze wie diesem hier:

"Eines Tages versammelten sich die unterdrückten Ehemänner, um zu besprechen, wie sie ihre Frauen besser im Zaum halten könnten. Einige Leute erlaubten sich den Spaß und erschreckten die Männer mit der Ankündigung, dass die Frauen von der Versammlung erfahren hätten und schon auf dem Weg seien, um ihre Männer zu verprügeln. Die Pantoffelhelden stoben in alle Richtungen davon. Nur einer hielt Stellung und blieb sitzen. Er war vor Schreck gestorben."

Ebenso wenig wie ein Mann erwarten durfte, in der Ehe mit seiner Hauptfrau glücklich zu werden, hatte die Frau von ihrer Ehe Erfüllung zu erwarten. Diese suchte (und fand sie) in ihrer Rolle als Mutter, **Mutter eines Sohnes,** versteht sich. Der männliche Nachwuchs war das einzige, was ihr im Haus der Schwiegereltern zu Ansehen verhelfen konnte und obendrein auch noch oft genug ihr einziger menschlicher Trost. Chinesische Mütter waren sohnfixierte Mütter. Von chinesischen Söhnen erwartete man umgekehrt eine entsprechend starke Mutterbindung. Auf dem Umweg über die Mutterrolle hatten die Frauen so in der patriarchalischen Gesellschaft doch noch einen großen Einfluss auf männliche Sozialisation und männliches Verhalten. Der europäische Spruch „Hinter jedem Mann steht eine Frau" wird bis heute von den meisten Chinesen bejaht und missverstanden. Die Frau hinter dem Mann ist in China seit jeher seine Mutter gewesen.

Kein Wunder also, dass die schreckliche, eifersüchtige, hasserfüllte **Schwiegermutter** soviel Raum im chinesischen Frauenleben einnahm. „Die Schwiegertochter wird langsam zur Schwiegermutter gargesotten" beschreibt ein Sprichwort den langen Leidensweg von der jungen Frau zum gefürchteten Oberhaupt eines Haushaltes. Manche Regionen Chinas waren für ihre grausamen Schwiegermütter ebenso berühmt wie andere für ihre Landschaften. Alle Gehorsamspflichten, alle Schmutzarbeiten konnte die ältere Frau nun endlich auf eine jüngere abwälzen. Als Schwiegermutter durfte sie soviel Terror und Tyrannei ausüben, wie sie Lust hatte, die nachgeholte Rache von Jahrzehnten.

Frauenrollen der Gegenwart

So sehr sich die formal-rechtliche Stellung der Frau in Taiwan und der Volksrepublik China auch gebessert haben mag, so sehr wirkt **die Tradition der Geringschätzung** von Frauen in weiten Teilen der Bevölkerung doch nach. Das gilt ganz besonders für das ländliche Festland-China, wo immerhin 80 % der Bevölkerung wohnen, und für Taiwan, das sich auch in dieser Hinsicht die traditionellen chinesischen Werte relativ unverfälscht bewahrt hat. Selbst von jungen Leuten hört man Äußerungen wie diese:

"Frauen sind arm dran. Wenn sie dreißig sind, sind sie alt. Ein Mann ist dann erst im richtigen Alter."
"Mädchen werden von ihren Eltern weniger geliebt. Eltern denken: Ein Knabe zählt viel, ein Mädchen wenig."
"Jungen brauchen zu Hause nicht zu helfen.
"Ein Mann kann eher tun, was er will. Er hat mehr Freiheit."
"Ein Mann wird viel mehr respektiert!"

Die insgesamt abschätzige Beurteilung weiblicher Möglichkeiten kommt jedoch längst nicht in allen Lebensbereichen zum Tragen. Die statistisch erwiesenen Nachteile, die Frauen in Ausbildung, Berufsleben und bei der Hausarbeit haben, zeigen nur eine Seite der Wirklichkeit. Besonders Männer behaupten gerne, dass dies nicht die wesentliche Seite sei. Ein Pekinger Lehrer, der sich einige Jahre im Westen aufgehalten hatte, erklärte:

"Unsere Frauen haben viel mehr Selbstbewusstsein als ihr Frauen im Westen. Weißt du, warum? Ihr habt immer Angst, dass der Mann euch davonläuft. Eine chinesische Frau kennt diese Angst nicht. Man kann sich bei uns praktisch nicht scheiden lassen. Es ist jedenfalls wahnsinnig schwierig. Schau dir mal das Pärchen da drüben an", er zeigte auf einen Nebentisch, *"das Mädchen da hat den Mann für ihr Leben lang unter der Fuchtel. Der hat überhaupt keine Chance, ihr je wieder zu entkommen."*

Gewiss, auch die Frauen können aus einer unerträglich gewordenen Ehe kaum je wieder ausbrechen. Die Hemmschwellen, die Gesetz und öffentliche Meinung in China vor eine Scheidung legen (s. oben), begünstigen aber zwangsläufig denjenigen der beiden Ehepartner, der die besseren Nerven im täglichen Beziehungskrieg hat. Und das sind nicht immer die Männer. Die Cartoons eines in Taiwan überaus populären Karikaturisten nehmen zwei extreme Situationen aufs Korn (s.S. 157).

Heutzutage haben chinesische Frauen sowohl in Taiwan als auch in der VR China mehr **Freiheiten** als je zuvor in der (jüngeren) Geschichte des Landes: Die Polygamie ist offiziell abgeschafft (existiert aber illegal in Ausnahmefällen weiter), Mädchen können nicht mehr gegen ihren Willen verheiratet oder verkauft werden (letzteres wird ebenfalls illegal besonders in der VR wieder praktiziert), Frauen haben verfassungsmäßige Rechte wie die Männer, und das Los der Schwiegertöchter ist um vieles besser geworden. Selbst in der wertkonservativen taiwanesischen Gesellschaft ist die jungverheiratete Frau heutzutage nicht mehr dazu bereit, sich ohne Ende tyrannisieren zu lassen. Zwar gilt immer

„Unsere neuen Nachbarn."   „Wieder so ein armer Mann"

noch der Grundsatz, dass ein Mädchen nach seiner Hochzeit eher zur Familie des Mannes als zu ihrer eigenen gehört, doch vorbei sind jene Zeiten, in denen die Jungvermählte als Dienstmagd der Familie das Haus ihres Gatten betrat. Die einst so gefürchtete Schwiegermutter fungiert heute für das berufstätige Paar eher als kostenloses Kindermädchen. Viele chinesische Kinder entwickeln übrigens auf diese Weise zu ihrer Großmutter ein innigeres Verhältnis als zu ihrer Mutter.

Schon vor der **Eheschließung** werden die Bedingungen für die Zeit danach zwischen den Heiratskandidaten und ihren Familien zäh ausgehandelt. Die unersättliche Verlobte, die mit teuren Geschenken und Einladungen bei Laune gehalten werden will, ist in China und Taiwan ein beliebtes Karikaturisten-Thema. Natürlich versucht auch die Familie des Mannes, Profit aus der sich anbahnenden Verbindung zu schlagen. Da wird unter Umständen schon im Voraus versucht festzulegen, wie das Einkommen der zukünftigen berufstätigen Schwiegertochter zu verteilen sei. Zäh sind solche Verhandlungen, und sie können zum endgültigen Bruch zwischen Verlobten führen. Das romantische Gepränge, das vor allem wohlhabende chinesische Hochzeiten begleitet, täuscht über den geschäftlichen Aspekt der Angelegenheit hinweg.

Zumeist zeigt sich erst **in der Ehe,** wie die Brautleute miteinander zurechtkommen. Voreheliche Liebschaften nehmen zwar in den großen Städten an Zahl zu, die ältere Generation und die von ihr geprägte öffentliche Meinung sind aber immer noch so restriktiv, dass die meisten Paare es doch nicht wagen, das ständige Zusammenwohnen ohne Trauschein zu proben. So sehen sich sehr viele junge Menschen nach der Hochzeit mit Problemen konfrontiert, die sie sich nie zuvor hätten träumen lassen – und zwar egal, ob es sich um ein von den Eltern arrangiertes Zweckbündnis handelt (wie im ländlichen China noch häufig) oder um eine moderne Liebesheirat. Chinesische Ehen sind dem Augenschein nach kein bisschen konfliktfreier, harmonischer oder liebevoller als Ehen in der so oft als selbstsüchtig, dekadent und einsam geschmähten westlichen Gesellschaft. Das Unglück zu zweit ist in China lediglich haltbarer.

Auch um das Gleichgewicht von Mann und Frau innerhalb der Ehe steht es in China ähnlich wie in westlichen Gesellschaften: Jede Ehe ist anders, und „jede Familie hat ihr schwer verständliches Buch". Machos und Hausdrachen, Pantoffelhelden und unterdrückte Frauen kennt man dort wie hier. Vielfältige und für den Außenstehenden schwer durchschaubare Formen von Arbeitsteilung und Interessenwahrung bestimmen den Alltag. Über die Balance zwischen Mann und Frau in der Ehe wissen letzlich nur die Betroffenen Bescheid.

Der Typus des „Fräuleins"

Die Strategien, mit denen sich junge chinesische Frauen im Privatleben Geltung zu verschaffen wissen, können von denen einer modernen Westlerin sehr verschieden sein. Die augenfälligste und zugleich bemerkenswerteste Strategie ist vielleicht die des chinesischen „Fräuleins".

Das Fräulein (chin. **xiaojie**) ist ein ganz bestimmter **Typus der unverheirateten jungen Frau,** der den Inbegriff chinesischer Mädchenhaftigkeit verkörpert. Eine ältere verheiratete Frau „Fräulein" zu nennen, heißt, ihr zu schmeicheln: „Du siehst noch jung aus." Das echte Fräulein ist etwa zwischen achtzehn und achtundzwanzig und hat einen festen Freund oder Verehrer, der sie im Idealfall anbetet. Jenseits der dreißig ist ein unverheiratetes Fräulein kein Fräulein mehr, sondern eine, die keinen „abgekriegt" hat. Sie kann sich dann allenfalls noch Hoffnungen auf einen geschiedenen Mann, einen Außenseiter oder einen Ausländer machen. Spätestens also, wenn ein Fräulein 25 ist und noch keinen festen Kandidaten sein eigen nennt, wird die Verwandtschaft nervös. Sie arrangiert dann am laufenden Band zwanglose Treffen mit heiratswilligen jungen Männern in der Hoffnung, es möge ein Funke überspringen. Für die Betroffenen sind solche unter Aufsicht stattfindenden Begegnungen genauso peinlich, wie es sich anhört.

Ein Fräulein macht sich in Gegenwart eines Mannes immer etwas kleiner, dümmer, hilfloser, als es ist. Viele Mädchen sind also nur Teilzeit-Fräuleins. Erst wenn ihr Freund auf der Bildfläche erscheint, verwandeln sie sich vor den Augen staunender Beobachterinnen sekundenschnell in quäkende kleinen Närrinnen. Es ist umwerfend. „Unsere Männer", so meinte ein Fräulein, „haben es gerne, wenn ein Fräulein ein bisschen kindisch ist."

Das chinesische Fräulein ist ein fest umrissenes Phänomen. Nicht jede junge Chinesin ist ein Fräulein. Fräulein zu sein ist eine Kunst für sich. Ein Fräulein ist

kindlich, kapriziös, launenhaft („Fräuleinlaune") und unschuldig. Manchmal hat es eine hohe, engelsgleiche Stimme. Das ist nicht seine richtige Stimme, aber es glaubt, dass es damit noch süßer wirke. Fräuleins gibt es überall in Taiwan, Hongkong und natürlich auch in Festland-China. Vierzig Jahre Kommunismus waren machtlos gegen das chinesische Fräulein. Gegen *sajiao* waren sie auch machtlos. *Sajiao* ist eine der Lieblingsbeschäftigungen des typischen Fräuleins. *Sajiao*, so steht im Lexikon, heißt „sich wie ein verwöhntes Kind aufführen, quengeln, (für eine Frau) die Kokette spielen." In Wirklichkeit ist es alles drei zusammen. Ein richtiges Fräulein kokettiert, indem es knatscht wie ein Kleinkind. *Sajiao* ist eine Form von weiblichem Psychoterror, die eher einen Stein als eine andere Frau erweichen würde, aber bei Männern Wunder wirkt. Gekonntes *sajiao* weckt Beschützerinstinkte und macht aus jeder Extra-Mühe eine Extra-Freude. Man stelle es sich in etwa so vor: Fräulein W. steht am Telefon, um ihren Freund anzurufen. Sie möchte ihn bitten, sie mit dem Auto irgend wohin zu fahren.

Sie haucht in den Hörer: *„Halloooohh? Wie geht es dir? Jah? Jaah? ... Jaaa?... nein, weißtu, da ist ein Problem, jaahh? also, ich habe ein Problem ... weißtu ... das ist soo ..."* Fräulein W's Stimme erreicht die volle Höhe ihrer Zerbrechlichkeit und flattert wie ein wundes Vögelchen. *„.... Kannstu ... jaa? Wirklich??? Jaa? Oooh, du bist sooh nett. ... Jah, bis gleich ..."* Das Vögelchen sinkt ersterbend zu Boden. Fräulein W. legt auf. *„Keine Sorge."* sagt sie mit ihrer normalen Stimme zu Fräulein X. und lächelt: *„Der kommt!"*

Eine klassische Fräulein-Methode ist ferner die der auch bei uns bekannten „kalten Schulter". Sie basiert im wesentlichen auf der Überzeugung, dass es einen verliebten Mann nicht stören dürfe, wenn er stundenlang umsonst wartet. „Ich wollte ihn doch nur ein bisschen quälen!" sagt so ein Fräulein in *Li Ans (Li Ang)* Film *„Eat, Drink, Man, Woman"*, als es feststellen muss, dass der Verehrer das Warten aufgegeben hat. Das chinesische Fräulein ist dem Augenschein nach das Gegenteil von einer emanzipierten Frau. Aber das stört kein Fräulein, solange es das erreicht, was es möchte: „Ich finde *sajiao* prima. Ich kriege dann immer alles, was ich will", bekannte eine Studentin aus Hangzhou. Wenn die erste Stufe von *sajiao* nichts nützt, folgt die zweite: Schmollen. Am besten so, dass alle es sehen. Da steht dann etwa ein junges Mädchen mitten auf dem Gehweg mit dem Gesicht starr zu einer Hauswand und zieht eine herzzerreißende Schnute, während neben ihr ein unendlich verlegener junger Mann mit hochroten Ohren von einem Bein aufs andere tritt ... Die dritte Stufe von *sajiao* soll mit Selbstmorddrohungen und Schlimmerem einhergehen. Betroffene Männer haben es als die Hölle pur geschildert.

Aber ein Fräulein zu sein, hat auch seinen Preis. Fräuleins tragen Nylonstrümpfe und geschlossene Schuhe bei 36 Grad im Schatten und neunzig Prozent Luftfeuchtigkeit. Ein Fräulein muss **immer adrett und hübsch** sein. Fast zwei Drittel der chinesischen Männer in der VR China gaben bei einer Umfrage an, das Wichtigste an einer Partnerin sei deren Aussehen. Das Schönheitsideal ist natürlich nur schwer erreichbar. Die Chinesin, von ihrer westlichen Schwester um ihre natürliche Bräune beneidet, wünscht sich einen weißen Teint. Bleichmittel für die Haut sind so begehrt wie hierzulande Bräunungscremes. In die pralle Sonne begibt sich die Chinesin nur mit Schirm. Auch große Augen gelten als schön. Viele lassen sich die Mongolenfalte weg- und eine künstliche Lidfalte hinoperieren. Oft werden die Operationen schlecht ausgeführt, und die Betreffende hat lebenslang zu dicke Lidfalten, die verweint wirken. Viel Geld verwendet die wohlhabende Chinesin auf ihre Kleidung. Frauen, die es sich leisten können, sind bei weitem eleganter als der nordeuropäische Durchschnitt.

Fräulein müssen sich dümmer anstellen, als sie sind. Besonders in der VR China ist es eine empirische Erfahrung, dass gebildete Akademikerinnen auf dem Heiratsmarkt die schlechtesten Chancen haben: „Je dümmer eine Frau, desto tugendhafter". Wenigstens bis zur Heirat sollen die jungen Frauen also die Illusion ihrer relativen Unbedarftheit in der Öffentlichkeit aufrechterhalten. Sie müssen Elfe spielen, sogar beim Essen.

„Denn wenn ein Mann dabeisitzt", so erklärten zwei Mädchen, *„müssen wir essen, wie ein Fräulein isst, und werden nie satt. Wir dürfen uns mit den Stäbchen immer nur ganz wenig nehmen, so als ob wir gar keinen richtigen Hunger hätten, und am Getränk nur nippen. Auf keinen Fall können wir mit Appetit eine große Portion verdrücken. Das schickt sich nicht."*

Rauchen darf ein Fräulein übrigens auf gar keinen Fall, und es macht auch einen besseren Eindruck, wenn es behauptet, es vertrüge keinen Alkohol. *„Macht nichts!",* meinte eine Pekingerin, die ausgesprochen gerne trank. *„Unsere Teetassen haben alle einen Deckel!"*

Hochzeiten
in der VR China und in Taiwan

„Mögest du bald einen Sohn bekommen!"
(Traditioneller Hochzeitswunsch)

Hochzeitsromantik,
oben das traditionelle Hochzeitszeichen

In der Volksrepublik China sind die Hochzeitssitten – wie alles – im Wandel begriffen. Während man sich im Süden dem Standard nähert, der auf Taiwan und in reichen chinesischen Gemeinden Indonesiens üblich ist, hat sich in **Nordchina,** namentlich in den Städten, eine Version von kommunistischer Bescheidenheit erhalten: Man lädt Verwandte und beste Freunde zu einem Hochzeitsessen ins Restaurant ein. Diese ihrerseits bringen Geschenke mit, die das junge Paar gebrauchen kann.

Auf dem Land spielt der traditionelle Brautpreis noch eine große Rolle. Die Familie der Frau lässt sich den Verlust der Arbeitskraft hoch bezahlen (dreitausend Yuan und mehr). Die Heirat eines einzigen Sohnes kann eine ärmere Familie also über Jahre hinaus verschulden. Das gesetzliche Heiratsalter liegt bei zwanzig Jahren für die Frauen und bei zweiundzwanzig für die Männer. Es wird nicht immer eingehalten.

In **Südchina** sind Hochzeiten zu gesellschaftlichen Ereignissen ersten Ranges geworden. So will es die chinesische Tradition. Üblicherweise richten dabei einmal jeweils der Brautvater und der Vater des Bräutigams ein größeres Bankett aus. Es dauert zwei bis drei Stunden. Die Zahl der Gäste variiert je nach „Wichtigkeit" der Familien und lokalen Gepflogenheiten. Hundert oder sogar mehrere hundert Gäste sind keine Seltenheit. Man bringt keine Geschenke mit, denn ohnehin sind viele Gäste mit dem Brautpaar gar nicht persönlich bekannt, sondern Geld im roten Umschlag (*hong bao*). Ursprünglich dazu gedacht, das teure Bankett zu finanzieren, sind diese Geldspenden längst zum Statussymbol geworden. Die Gäste zeigen, dass sie sich nicht lumpen lassen. So können die Gastgeber an ihrem Bankett noch Geld verdienen, kurzfristig zumindest. Denn wenn sie ihrerseits auf die Hochzeit eines Spenders eingeladen werden, ist es an ihnen, großzügig zu sein. Um das Gesicht zu wahren, gibt man genau den gleichen Betrag zurück. Wie viele Gänge das Essen hat, wie teuer die Braut gekleidet ist und ob die Hochzeit mit einem Unterhaltungsprogramm verbunden ist oder nicht, hängt vom Status und dem Wohlstand der Gastgeber ab.

Die vom Aufwand her üppigsten chinesischen Hochzeitsbankette finden derzeit wohl auf **Taiwan** statt. Hier hat eine durchschnittliche Hochzeit mindestens dreihundert, zumeist sechs- bis achthundert Gäste. Auf einer solchen war ich zu Gast, denn meine Freundin *Liz* hatte in den USA einen Taiwanesen geheiratet. Gefeiert wurde in Gaoxiong, Taiwans zweitwichtigster Stadt.

Über den gesellschaftlichen Aspekt hinaus geht es bei chinesischen Hochzeiten um Geld. So war Liz Schwiegervater in den vergangenen Jahren nahezu wöchentlich auf eine Hochzeit eingeladen gewesen und hatte Geld im roten Umschlag gespendet. Die Hochzeit eines eigenen Kindes gab ihm die Gelegenheit, dieses Geld gewissermaßen zurückzuverdienen.

Eine taiwanesische Hochzeit besteht aus **vier Teilen:** der Begrüßung der Gäste und dem Einsammeln des Geldes; diversen Reden, die auf die Familien des

Brautpaares gehalten werden; dem Essen, währenddessen die Brautleute von Tisch zu Tisch gehen und sich zutrinken lassen und schließlich der Verabschiedung. Das ganze Programm wird in knapp drei Stunden durchgezogen.

Der für die Braut unangenehmste Teil ist wohl der mit den Reden, da sie währenddessen mit Bräutigam, beiden Elternpaaren und Brautjungfern auf einer Art Bühne stehen muss und von mehreren hundert Augenpaaren angestarrt wird.

Während des Banketts trägt die Braut meist **drei verschiedene Kleider,** bodenlang und barock gebauscht. Man mietet sie in speziellen Hochzeitsgeschäften, von denen es in chinesischen Städten eine Vielzahl gibt. Die Kleider entsprechen nicht immer dem europäischen Geschmack. So manche wären im Kölner Karneval ein echter Hit.

Die Hochzeitsgeschäfte übernehmen gegen ein Aufgeld (ca. hundert Euro) auch das Schminken. Es dauert mindestens zwei, meistens drei Stunden, bis die Kosmetikerinnen aus einem netten Mädchengesicht eine Puppenmaske von beträchtlicher Fernwirkung gemacht haben. Schließlich soll die Braut ja auch noch von den weiter entfernt stehenden Tischen gut gesehen werden.

Zu Beginn des **Banketts** sind die Brautleute noch abwesend. Sie warten in einem Zimmer des Hotels, in dessen Banketthalle das Essen stattfindet. Wir Gäs-

Mietbare Hochzeitskleider

te wurden derweil von den Eltern begrüßt und an die Tische gewiesen. An je einen runden Tisch passen zehn Leute, ich zählte siebzig Tische. Die fünf, sechs engeren Freunde des Brautpaares wurden irgend wo in der hinteren Mitte platziert, weil keiner von uns Rang und Namen hatte. Die wirklich wichtigen Leute kamen nach vorne, möglichst nah zum Tisch der heiratenden Familien. Als alle Platz genommen hatten, wurde es dunkel im Saal. Es ertönte *„Schwanensee"* in Discolautstärke, und hereinprozessiert kamen gemessenen Schrittes die Eltern des Mannes, *Liz'* Bruder, das Brautpaar selber und die Brautjungfern. Siebenhundert Leute begannen zu klatschen, und die Braut lächelte ihr obligates Brautlächeln unsicher in die applaudierende Gegend. Es gibt nur zwei Dinge, die eine Braut auf einem Bankett beachten muss: Erstens darf sie fast nichts essen, weil pausenlos Programm stattfindet, und zweitens muss sie ununterbrochen lächeln, warmherzig und natürlich.

Sie stellten sich auf der Bühne auf, und dann erklang „Home sweet home" auf Chinesisch zum Mitsingen. Der Teil mit den **Reden** begann. Wir erfuhren Neues über *Liz* und ihren Mann. Zum Beispiel, dass sie drei Doktortitel und er mindestens einen fast habe. In diesem Stil ging es weiter, insgesamt waren vier Redner organisiert worden. Nach einer guten halben Stunde waren sie fertig: Ein Höllenlärm brach los. *„Guten Abend, gute Nacht"* von *Brahms* wurde gespielt. Das ist mit der *„Loreley"* für Taiwanesen der Inbegriff von Romantik. Dem folgten diverse amerikanische und taiwanesische Schlager, von mehr und weniger stimmgewaltigen Freunden der Familie gesungen. Eine Frau hielt sich wegen des Krachs die Ohren zu.

Gleichzeitig kam das Essen, der erste von zehn Gängen. *Liz* war unterdessen von der Bildfläche verschwunden, um ihr Kleid zu wechseln. Als sie wiederkam, begann das Umtrinken. Siebzig Tische wollten geschafft sein, bevor die ersten Leute schon wieder gingen. Jedem Tisch prosten Braut und Bräutigam sowie die jeweiligen Eltern einmal zu, bedanken sich fürs Kommen und lassen sich Glück wünschen.

Chinesisches Zuprosten will gelernt sein. Man umfasst dabei mit der einen Hand den Becher, berührt mit den Fingern der anderen Hand seinen Boden und schaut seinem Gegenüber nickend in die Augen. Als Mann kippt man sodann den gesamten Inhalt auf einmal. Prost heißt auf Chinesisch wörtlich: „Trockne den Becher" *(ganbei)!* Frauen brauchen und sollten in der Regel dieser Aufforderung nicht Folge leisten, auch wenn manche Spaßvögel dazu drängen, weil sie wissen möchten, wie viel eine Ausländerin verträgt. Das Wichtigste beim Sich-Zutrinken ist, dass man seinem Gegenüber tief in die Augen schaut.

Chinesisches Ehepaar: bis ins Alter miteinander verbunden

Für Westler ist das gar nicht so einfach, hat doch für uns Augenkontakt zwischen Mann und Frau während des Trinkens eine verschwörerische, wenn nicht erotische Note.

Der Sitte nach findet das Umtrinken mit *Shaoxing-Wein* statt. Um zu verhindern, dass die Hauptdarsteller nach dem zehnten Tisch umfallen, gestattet man ihnen, einen Tee zu trinken, der die gleiche Farbe wie der *Shaoxing* hat (und nach meiner Meinung bedeutend besser schmeckt). Eine Dame des Hotels besorgt die Führung von Tisch zu Tisch und achtet darauf, dass kein Tisch vergessen wird. Außerdem treibt sie zur Eile an, damit die Brautleute an keinem Tisch länger verweilen als unbedingt notwendig. Ein paar persönliche Sätze zu wechseln ist schwer möglich. Wir sahen also nicht viel von *Liz* und ihrem Mann, die, kaum an unseren Tisch gekommen, schon mit den Worten „Mehr Tempo!" zum nächsten geleitet wurden. Meine Tischnachbarin hatte derweil *Liz'* Schmuck begutachtet und äußerte sich abfällig: Die acht Goldketten mochten angehen, und dass an jedem Finger ein Ring steckte, war in Ordnung. Aber die drei Armreifen an jedem Arm waren enttäuschend. Ihre Nichte hatte achtzehn getragen und war bereift gewesen bis zu den Achselhöhlen.

Was sich hier wie das Protzen von Neureichen ausnimmt, hat allerdings Tradition. Chinesen zeigen ungeniert, was sie haben. Warum soll man über Geld nicht sprechen, wenn man genug davon hat? Und selbst, wenn die Goldreife nur geliehen wären ...

Wir machten uns derweil über das Essen her, das für Liebhaber von Meeresfrüchten ein wahrer Hochgenuss war: Seegurke, Seestern, Krebse, Shrimps, getrockneter Fischlaich. Die letzten zwei Gänge bestanden aus Fleischküchlein und Pastete.

Wir brachen auf. Am Ausgang des Saales standen Liz und ihr Mann mit Bonbons und Zigaretten in der Hand, die sie mit leichten Verbeugungen jedem Gast zum Abschied anboten. Wer ein Bonbon nimmt, drückt aus, dass er der Braut einen Sohn wünscht, daher nahm auch jetzt fast niemand eine Zigarette, und die, die es taten, machten es so verstohlen wie möglich. Irgend wann waren auch die letzten gegangen. Das Bankett endete fast so abrupt wie es begonnen hatte.

Alles in allem war es eine sehr stilvolle Hochzeit gewesen: Liz' Schwiegervater hatte nach Abzug aller Unkosten etwa zwanzigtausend Euro eingenommen und war zufrieden. Nur die alte Großmutter vermisste etwas: Sie hätte gerne noch einen Heiratsvermittler engagiert, der die beiden (nach fünf Jahren des Zusammenlebens) einander offiziell vorstellen sollte.

Haohan – der tolle Kerl

*„Er trifft den Kaiser und
verbeugt sich nicht!"
(Aus einem Volkslied)*

War der hochgebildete, feinsinnige Gelehrte in China seit eh und je das Vorbild der herrschenden Schicht, so entstand im Volk ein Männerideal mit derberen Zügen: **Der tolle Kerl,** der *haohan*, war und ist der Held unzähliger chinesischer Erzählungen, Romane und Kungfu-Filme. *Hao* heißt gut und *han* bedeutet Chinese. Der gute Chinese schert sich nicht um Tod und Teufel, steht den Schwachen bei und zeigt denen da oben, was eine richtige Harke ist. Er glaubt an das Gute, kämpft für Ehre und Gerechtigkeit und verachtet die Philister. Er ist das Inbild von Freiheit und Abenteuer und meistens chronisch unverheiratet.

„Die haohan-Ideale haben sich letzten Endes immer als destruktiv erwiesen", so ein westlicher Sinologe. *„Sie glorifizieren den Gangster."* [76] Doch das ist eine etwas verbissene Sichtweise.

Gewiss, in unserem Computerzeitalter ist der *haohan* ein wenig aus der Mode gekommen, um nicht zu sagen zu einer fast pubertär anmutenden Gestalt verkommen; dennoch: Was wäre ein zünftiges Saufgelage unter Männern ohne den Geist von *haohan*? Natürlich verträgt ein *haohan* **Alkohol** in phantastischen Mengen. Am liebsten trinkt er mit guten Freunden in freier Natur und singt zu vorgerückter Stunde die Lieder des tapferen und einfachen Volkes, für das er das seine hält:

> *Der neue Wein*
> *am neunten Tag des neunten Monats*[77]*, der gute selbstgemachte!*
> *Der gute Wein! Trinkt unsern Wein!*
> *Denn er gibt Saft und Kraft und frischen Atem,*
> *trinkt unsern Wein!*
> *Dann traut ein einzelner sich durch die Hölle!*
> *Trinkt unsern Wein!*
> *Er trifft den Kaiser und verbeugt sich nicht!*
> *Ein Schluck und vier und sieben,*
> *und drei und sechs und neun*
> *bis neunundneunzig und von eins gehts wieder los,*
> *komm mit mir, du ...*
> *Der gute Wein! Der gute Wein! Der gute Wein!*

Einen *haohan* zum Freund zu haben, ist wie einen Schatz fürs Leben zu besitzen. Er ist das treue Herz in einer ansonsten so pragmatisch untreuen chinesischen Welt. Frauen sind für den *haohan* eigentlich Weiber. Auf alle Fälle tun sie ihm leid, weil sie keine Männer sind. Darum behandelt er sie mit Nachsicht. Sehr oft tut er aber so, als nähme er sie nicht wahr.

Der *haohan* hat keine Vorurteile gegen andere Völker oder Rassen. Er trinkt **Brüderschaft.** So ein Mensch war *Cai*, ein Nachbar, der sich über jeden ausländischen Besuch freute. Westlichen Freunden begegnete er auf Anhieb mit herzlicher Begeisterung. Er brachte ihnen die besten chinesischen **Trinkspiele** bei, deren Gemeinheit darin besteht, dass der Verlierer trinken muss und somit noch langsamer reagiert, er sang Balladen, rezitierte Tanggedichte, erklärte Kalligraphien, erwies sich als Tee-Experte und führte in die Anfangsgründe der traditionellen chinesischen Medizin ein. Und alles, ohne dass Cai Englisch oder seine Freunde Chinesisch verstanden. Wahre Männerfreundschaft bedarf nur weniger Worte.

„Wer mit guten Freunden trinkt", erklärte *Cai*, der sich trotz seines chronisch leeren Geldbeutels nicht nehmen lassen wollte, die Zeche zu zahlen, *„der denkt nicht an Geld. Was ist Geld an einem Abend wie diesem? Geld muss man ausgeben, wie man ein Feuerwerk in die Luft schießt ...!"*
Die Ausländer sahen ihn mit großen Augen an. Sie verstanden kein Wort. Aber *Cai* wusste sich zu helfen. *„Money"*, sagte er (dieses Wort kennt heutzutage fast jeder) und beschrieb mit großer Geste den Flug eines Feuwerkörpers: *„money, - tschuiiiiih ... bummm!"*
Womit alles gesagt war.

Essen

„Wer isst, ist ein König."
(Chinesisches Sprichwort)

Ausländer sind sich über die Tragweite dieses Themas nur selten im klaren: **„Wer isst, ist ein König"**, besagt ein chinesisches Sprichwort. Es ist nicht zufällig die einzige populäre Redensart, die vom Recht des kleinen Mannes handelt. Der deutsche Umgang mit diesem wichtigen Lebensbereich ist Chinesen ein Rätsel:

„Warum haben die deutschen Studenten eigentlich noch nie gegen das Essen in dieser Mensa demonstriert? Das müsste mal eine chinesische Mensa sein, dann hätten wir längst den Chefkoch gewechselt."

Die Vorstellung, deutsche Studenten gegen Bratkartoffeln demonstrieren zu sehen, erheitert uns vielleicht, Chinesen finden nichts daran komisch. Wie wichtig das Essen in der chinesischen Kultur ist, merkt man schon an der Sprache. Chinesisch hat eine ausgesprochen **orale Metaphorik:** „Bitternis essen" (schwere Zeiten durchmachen), „Essig essen" (eifersüchtig sein), „Sojabohnenkäse essen" (das andere Geschlecht anmachen), „jemandes Fleisch essen" (jemanden gnadenlos ausnutzen), „Menschen essen" (andere auf das schlimmste übervorteilen), „Schande essen" (Schande auf sich laden) usw ...

Auf Taiwan ist bis heute die Redewendung „Hast du schon gegessen?" zur Begrüßung üblich. Sie stammt aus Zeiten, in denen das Sattsein bei weitem keine Selbstverständlichkeit war. Überhaupt scheint die Sorge, nicht genug zu bekommen, in der gesamten chinesischen Esskultur tiefe Spuren hinterlassen zu haben. Bei Einladungen zum Essen wird auf jeden Fall viel mehr serviert, als die Esser bewältigen können. Immer noch gilt es als besonders höflich, satte Gäste zum Weiteressen zu nötigen.

Umgekehrt wird das Ansinnen, aus Zeitmangel eine Mahlzeit einfach zu überspringen, als eine Zumutung empfunden. Die Erwiderung: „Aber ich muss doch noch zu Mittag essen!" entspricht in ihrer Ernsthaftigkeit etwa einem Verhinderungsgrund wie: „Mein Auto springt nicht an." oder „Ich habe Fieber."

Chinesen können sich stundenlang **übers Essen unterhalten.** Wo es diese oder jene Delikatesse gibt, ist Stadtgespräch. Wer verkauft die knusprigste Ente, die besten Rindfleischnudeln, den würzigsten Stink-Sojabohnenkäse (*chou doufu*)? So manche kleine Straßenbudenbesitzer sind schwerreiche und wirklich berühmte Leute. Sie werden als die eigentlichen lokalen Attraktionen betrachtet. Was ist der schönste Tempel gegen die *Hun-Dun-Suppen* von Frau *Wang*! Niemals wurde mir von Chinesen auf Reisen empfohlen, irgend welche Sehenswürdigkeiten zu besuchen. Sie sind nicht essbar. Aber nach Sowieso zu fahren und dabei die besten Frühlingsrollen der Gegend nicht probiert zu haben, ist Ignoranz!

Tiere haben es nicht leicht in dieser Kultur. Wahrscheinlich sind Grillen ungenießbar, sonst hätten sie keine Verbreitung als Hausgenossen gefunden. Auch an Nachtigallen ist nur wenig Fleisch. Hunde dagegen werden sehr geschätzt, geschnetzelt, gekocht oder im Ganzen geräuchert. Das „Duftfleisch" soll im

Winter von innen wärmen und sehr gesund sein. Die kleinen Schwarzen, heißt es, schmecken am besten. Üblichere Fleischsorten sind Schweinefleisch, Rind und Geflügel: Huhn und Ente. Europäische Parks faszinieren Chinesen vor allem wegen der Enten.

„Wenn das hier Taiwan wäre", meinte ein Freund mit irritiertem Blick auf das Geschnatter um uns, *„dann hätten hier um den See schon längst Spezialitätenrestaurants eröffnet ..."*

Tatsächlich sind taiwanesische Seen entenleer. Regelrecht leergefressen. Auch die einstige Affenpopulation der Insel ist bis auf einen kleinen Rest in den Kochtöpfen gelandet. Sogar Naturschutzgebiete werden von den Gourmets geplündert. So entdeckte man vor wenigen Jahren in den Reservaten von Yangming-shan in der Nähe Taipehs Spezialitätenrestaurants, die damit Reklame machten, dass es bei ihnen noch Tiere zu essen gäbe, die sonst auf keinem Speisezettel mehr stünden. Einige davon gehörten zu den bedrohten Arten.

Nun ist Taiwan in vieler Hinsicht südchinesisch dominiert, und Südchina ist seit eh und je für seine skrupellosen Feinschmecker berüchtigt.

„Was in der Luft fliegt, im Wasser schwimmt und auf vier Beinen läuft, das essen die Kantonesen", heißt ein Sprichwort.

Ein Gang über den Markt Kantons ist ein unvergessliches Erlebnis. Affen, Geierküken, Opossums, Hunde, Schlangen ... keine Tierart ist zu selten und zu ausgefallen, um nicht zum Verzehr angeboten zu werden.

Man legt größten Wert darauf, dass alle Zutaten ganz frisch verarbeitet werden. Die Tiere sterben oft erst während der Zubereitung. Fische, die bei lebendigem Leib geschuppt und buchstäblich springlebendig in die Pfanne geworfen werden, sind kein ungewöhnlicher Anblick. Schlangen wird die Haut abgezogen, bevor sie getötet werden. Auch Affenhirn, eine sehr teure Spezialität des Südens, wird „frisch" ausgelöffelt. Der Affe wird dabei so festgeschnallt, dass er sich nicht mehr rühren kann, und anschließend wird der Schädel aufgesägt. „Der Affe hat so fürchterlich geschrien." erzählte jemand, der bei solch einem Essen dabei war, „ich konnte es nicht mehr aushalten und bin rausgegangen."

Solche extravaganten Speisen sind jedoch weit weniger typisch für die chinesische Küche als das Bestreben, aus ganz gewöhnlichen oder schwer genießbaren Zutaten noch das Bestmögliche zu machen: Gegrillte Hühnerafter am Spieß oder gekochte Hühnerkrallen sind solche Gerichte, an denen man merkt, dass vor allem die bäuerliche Armut Chinas Küche so erfindungsreich machte. Verwertet wurde eben alles, was vorhanden war. Im kalten, trockenen Norden Chinas war das naturgemäß weniger als im tropischen, wasserreichen Süden mit seinen drei Ernten im Jahr. So sind die südlichen Kochkünste sehr viel raffinierter als die des Nordens. In China unterscheidet man die regionalen Küchen

nach den vier Himmelsrichtungen: „Im Norden isst man salzig, im Westen sauer, im Süden süß und im Osten scharf."

In den großen Metropolen gibt es inzwischen auch in der Volksrepublkik China alles, was das Herz begehrt. Dort beginnt der Tag mit einem Besuch in den Frühstücksläden. Sie sind überall und billig. Es gibt zum Beispiel Öl-Zwiebelfladen, das sind Mehlpfannkuchen mit Frühlingszwiebeln und Ei, oder Öl-Schlangen, eine Art Windbeutelteig, der fritiert wird, etliche Sorten von blätterteigähnlichen Kuchen mit süßer oder salziger Füllung, kleine Hefeklößchen (*baozi*) mit Fleisch oder Gemüse gefüllt, Teigtaschen aller Art und dazu gekühlte Sojamilch. Das traditionelle häusliche **Frühstück** fällt für unsere Begriffe exotischer aus. Grundlage ist ein dünner Reisbrei (*xifan*), der mit allerlei pikanten Zutaten ergänzt wird: z. B. mit Schweinefleischhaar. Das ist getrocknetes Fleisch, das so dünn zerfasert ist, dass es an ein wirres Haarknäuel erinnert. Oder es gibt tausendjährige Eier, deren Eiweiß gallertartig grünschwarz angelaufen ist, oder eine besondere Art von haltbarem Sojabohnenkäse, der entfernt an seifigen Ziegenkäse erinnert, salzige schwarze Bohnen, Kandiertes, Getrocknetes, Eingelegtes aller Art ...

Mikado mit Essstäbchen

Die Auswahl zum **Mittagessen** ist noch größer. Wer draußen isst, geht entweder in ein billiges Selbstbedienungs-Restaurant oder eine der unzähligen Nudelküche. In den Selbstbedienungs-Restaurants kann man sich aus zwanzig bis vierzig Gerichten einige heraussuchen. Die Suppe ist meist gratis und schmeckt auch danach: eine einfache farblose Brühe, die das Getränk zum Essen ersetzt. Die Nudelküchen (sie sind wie die Nudeln nordchinesischen Ursprungs) bieten diverse Mehlspeisen, allen voran die auch bei Westlern überaus beliebten *shuijiao*, die italienischen Teigtaschen äußerlich ähnlich sehen. Köstlich sind chinesische Nudelsuppen: Rindfleischnudeln, *Hun-Dun-Nudeln*, Nudeln mit Allerlei-Soße, Nudeln mit Sauergemüse und Schweinefleisch, Nudeln mit Frühlingszwiebeln ... Alle Nudeln werden frisch hergestellt und sind in Minuten gar. Niemand muss länger als fünf bis zehn Minuten auf sein Essen warten, und das ist gut so. Denn beim Warten auf das Essen verlässt die meisten Chinesen ihre sprichwörtliche Geduld.

Zwischen zwei und fünf ist Essensruhe auf den Straßen. Es ist die Ruhe vor dem Sturm bzw. vor dem **Abendessen,** denn um etwa halb sechs geht es richtig los. Die Straßen füllen sich mit Einfrau- oder Einmann-Betrieben, die ihren Laden per Fahrrad heranrollen und diverse Spezialitäten verkaufen. Auf den Bürgersteigen werden Tische und Stühle aufgestellt. Während es dunkelt, fängt es an den Straßenecken an zu brutzeln und zu duften. Lebhafte Menschenmengen belagern die Buden, lassen sich weitertreiben zu den nächsten, essen, reden und bummeln durch die Gassen, in denen nicht nur Essen, sondern auch Kleider, Spielzeug usw. verkauft werden. Dort wo es Nachtmärkte gibt, ist das Gedränge zwischen zwanzig und zweiundzwanzig Uhr am größten.

Das **Nachtessen** *(xiaoye)* ist die vierte Mahlzeit am Tag. Man bekommt es auf den Straßen etwa von abends um acht bis morgens um halb drei. Es besteht aus delikaten kleinen Gerichten: Fleisch- und Fischklößchen, diverse Sorten von Sojabohnenkäse, Seetang-Rollen, gerösteter Entenhals, Hühnerleber, Schweineohren usw. Das Nachtessen wird fast nie zu Hause gegessen. Draußen auf den Straßen gibt es genug kleine Küchen auf Rädern. Sie und ihr hungriges Publikum beleben die Straßen bis weit nach Mitternacht.

Wer etwas exklusiver essen will, wird keine Straßenbude aufsuchen, sondern ein „richtiges" Restaurant. Zugang zu guten Restaurants zu finden war früher für normale Bürger der VR China gar nicht einfach. Die besseren Gaststätten waren Touristen und hohen Kadern vorbehalten. Das Volk wurde in staatlichen Garküchen abgespeist, deren Standard von der Hygiene bis zum Geschmack und der pampigen Bedienung abschreckend war. Seit Beginn der achtziger Jahre sind jedoch wieder private Restaurants zugelassen, und das gastronomische Niveau ist schlagartig gestiegen. Essen im Restaurant spielt allmählich wieder die große Rolle für die **Geselligkeit,** die es traditionell gehabt hat. Besonders abends lädt man Freunde, Geschäftspartner oder Bekannte gerne ins Res-

taurant ein. Selber für seine Gäste zu Hause zu kochen, ist ebenfalls möglich, doch die, die es sich leisten können, ziehen es zumeist vor, draußen zu essen: Spezialitäten isst man besser im Restaurant. Gutgehende Häuser sind übrigens hell und laut. Kein steifer Ober, kein gedämpftes Sprechen und kein Kerzenlicht verbreiten jene Vornehmheit, die Europäer in besseren Lokalen erwarten.

Selbst teure und sehr teure Restaurants sind zu allen Zeiten gut besucht. Essen ist ein Genuss, und Genuss ist **Prestige.** Seine Gäste in ein Restaurant einzuladen, in dem man pro Person mühelos ein paar hundert Euro los wird, ist eine Frage des gesellschaftlichen Status. Für nur wenige Dinge sind Chinesen sonst bereit, soviel Geld auszugeben, wie für Mahlzeiten. Voll Stolz erzählen sie auf Taiwan, dass sie pro Jahr in ihren Restaurants das Geld für eine ganze Autobahn vom Norden bis zum Süden der Insel (600 km) ausgeben.

Mit den Geschmacksrichtungen der **westlichen Küche** haben die meisten Chinesen Probleme. Da viele Leute Milch und Milchprodukte nur schlecht verdauen können, mögen sie sie auch nicht. Käse oder Bratensahnesauce ist ihnen ebenso wenig sympathisch, wie sie für deftige bodenständige Gerichte zu haben sind: Linseneintopf oder Erbsensuppe, Schwarzbrot oder dicke Bohnen mit Speck werden gemeinhin als Hundefutter betrachtet. Kurz gesagt: Das Miss-

Fisch am Spieß

Verkauf von „Baozi", süß oder fleischartig gefüllten Hefebrötchen

trauen, das sie ausländischer Kost entgegenbringen, ist etwa so abgrundtief wie die Abneigung, die mancher Westler gegenüber gekochtem Seestern hegt:

„Na, was nimmst du mit?" wurde eine Chinesin gefragt, die einen zweimonatigen Deutschlandaufenthalt plante. *„Einen Koffer voll Instantnudeln"*, antwortete sie prompt, *„damit ich in Deutschland nicht hungern muss, wenn ich das westliche Essen nicht runterkriege."*

China-Restaurants in Europa sind für heimwehkranke Hungrige eher eine Enttäuschung. Oft ist nur das Aussehen der Gerichte noch halbwegs authentisch. Es fehlt die Schärfe, die Würze, die Frische, überhaupt der halbe Geschmack. Das hierzulande so beliebte „Chop Suey", unser Inbegriff chinesischer Kochkunst, ist charakteristisch für die Verwandlung, die die Gerichte erfahren. Chop suey, auf Mandarin *za sui* ausgesprochen, heißt soviel wie „Allerlei" und ist eigentlich das Ergebnis einer hausfraulichen Aufräumaktion. Man könnte es auch als „gedrängte Wochenübersicht" oder „Resteessen" bezeichnen. Es ist jedenfalls nichts, was in China Gästen zu essen angeboten würde: „Man würde sich schämen!" heißt es.

Während und auch nach dem Essen werden verschiedene Getränke konsumiert. Hin und wieder liest man in China-Führern, dass Chinesen kaum oder nur mäßig **Alkohol** trinken oder nach wenigen Schlucken rot im Gesicht werden. Letzteres stimmt in Einzelfällen. Im Allgemeinen trinken viele chinesische

Männer, wenn sie Gelegenheit dazu haben, nicht nur gerne, sondern auch viel. Sehr beliebt sind (neben Bier zum Essen) harte Schnäpse über 50 % wie *Mao Tai* oder *Gao Liang*. Sie werden nicht selten aus Wassergläsern konsumiert.

Seit Jahrhunderten, wenn nicht Jahrtausenden, spielt Alkohol in China eine zentrale kulturelle und gesellschaftliche Rolle. Er beflügelte Dichter, Maler und Rebellen. Trunkenheit und Erleuchtung gehören in der mystischen Philosophie eng zusammen. Heilige Tippelbrüder beleben so manche religiöse Anekdote. Bis heute gibt Mann gerne mit seinem Fassungsvermögen an *(jiuliang bu cuo!)* und weiß sich in bester Gesellschaft und Tradition. Die trinkenden Großen Chinas pflegten ihr Image als Alkoholiker sehr liebevoll. Nachfolgendes Gedicht widmete der berühmte Dichter *Li Bai (Li Taipeh*, 701-762) „in Trauer" seinem verstorbenen Weinhändler *Ji*. Die erwähnten „Gelben Quellen" sind übrigens die Unterwelt:

> *Ji, der Greis, braut seinen „Alten Lenz"*
> *sicher auch noch bei den Gelben Quellen.*
> *Doch in jener Welt ist kein Li Bai.*
> *Wer wird jetzt bei dir den Wein bestellen?*

Der Dichter selber, so erzählt man sich, ertrank, als er im Vollrausch das Spiegelbild des Mondes im Wasser umarmen wollte.

Eine Weinkultur, wie sie in Mittel- und Südeuropa existiert, ist trotz allem unbekannt. Weinkenner und -liebhaber, die sich abendfüllend über das Bouquet bestimmter Sorten in Verbindung mit bestimmten Speisen unterhalten können, gibt es in China nicht. Es ist neben der Geselligkeit eher der Alkoholgehalt als der Geschmack, der an chinesischen Rauschgetränken interessiert. Man trinkt, um mit anderen zu trinken, und das verbreitete Wett-Trinken ist gefürchtet, aber man trinkt nicht, um das Essen mehr zu genießen.

Die Rolle, die in Europa der Traubenwein spielt, spielt in China vielmehr der („grüne") **Tee**. Der Teekenner erkennt die verschiedenen Sorten und ihre Herkunft blind an Geschmack oder Geruch, kann sich in aller Länge über Vorzüge und Nachteile auslassen und weiß genau, welches Getränk welcher Situation und welchem Essen angemessen ist. Auch Teetrinken ist eine gesellige Angelegenheit, besonders im südlichen China. Während man im Norden den Tee als Allerweltsgetränk aus großen Bechern trinkt, in denen Blätter auf heißem Wasser schwimmen, trinkt man ihn im Süden aus schnapsglasgroßen Schälchen in starker Konzentration. Ein entsprechend winziges Teekännchen, das hier leicht mit Puppengeschirr verwechselt wird, wird dazu randvoll mit Teeblättern gefüllt. Bis zu sieben-, achtmal oder noch öfter wird aufgegossen. Zum Tee können verschiedene Knabbereien gereicht werden, darunter auch Süßigkeiten. Ihre Auswahl ist jedoch nicht sehr groß, denn Süßes oder süße Backwaren sind wenig verbreitet und fallen gegenüber der Qualität und Vielfalt der übrigen Küche weit zurück.

Freizeit

„Eines der Hauptvergnügungen
der Chinesen scheint es zu sein,
miteinander zu plaudern."
(A. Smith, Chinese Characteristics, S. 167)

Der Begriff „Freizeit" ist auf chinesisch nur zu umschreiben mit der „Zeit nach dem Dienst" *(yeyu shijian)*, denn eine scharfe Trennung zwischen der Arbeit und der Zeit, die man seiner Familie, seinen Freunden oder seinen Hobbys widmet, gab und gibt es kaum im Bewusstsein der Menschen, schon gar nicht auf dem Land, wo bis heute die Siebentagewoche üblich ist. Auch der private Unternehmer kennt nur wenige Feiertage. Das heißt nicht, dass für Chinesen der ganze Tag nur aus Arbeit besteht, sondern dass sich für viele Menschen Arbeits- und Privatleben überschneiden. Man kann *Majiang* spielen und gleichzeitig den Laden offen halten; man kann fernsehen und Kunden bedienen; man kann mit Freunden plaudern und Nudelsuppen herstellen.

Am ehesten haben noch die staatlichen Arbeiter und Angestellten bzw. Beamten eine klar abgegrenzte Freizeit: die Abendstunden und den Sonntag. Die meisten von ihnen nutzen diese Zeit zum **geselligen Beieinandersein** mit ihrer Familie oder mit Freunden entweder bei sich zu Hause oder noch besser draußen an Orten, die *renao* sind.

Taiji quan frühmorgens im Park

Chinesische Varieteekünstler am Werke

Renao heißt „reges Treiben", wörtlich „heiß" (*re*) und „laut" (*nao*), was die Sache ziemlich genau trifft. *Renao* gehört zum chinesischen Lebensgefühl wie „seine Ruhe haben" zum deutschen. Der Inbegriff der Betriebsamkeit sind die Märkte, allen voran die **Nachtmärkte,** auf denen es (fast) alles zu kaufen gibt und auf denen zwischen sieben und zehn Uhr abends unbeschreibliches Gedränge herrscht. Das *renao* auf chinesischen Straßen macht vorausplanende Freizeitgestaltung eigentlich überflüssig: Es wird nie langweilig. Man schiebt sich in der Menge von einem Stand zum nächsten, isst hier oder da eine Kleinigkeit, guckt oder kauft, genießt den Trubel und ist selber ein Teil davon. *Renao* ist sozusagen Stadtfest als Dauerzustand.

Auch chinesische **Parks** sind am Wochenende äußerst *renao*. Dort trifft man vor allem auf Eltern mit Kleinkindern. Das Kind, zumal das einzige, soll in der Freizeit nicht zu kurz kommen.

Beliebte Treffpunkte für Freunde oder Belegschaften sind die **Karaokes,** die es inzwischen überall in chinesischen Städten gibt, in der Volksrepublik ebenso wie auf Taiwan. Ein Karaoke ist die ursprünglich japanische Version einer Bar, in der die Gäste zu vorgespielten Melodien einzeln ins Mikrofon singen und sich einmal als Schlagerstar fühlen dürfen. In den raffinierteren Etablissements gibt es dazu noch Live-Übertragungen auf einen Bildschirm, ganz wie in einer richtigen Fernsehshow. Die Jugend geht in die **Disco,** wo zurzeit Schlager aus Taiwan, Hongkong und den USA „in" sind.

In der Volksrepublik im Kommen begriffen, in Taiwan schon lange ein Hit sind die **MTV's:** Kleine Fernsehzimmer für zwei bis vier Leute, in denen man sich Videos anschauen kann. Für die Intimität der kleinen Räume sind vor allem junge Paare dankbar, die sonst nirgend wo eine Gelegenheit finden, allein zu sein.

Sport spielt in China fast keine Rolle. Chinesen haben zwar das Fußballspiel erfunden, aber weder dieses noch andere Ballspiele sind in der Tradition lebendig geblieben. Die einzige Ausnahme ist das relativ bewegungsarme Tischtennis. Spätestens nach der Song-Zeit (10.-13. Jh.) hatte sich das Ideal des Beamten und Gelehrten gegen das des kriegerischen Draufgängers durchgesetzt. Was soll ein Gelehrter mit Sport? Schon Konfuzius behauptete, dass der Gemeine die Hand, der Edle aber nur den Mund bewege. So kommt es, dass in einem so wasserreichen Land wie China kaum jemand **schwimmen** konnte bzw. kann. Letzteres ist übrigens der Grund dafür, warum beim Kentern katastrophal überladener Fähren auch in ruhigen Gewässern stets Hunderte von Passagieren ertrinken.

Nicht einmal das **Spazierengehen** gilt als vergnüglicher Zeitvertreib, es sei denn, es ist mit **Shopping** verbunden, also unvermeidbar. Shopping finden vor allem Frauen *hen haowan*: sehr unterhaltsam. Je ausgefallener und exotischer die Dinge sind, desto besser. Derzeitige Meister im Shopping sind die Taiwanesen, deren Einkaufstouren nach Thailand und Japan ihnen den Spitznamen „Heuschrecken Asiens" eingetragen haben: Wo sie auftreten, kommen sie in Scharen und hinterlassen leergekaufte Geschäfte.

Weniger dem Amusement als dem therapeutischen Bereich zuzuordnen ist das **Schattenboxen** (*taiji quan*), das hauptsächlich von alten Leuten ausgeübt wird. Die langsamen Bewegungen sollen Geist und Körper in Harmonie mit dem Fluss der Lebensenergie (*qi*) bringen. Frühmorgens sind in den Parkanlagen unzählige Senioren damit beschäftigt, die Übungen auszuführen. Von ihnen geht eine Anmut aus, wie wir sie normalerweise nicht mit dem Altsein in Verbindung bringen.

Auch das **Halten von Singvögeln** ist eher Sache der Alten. Heute wie anno dazumal trägt man sie in kleinen Drahtkäfigen in den Parks spazieren oder hängt die Käfige in die Bäume, damit die Vögel wettzwitschern. Die **Grillenzucht** scheint dagegen aus der Mode zu kommen. Früher hielt man Grillen in Bambusschächtelchen, aus denen sie gelegentlich zum Grillen-Zweikampf herauskamen. Heute noch beliebte Haustiere sind Goldfische und Tauben.

Abendfüllende, wenn auch nicht unbedingt preiswerte Hobbies sind Schach, diverse andere **Brettspiele** oder **Majiang** (Mahjong). Lange Zeit war *Majiang* in der Volksrepublik verboten, weil man den Teufelskreis von Spielsucht, Spielschulden und Ruin durchbrechen wollte. Inzwischen ist auch *Majiang* „rehabilitiert", und natürlich wird auch wieder um Geld gespielt. Von den Problemen, die sich daraus ergeben können, ist im folgenden Kapitel die Rede.

Spielsucht –
eine sehr chinesische Geschichte

*„Such dir kein faules Volk,
das die Nächte durchzockt."*
(Die Nonne Yu Xuanji im 8. Jahrhundert an ihren Liebhaber)

„Ein Chinese", sagt verallgemeinernd ein chinesisches Sprichwort, „hat drei Laster: Frauen, Essen, Spielen." Sie spielen Glücksspiele wie Lotto und Pachinko, sie spielen mit Aktien (es heißt tatsächlich „spielen" auf chinesisch) und Investitionen, sie spielen *Majiang*, und vor allem spielen sie um Geld. Ein chinesischer Bekannter in Deutschland, Familienvater und Regierungsbeamter, verlor oder gewann bei seinen nächtlichen Partien beim *Majiang* Summen zwischen tausend und zweitausend Mark.

„Herr *Yi* kann jetzt nicht mehr in Urlaub fahren", erzählte er eines Tages stolz „er hat gestern gegen mich sein ganzes Urlaubsgeld verloren!"

Unter guten Freunden, versteht sich. So glimpflich gehen die Spiele nicht immer aus. Manche Spieler treiben ihre Familie seelisch und finanziell in den Ruin. Kontrolliert wird das Glücksspiel in Taiwan und Südchina von der Mafia: Sie betreibt Spielhöllen ebenso wie Lotterien. Doch auch der Staat lebt vom Laster seiner Bürger: Jahrelang gab es in Taiwan eine staatliche Lotterie, die sich **Vaterlandsliebe** nannte. Der Volksmund spottete:

„Was ist der Unterschied zwischen jemandem, der Lose der Vaterlandsliebe kauft, und jemandem, der Mafialose kauft? Antwort: Der eine ist ein Patriot, der andere ein Zocker."

Die „Vaterlandsliebe" wurde aufgegeben, nachdem sich herausgestellt hatte, dass die **Mafia** deren Gewinnzahlen mitbenutzte. Das war am praktischsten für sie, denn so konnte niemand auf den Gedanken kommen, dass es bei der Ziehung der Lottozahlen nicht mit rechten Dingen zuginge. Als die staatliche Lotterie zumachte, musste sich die Mafia nach einem seriösen Ersatz umsehen. Wie sie ihn fand, ist eine längere und sehr chinesische Geschichte.

Sie beginnt damit, dass man in Taiwan seine Steuern genauso ungerne zahlt wie anders wo auch. Im Bereich des Handels werden jährlich immense Summen schwarz verdient. Allein was durch den Straßenhandel dem Staat an Steuern verloren geht, ist kaum abzuschätzen. Doch auch die regulären kleinen Geschäfte mögen ihren Verdienst nicht unbedingt mit dem Finanzamt teilen. Abhilfe könnten Registrierkassen schaffen, die die Händler zu benutzen gezwungen würden, doch das wiederum müsste streng kontrolliert werden. Ein enormer behördlicher Aufwand wäre die Folge. Im Übrigen: Wer kontrollierte die Behörden?

So ist die taiwanesische Regierung auf eine geniale und überaus elegante Lösung verfallen. Jeder einzelne **Kassenbon,** den der Käufer in die Hand bekommt, fungiert gleichzeitig als Lotterielos. Jeder Bon hat seine eigene Nummer. Alle zwei Monate nun wird durch Losziehung ermittelt, welche Nummern gewonnen haben, und die Zahlen werden in den großen Tageszeitungen veröffentlicht. An jenem Tag sind sie ab Mittag im ganzen Land praktisch ausverkauft. Die Gewinne sind danach gestaffelt, wie viele Zahlen des Bons jeweils mit den Gewinnzahlen übereinstimmen. Sie sind breit gestreut und so großzügig bemes-

sen, dass es sich lohnt, die Bons zu sammeln. Fast jeder hat schon einmal eine Kleinigkeit gewonnen. Unter solchen Umständen verlässt natürlich niemand mehr einen Laden, ohne den Bon zu verlangen. Seither hatten die Händler es eilig, sich um Registrierkassen zu bemühen. Wer neu ein Geschäft eröffnet und sich nicht rechtzeitig um eine Kasse hat kümmern können, entschuldigt sich wortreich bei den Kunden. Ohne Bons laufen die Geschäfte schlechter. Der einzige Nachteil an der Sache ist, dass die Mafia wieder mitspielt. Sie benutzt die Gewinnzahlen der Kassenbons, und ihre Lotterie floriert wie eh und je.

Nicht allein das mafiose Lotteriegeschäft blüht. Es gibt unzählige Möglichkeiten, in vornehmen und weniger vornehmen Lokalitäten Geld zu verspielen. Ein einziges spielendes Familienmitglied kann die ganze Familie um ihre Existenz bringen, denn nach chinesischer Tradition werden Eltern und Geschwister an der Rückzahlung der Spielschulden beteiligt.

Ein junger Mann: *„Meine Eltern trauen sich kaum noch aus dem Haus. Sie sind auch schon längst bankrott, und ich habe es total satt. Seit Jahren zahle ich alles, was ich sparen kann, für die Spielschulden meines Bruders. Er hört einfach nicht auf zu spielen. Wenn er sein Leben nicht ändert, ist es mir auch egal. Irgend wann werden sie ihn dann eben umbringen!"*

Senioren beim Majiang im Park

Denn die Mafia lässt in solchen Fällen wohl nicht mit sich spaßen. Ein Freund jenes Bruders, ebenfalls ein Zocker, hat seine Schulden nicht überlebt. Man fand die verkohlten Reste seiner Leiche im ausgebrannten Auto. Täter wurden nie ermittelt.

Spielsucht ist weit verbreitet und reicht tief bis in die bürgerlichen Kreise. Die Folgekriminalität der Spielsucht ist das eigentliche Problem. Wer bei der Mafia verschuldet ist und um sein Leben bangt, dem ist jedes Mittel recht, um an Geld zu kommen. Kindesentführungen haben in Taiwan in den letzten Jahren stark zugenommen[78], aber auch Überfälle und Bankraub, was die folgende Karikatur aufs Korn nimmt:

„Eine Kreditkarte ist wirklich bequem. Man braucht kein Geld mitzunehmen."

„Da hast du recht."

„Meine kann man im ganzen Land benutzen und deine?"

„Meine auch."

Naturliebe und Naturzerstörung

„Wenn der Berg Bäume hat,
fällen sie die Schreiner."
(Zuozhuan, 712 v. Chr.)

Kaum etwas hat das Bild von der chinesischen Kultur im Ausland so nachhaltig geprägt wie die **„chinesische Naturverbundenheit"**:

> *Der zurückkehrende Vogel,*
> *so müde schon,*
> *trägt er die sinkende Sonne heim.*
> *er schüttelt sein Gefieder,*
> *wirft die Sonne auf den Fluß.*
> *Und das weißköpfige Ried*
> *trägt einen Augenblick Rot.*
> *(Liu Dabai, 1923)*

Die Tradition stimmungsvoller Naturlyrik reicht in China bis ins 3./4. Jahrhundert zurück. Etwas Vergleichbares gab es in Europa erst seit Petrarca. Auch die Landschaftsmalerei entstand schon früh, wahrscheinlich im 7. oder 8. Jahrhundert. Jene eindrucksvollen Panoramen von „Gebirgen und Wasser", in denen Menschen nur am Rande vorkommen, wie um an ihre eigene Vergänglichkeit zu erinnern, sind wohl überall auf der Welt untrennbar mit „dem Chinesischen" verknüpft. Nicht zu vergessen ist die Philosophie, Daoismus und Chan-Buddhismus, die beide den Gedanken vertraten, dass der Mensch in der Stille der Natur dem wahren Wesen der Dinge sehr nahe sei:

> *Schau hinauf in den hellen Mond,*
> *den Widerschein stiller Gedanken.*
> *Schau hinunter, das fließende Wasser*
> *wird dir seine Verse erzählen.*
> *(Li Jilan, daoistische Nonne, 8. Jh.)*

Unzählige chinesische Intellektuelle konnten sich in ihrer Verachtung gesellschaftlicher Konventionen auf *Zhuangzi* berufen, der so unvergleichlich vor Augen geführt hatte, wie alles menschliche Bemühen angesichts des ewigen und ehrwürdigen Kreislaufs der Natur lächerlich sei:

„Als Zhuangzi im Sterben lag, wollten ihn seine Jünger festlich beerdigen. Zhuangzi sprach: 'Himmel und Erde sind mein Sarg, Sonne und Mond meine Totenlampen, die Sterne mein Grabschmuck, und die zehntausend Dinge mein Trauerzug. Ist nicht alles für meine Bestattung bestens vorbereitet? Was wollt ihr mehr?' Die Jünger sagten: 'Wir fürchten, der Meister fiele Krähen und Weihen zum Fraß!' Zhuangzi antwortete: 'Unbegraben bin ich Fraß für Krähen und Weihen, begraben für Würmer und Ameisen. Jenen es nehmen und diesen es überlassen: Ist das nicht einseitig?'"[79]

Doch das innige Verhältnis zur Natur, das sich in so vielen chinesischen Versen und Anekdoten offenbart, war insgesamt nicht typisch für die chinesische Gesellschaft. Denn Menschen, die dichteten, malten und philosophierten, waren auch in China eine kleine Minderheit. Sie stand mit ihrer Liebe zur Natur nicht *für* einen gesellschaftlichen Trend, sondern ganz offensichtlich *gegen* ihn.

Für die große Mehrheit der bäuerlichen Bevölkerung bedeutete die Natur vor allem eine Herausforderung an ihre Überlebensfähigkeit: Erdbeben, Insektenplagen und Dürrekatastrophen suchten das Land regelmäßig heim. Überschwemmungen waren häufig und hatten katastrophale Folgen. Allein der Gelbe Fluss, Wiege der chinesischen Kultur, wechselte in den letzten 2000 Jahren 26 Mal wegen Verschlammung das Flussbett und brachte Tod und Verwüstung über riesige, dicht besiedelte Landstriche.

Umgekehrt wirkte der Mensch für die ihn umgebende Natur nicht zum Segen. Kaum ein anderes Land hat eine so lange kontinuierliche Geschichte zivilisatorischer Naturzerstörung wie gerade China. Entsprechend früh, im Vergleich zum Abendland erstaunlich früh, formierte sich in China **„grüner" Protest**. Der nachfolgende Text stammt wahrscheinlich aus dem ersten oder zweiten nachchristlichen Jahrhundert:

„Ganze Wälder wurden für die Jagd abgebrannt, und große Baumstümpfe verglühten und verkohlten. Blasebälge wurden hergestellt, um Luft durch die Rohre zu blasen und Bronze und Eisen zu schmelzen. Metalle wurden in verschwenderischer Weise ausgehoben, um zu härten und zu schmieden – die Arbeit wurde keinen Tag ausgesetzt. Keine hohen Bäume blieben auf den Bergen zurück, und die Seidenwurm-Eiche und der Lindera-Baum verschwanden von den Grabstätten. Unglaubliche Mengen von Holz wurden verbrannt, um Holzkohle zu produzieren, und riesige Mengen von Pflanzen verwandelten sich in weiße Asche, so daß Anis und Jasmin nie ausreifen konnten. Über uns verdeckte Rauch das Licht des Himmels, und unter uns wurden die Reichtümer der Erde vollständig erschöpft. All diese Zerstörung geschah wegen des verschwenderischen Einsatzes von Brennholz." [80]

Namentlich für die Anhänger der Daoisten war die Forderung nach Naturschutz nicht allein eine ökonomische, sondern auch eine philosophische Notwendigkeit. Die unangetastete Natur war für sie ein paradiesischer Urzustand der Unschuld, den die Menschen verloren hatten. Dass man Zimtbäume entrinde und Lackbäume anzapfe, so ein Philosoph des 3./4. Jahrhunderts, sei nicht ursprünglich von diesen vorgesehen. Das Rupfen von Fasanen und Eisvögeln entspräche auch nicht dem Wunsch der Tiere, sondern sei Handeln wider die Natur. Wege und Pfade, Brücken und Boote seien von Menschenhand geschaffene Dinge, die Bergen und Gewässern zum Schaden des Menschen Gewalt antäten. Denn bevor es sie gab, war allein schon deshalb Frieden auf der

Welt, weil niemand daran dachte, einen Fluss oder ein Tal zu überqueren, um ein anderes Land zu erobern.[8]

Doch weder diese noch andere mahnende Stimmen konnten gegen den Zeitgeist etwas ausrichten. Jeder Zivilisationsschub in China war ein Schub erneuter Naturzerstörung. Der im 20. Jahrhundert so unübersehbar gewordene Raubbau an der Natur in China hat tatsächlich eine lange Tradition.

Am sichtbarsten litten die **Waldbestände.** Vor der Zeitenwende bedeckten Wälder noch etwa zwei Drittel von Chinas Gesamtfläche. Ein Teil davon fiel der Brandrodung zum Opfer, denn zur Herstellung von Tusche brauchte man große Mengen verkohlten Holzes. Ferner führte der steigende Bedarf an Ackerland, Baumaterial und Heizmaterial zu großflächiger Abholzung. Fatal erwies sich im 20. Jahrhundert dann insbesondere der „Große Sprung nach vorn", als man Brennstoff für die „Stahlgewinnung" in hunderttausend kleinen Hinterhof-Öfen benötigte. Heute sind noch etwa 6 bis 13 Prozent Chinas bewaldet (die Angaben variieren), viel zu wenig, um den Eigenbedarf zu decken. Schon jetzt ist man auf Holzimporte aus anderen asiatischen Ländern angewiesen.

Die jetzige Regierung ist sich des Problems bewusst. Gigantische **Aufforstungsprojekte,** darunter die Anpflanzung einer so genannten „grünen Mauer" von 7000 km Länge in den veröderten Nordprovinzen, sollen hier Abhilfe schaffen. Trotz alledem schreitet Chinas Waldschwund fort, teils weil die Aufforstungsmaßnahmen nicht greifen, teils wegen fortgesetzter illegaler Abholzung. Pro Jahr verkleinert sich Chinas baumbestandene Fläche um weitere anderthalb Millionen Hektar.

Zu den heutzutage drängenden Umweltproblemen gehört auch die **Wasserversorgung.** Industrie- und Haushaltsabwässer werden größtenteils ungeklärt in die Flüsse, Kanäle oder ins Meer geleitet: Jährlich werden so 25 Milliarden Tonnen Industriemüll „entsorgt". 28 der 32 Wasserläufe Shanghais sind biologisch tot. Teile des Yangzi stehen vor dem ökologischen Zusammenbruch. Der Gestank, der über kanal- oder flussnahen Straßen in den Städten liegt ist unbeschreiblich. 50 % des Grundwasservorkommens sind nach offiziellen Angaben verschmutzt- angesichts des Wassermangels, der in Nordchina herrscht, besonders bedrohlich. In Peking, wo man zur Wasserversorgung das Grundwasser anzapft, ist der Wasserspiegel von 5 Metern in den fünfziger Jahren auf fünfzig oder mehr (die Angaben variieren) gesunken. Selbst die Nationale Umweltbehörde (Nepa) warnte in ihrem jüngstem Bericht vor einer weiteren Verschlimmerung der Situation. Nach ihrer Rechnung belaufen sich die Kosten der Umweltschäden in China auf 8 % des Bruttosozialproduktes, sehr viel mehr als in den industrialisierten Ländern. Umweltverschmutzung, so die Nepa, sei einer der vier Hauptfaktoren für Erkrankungen und Tod. Die Verseuchung des Wassers mit Schwermetallen und Phenolen führt nicht nur zu einer gesundheitsschädlich hohen Belastung der Feldfrüchte, sondern auch zu traurigen Kuriositäten, wie das Dorf Huilong in Mittelchina, das Wissenschaftlern durch seine vielen Zwergwüchsigen auffiel: sie fanden abnorme Quecksilberwerte im Trinkwasser.

Alarmierend ist auch die **Verpestung der Luft** in den Städten. Fünf der zehn weltweit am stärksten belasteten Städte liegen in China (Peking, Shenyang, Xi-an, Shanghai und Kanton). Mit daran schuld ist das in den letzten Jahren um ein Vielfaches gestiegene Verkehrsaufkommen: Der Bleigehalt in der Pekinger Luft stammt zu 65 % von Abgasen, Katalysatoren sollen frühestens nach dem Jahr 2000 vorgeschrieben werden. Doch auch die Industrie, die weitgehend ohne Filtersysteme arbeitet, trägt zur Verschlechterung der Situation bei. Immer noch werden mehr als siebzig Prozent der benötigten Energie des Landes mit Kohle gedeckt, das meiste davon (80 %) wird direkt als Rohkohle verbrannt. „Schwarzer Regen" soll gelegentlich in einigen Städten niedergehen.

Energie ist in China einerseits knapp und wird andererseits verschwendet. Während südlich des Yangzi im Winter nicht geheizt werden darf, was bei winterlichen Temperaturen von gelegentlich null Grad sehr unangenehm werden kann, wird im Norden buchstäblich zum Fenster hinaus geheizt: Das Heizen chinesischer Häuser verbraucht dreimal soviel Energie wie das amerikanischer Gebäude, obwohl die Innentemperaturen der ersteren durchschnittlich elf Grad kaum übersteigen. Auch veraltete Technologien schlagen zu Buche. Chinesische Kühlschränke verbrauchen dreieinhalbmal soviel Strom wie entsprechende dänische Modelle usw. Umgekehrt legen Engpässe in der Stromversorgung immer noch ganze Industriebetriebe lahm. So konnte allein 1987 ein Viertel der gesamten Industriekapazität des Landes wegen Strommangel nicht genutzt werden.[82]

Der fortschreitende **Verlust an bebaubarem Ackerland** hat in China verschiedene Ursachen. Bodenerosion bedroht von Nordwesten bis Nordosten (Xinjiang, Gansu, Innere Mongolei) die Agrarwirtschaft. 32.8000 qkm haben sich bereits in Sandwüste verwandelt, jährlich kommen anderthalbtausend Quadratkilometer hinzu. Aber auch die industrielle Erschließung des Landes und der steigende Platzbedarf der Bevölkerung, die sich in den letzten vierzig Jahren verdoppelt hat, machen sich bemerkbar. Schätzungen zufolge soll China zwischen 1957 und 1990 35 Millionen Hektar bebaubares Land verloren haben, eine Fläche, die den Anbaugebieten Deutschlands, Frankreichs, Dänemarks und der Niederlande zusammen entspricht.

„Setzt man für Getreideernte und Konsumniveau die chinesischen Durchschnittswerte von 1990 vorraus, so hätte diese Anbaufläche etwa 450 Mio. Menschen ernähren können." [83]

Noch in den fünfziger Jahren war die chinesische Regierung unter *Mao Zedong* stolz darauf, einen **„Volkskrieg gegen die Natur"** zu führen: „Fordere Korn von der Natur und erkläre der großen Erde den Krieg!" lautete ein populäres Bauernlied. Zu den beachtlichen Erfolgen dieses Vorhabens zählte der Dammbau am Gelben Fluss, der seither in seinem Flussbett gehalten werden konnte. Andere Projekte wie die Kampagne gegen die Spatzen von 1958, der viele Singvögel zum Opfer fielen und die eine große Insektenplage nach sich zog, oder die Forcierung von Kornanbau in dafür gänzlich ungeeigneten Gebieten, verursachten mehr Schaden als Nutzen.

Ein **Umdenken** begann im Jahre 1976 mit der Schaffung neuer Gesetze zum Schutz der Natur. Doch obschon man inzwischen die Notwendigkeit von Schutzmaßnahmen staatlicherseits erkannt hat, ist man nur zögernd bereit, Konsequenzen zu ziehen, die Geld kosten. Immerhin wird zunehmend auf die Einrichtung von **Naturschutzgebieten** hingewirkt, vor allem da, wo das Land dünn besiedelt ist, wie etwa im nordwestlichen Tibet. Dort soll das größte Naturschutzgebiet der Welt (160.000 qkm) entstehen. Bislang sind 2 % der Gesamtfläche Chinas zu Naturreservaten erklärt worden. Die Schaffung von solchen Oasen wird allerdings bei weitem nicht ausreichen. Chinas großes Problem in seinen bewohnten Gebieten ist, dass die Disziplin, die Natur- und Umweltschutz einem jeden abverlangt, die große Mehrheit der Menschen überfordert. Die Vermüllung von Landschaften, Städten und Dörfern ist symptomatisch für die vielhundertmillionenfache Gleichgültigkeit einzelner. Treffend und nicht einmal ohne Sympathie beschrieb die Engländerin *Sarah Lloyd* das Verhalten von Bauern in einem der berühmten Suzhouer Gärten:

„Der Garten war zauberhaft überwuchert. Bäume hatten ihre beabsichtigte Größe überschritten. Jasmin flutete wie ein Wasserfall. Lumquatäste beschirmten die Dächer, und wilder Wein ergoß sich über die Mauern. Der ungebändigte Wuchs der Pflanzen schien die Bauern zu animieren, es ihnen gleichzutun und sich ganz nach Belieben aufzuführen. Sie stellten ihre Turnschuhe auf den Mauerkronen ab und schrubbten ihre Sandalen im Lotosteich. Sie verdreckten die Wege mit den Hülsen ihrer Sonnenblumenkerne und krempelten die Hosenbeine hoch, als wären sie zu Hause im Reisfeld. Sie rubbelten ihre Gesichter ab und spuckten in den See, den Mittelpunkt des Gartens, 'wo der Mond seine Seele wusch' ..." [84]

Das waren noch Zeiten (Mitte der achtziger), so möchte man anfügen, als die Menschen nur Sonnenblumenkerne und keinen Plastikmüll hinterließen. Übrigens sind es nicht nur ungebildete und arme Bauern, die mit der Natur nicht viel anzufangen wissen. In Taiwan ist man seit Jahren dabei, sämtliche idyllischen Naturflecken in kirmesähnliche Vergnügungsparks umzubauen. Auch wohlhabende und gebildete Bürger haben mit Landschaften, die aus „nichts als Gegend" bestehen, wenig im Sinn. Wahrscheinlich wird es noch mehrere Jahrzehnte dauern, bis in dieser Frage eine gewisse Sensibilisierung der Bevölkerung erreicht ist.

Tiere

*„Lieber ein Hund sein in Friedenszeiten als
ein Mensch in unruhigen Zeiten."
(Chinesisches Sprichwort)*

Die angefahrene Katze lag auf dem Asphalt, und die Eingeweide quollen ihr aus dem aufgeplatzten Bauch. Sie schrie entsetzlich. Um sie herum standen sechs oder sieben Menschen und lachten.

Tieren wird im Allgemeinen kein Mitgefühl, kein Erbarmen und kein Interesse entgegengebracht, es sei denn, sie wären essbar. Ein Tier (*dongwu*) ist auf chinesisch ein „sich bewegendes Wesen" und mehr auch nicht. Der Gedanke, Hund, Katze oder Vogel könnten kleine Gefährten oder sogar Freunde des Menschen sein, ist für die Mehrzahl der Chinesen typisch westlich dekadent.

„Ihr seid so gut zu den Tieren", heißt es dann, „weil eure menschlichen Beziehungen so kalt und kaputt sind. Wir jedenfalls brauchen keine Tiere als Ersatz für die Menschen."

Das Entsetzen von Westlern über den chinesischen Umgang mit Tieren ist nicht neu. Schon Reiseberichte aus dem Jahre 1850 verzeichnen mit Befremden die Haltung von Hunden und Katzen in winzigen Käfigen zum baldigen Verzehr. Die noch heute übliche Beförderung lebender Hühner kopfunter im Einkaufsbeutel oder an den Füßen aufgehängt war in den zwanziger Jahren den Kolonialmächten sogar ein Gesetz wert, was den Schriftsteller *Lu Xun* zu einem bissigen Kommentar veranlasste:

„Da die grundgütigen Leute aus dem Abendland Tierquälerei nicht ertragen können, verbietet die Internationale Konzession bei Strafe das Tragen von Hühnern und Enten mit dem Kopf nach unten. (...) Dies hat bei einigen unserer Landsleute Empörung hervorgerufen; sie sagen, die Weißen seien gut zu Tieren, aber grausam gegenüber den Chinesen und würden uns niedriger einstufen als das Federvieh." [85]

Tierquälerei auf Schlachthöfen, Geflügelfarmen, in Schweine- oder Rinderzuchten ist auch im Westen weit verbreitet. Im Unterschied zu China aber können hierzulande Berichte darüber stets mit einer heftigen und empörten Resonanz aus der Öffentlichkeit rechnen. Das Abendland kennt neben einer langen Tradition der Tierschinderei auch eine Tradition der Tierliebe. Vielleicht war das in China zur Blütezeit des Buddhismus ähnlich. Doch in der heutigen chinesischen Welt wird tierisches Leiden mit Achselzucken abgetan. Man begreift nicht, wie sich ein Mensch darüber aufregen kann. „Es ist doch nur ein Tier!"

Tierquälerei ist weit verbreitet, weniger aus Sadismus als aus Gedankenlosigkeit. Tierliebe, die über das „Süß-finden" von putzigen Jungtieren hinausgeht, gilt als äußerst verschroben. Ein Heiliger, der „mit den Fischen, den Vögeln und dem

---

Singvogelzucht ist ein beliebtes Hobby

Vieh redet", ist in China niemals populär geworden. Den Beruf des Tierarztes umgibt auch heute noch die Aura peinlicher Lächerlichkeit. Selbst der Wissenschaftler, der sich mit dem Nervensystem von Tieren befasst und zu dessen Erforschung vielleicht mit Insekten arbeitet, stößt auf herzliche Geringschätzung.

Das Wissen über Tiere ist so minimal wie das Einfühlungsvermögen. Fast noch erschreckender als die allgemeine Tierverachtung ist aus diesem Grunde die in den letzten Jahren wieder in Mode gekommene Neigung zur Tierhaltung, die einer spontanen und meist sehr kurzlebigen Gutwilligkeit entspringt. Hunde zum Beispiel werden gerne in kleinen Drahtkäfigen gehalten, die für den Welpen vielleicht gerade groß genug sind, in denen sich der ausgewachsene Hund aber oft nicht einmal mehr aufrecht hinsetzen kann. Sie werden mit Reisabfällen gefüttert, in der prallen Sonne ohne Wasser vergessen oder geschlagen, wenn sie ein Häufchen machen. Kaum ein Besitzer tut dies aus Bösartigkeit. Schuld ist das pure Nicht-Wissen darum, wie man sich einen jungen Hund zu einem angenehmen Hausgenossen heranzieht. Der nachfolgende Leserbrief, der 1994 in einer chinesischen Tageszeitung veröffentlicht wurde, ist typisch für Millionen unverständiger Tier-„Liebhaber". Der Autor *Zhang Xiaojian* schildert, wie er von der Entdeckung, dass der soeben erstandene süße Hund *Kleine Blume* eine Verdauung hat, völlig überrumpelt wurde:

„Kleine Blume überkam ein Bedürfnis und hinterließ erst im Wohnzimmer ein Häufchen und dann im Schlafzimmer eine Pfütze. Jedoch waren wir beide, meine Frau und ich, geduldig und putzten hinter dem Hund her, sobald er sein Geschäft verrichtet hatte."

Nach einer schlaflosen Nacht, die in wiederholtem Aufputzen bestanden hatte, beschloss das Ehepaar, den Hund auf dem Balkon anzubinden. Doch auch hier erledigte er seine Geschäfte nicht in der dafür vorgesehenen Pappschachtel, sondern daneben. Entnervt setzten sie den Hund bereits am zweiten Tag wieder irgend wo aus. Im Nachhinein wundert sich der Autor: In den letzten Jahren hatte er immer wieder versucht, sich Haustiere zu halten und war jedesmal gescheitert. Zwei Katzen hatte er aussetzen müssen, weil er den Geruch der Exkremente in der Wohnung nicht aushalten konnte, und etliche Vögel waren eingegangen, nur weil er und seine Frau für ein paar Tage gleichzeitig verreist waren und die Tiere ohne Wasser und Futter zurückgelassen hatten![86]

Tiere, die rechtzeitig „weggeworfen" werden, wie es gemeinhin heißt, bevor sie an ihren Haltungsbedingungen elend eingegangen sind, haben dabei Glück. Für die Stadtverwaltungen stellen die streunenden und oft kranken Tiere allerdings ein Problem dar. Nicht zufällig wurde der obige Brief wohl 1994 abgedruckt. Es war nach dem chinesischen Tierkreis das Jahr des Hundes, und man rechnete deshalb mit einer vermehrten Nachfrage nach Hunden: Sie galten in jenem Jahr als besonders glückbringend.

Fremde
im chinesischen Kulturkreis

Zwischen Ressentiments und Gastfreundschaft

„Möchtest du in ein fremdes Land fahren?"
„Ja. Nach Indien. Da gibt es Tiger."
„Wohin noch?"
„Nach China. Da ist eine riesige Mauer."
„Du möchtest wohl gern hinüberklettern?"
„Die ist viel zu dick und zu groß.
Da kann keiner hinüber.
Darum hat man sie gebaut."
(Canetti, Die Blendung, S. 7)

Touristen studieren eine Kalligraphie

Wie der westliche **Rassismus** nährt sich auch der chinesische von der Überzeugung, nur Angehörige des eigenen Volkes seien richtige, ernst zu nehmende Menschen. Er lebt von denselben primitiven Vorurteilen bezüglich der perversen Sexualität und der Geschlechts- oder Erbkrankheiten, die dem Fremden angedichtet werden. Er kennt dieselbe Spezies von Witzen, die körperliche Merkmale oder die angeblich mangelnde Hygiene von Ausländern betreffen. Er ist bei dem gleichen Menschentypus verbreitet, bei dem sich ein enger geistiger Horizont mit wenig Herzensbildung verbindet. Eine kleine, aber klassische Auswahl aus der Volksweisheit:

Neger sind dumm und stinken. Westliche Frauen sind allesamt Prostituierte. In Italien bumsen sie sich öffentlich im Bus. Die Kultur der Westler besteht aus Sex, Drogen und Aids. Alle Deutschen liegen im Sommer nackt in den Parkanlagen. Deutsche Männer haben einen Bierbauch und sehen aus wie im siebten Monat schwanger.

Chinesische Chauvinisten zeichnen sich dadurch aus, dass sie selbst die einfachsten Gebote von Taktgefühl, Anstand und Menschlichkeit für ein spezifisch chinesisches Kulturgut halten, das allen Nicht-Chinesen unbekannt ist. Also gelten im Umgang mit Ausländern auch andere Normen als mit Chinesen. Vor Ausländern kann man nicht das Gesicht verlieren. Man kann sich daneben benehmen, aufdringlich werden und dem Fremden Dinge sagen, die man sich keinem Chinesen gegenüber zu sagen traute ... Es ist ja nur ein Ausländer.

Die volle Breitseite des Rassendünkels trifft wie fast überall auf der Welt Menschen mit schwarzer Hautfarbe am schlimmsten. Die chinesische Verachtung der Afrikaner und Afro-Amerikaner ist völlig ungeniert. In dieser Ungeniertheit unterscheidet sich chinesischer Chauvinismus vom europäischen.

Die Reaktionen auf die weißen „Übersee-Teufel" *(yangguizi)* sind vielschichtiger. Sie reichen von offener oder versteckter Ausländerfeindlichkeit bis zu mitleidiger Nachsicht, herzlicher Hilfsbereitschaft und großer Gastfreundschaft.

Abwehr und **Feindseligkeit,** die der westliche Besucher in der VR China hin und wieder zu spüren bekommt, sind unter anderem das Ergebnis jahrzehntelanger Abschirmung des Landes von äußeren Einflüssen sowie einer raffinierten, wenn auch etwas hinterhältigen Ausländerpolitik: Bis Ende der achtziger Jahre wurden Ausländer mit **Privilegien** überschüttet. Da waren zum Beispiel die so genannten „Freundschaftsläden" *(youyi shangdian),* in denen es alles zu kaufen gab, was das Herz begehrte, nur nicht für Chinesen. In solchen Läden wurde mit einem besonderen Devisengeld gezahlt, dem so genannten *waihuiqian.* Das war die chinesische Touristenwährung. Die Einheimischen-Währung *renminbi* wurde nicht akzeptiert. Viele Touristen tauschten ihr Devisengeld zu guten Schwarzmarkt-Kursen gegen *renminbi,* mit dem in Chinesenläden bezahlt werden konnte. Der Schwarzmarkt wurde übrigens vor allem von Chinas uigurischer Minderheit beherrscht: Es ging das Gerücht, dass die Uiguren von dem eingetauschten Devisengeld Fernseher u.ä. in den Freundschaftsläden kauften, um die Geräte gegen Rauschgift über die Grenze nach Afghanistan zu schmuggeln. Diese Zeiten dürften nun vorbei sein. 1994 ist das *waihuiqian* abgeschafft worden. Die Freundschaftsläden gibt es immer noch, aber inzwischen zahlt man auch dort mit *renminbi*.

Die Trennung zwischen Ausländer- und Chinesen-Hotels gibt es ebenfalls immer noch. In den prachtvollen Westler-Hotels wurden früher Führungen zur Besichtigung für das chinesische Volk durchgeführt. Die Teilnahme an einer Führung kostete einen halben Tageslohn. Dafür durfte der kleine Mann von der Straße dann einen Luxus bestaunen, den er sich kaum je würde leisten können. Eine Tasse Tee trinken durfte er dort natürlich nicht. Selbst in scheinbar normalen Chinesen-Läden gab es oft genug eine Sonderabteilung für Ausländer, die mit den besseren Dingen bestückt war. Die Blicke, die uns von unten folgten, wenn wir in so einem Laden die Treppe hinauf in eine Sonderabteilung gingen, werde ich nie vergessen.

Und schließlich gab es zweierlei Fahrkartenschalter oder zumindest zweierlei Rechte beim Fahrkartenkauf: Fahrkarten waren und sind Mangelware in China, das ein kaum doppelt so großes Eisenbahnnetz wie Großbritannien sein eigen nennt. Chinesen mussten oft Stunden über Stunden anstehen. Ausländer konnten dagegen an all den Wartenden vorbei nach vorne zum Schalter marschieren und mit Devisen prompt ein (allerdings mehrfach teureres) Ticket erstehen.

Inzwischen ist die problematische Aufteilung in Priviliegierte, also Ausländer, und Normalmenschen, sprich Chinesen, der **traditionellen Klassengesellschaft** gewichen, die allerorten in Festland-China wieder zum Vorschein kommt. Es gibt solche, die viel Geld, etwas Geld, wenig Geld oder gar kein Geld haben. Zwar hat sich noch nicht herumgesprochen, dass manche Ausländer den letzten beiden Kategorien zuzuordnen sind, doch immerhin erregt auch nicht mehr jede westliche Jeans Neid oder Bewunderung.

Ist Ausländerfeindlichkeit in Festland-China auch durchaus anzutreffen, so begegnet dem Fremden doch ebenso oft **Freundlichkeit gegenüber Ausländern.** Vor allem die gebildeteren Städter behandeln Westler durchaus mit freundlichem Wohlwollen. Auf Taiwan ist sehr freundliches Verhalten gegenüber Ausländern die Regel.

Die spezifisch chinesische Form von Freundlichkeit zu Ausländern wird weniger von dem Gefühl getragen, dass alle Menschen Brüder und Schwestern seien. Sie lebt auch nicht von der Überzeugung, die hierzulande viele Autoaufkleber ziert: „Alle Menschen sind Ausländer – fast überall." Ein Chinese ist nirgendwo Ausländer. Er ist Chinese. Selbst solche, die sich seit Jahren in der Fremde aufhalten, kommen nicht auf die Idee, sich selbst als Ausländer zu bezeichnen. Ein chinesischer Student, der seit zehn Jahren in einem deutschen Studentenwohnheim wohnte, antwortete auf die Frage, wer noch da wohne, mit der sehr typischen Feststellung: „Außer mir nur Ausländer."

Chinesische Freundlichkeit zu Ausländern hat dagegen sehr viel mit Stolz zu tun, dem Stolz darauf, chinesisch zu sein. Chinesen haben ihre guten Gründe, stolz zu sein. Warum? Aussagen von Studenten:

„Wir haben die großartigste Kultur der Menschheit."
„Wir haben die längste Geschichte."
„Wir sind das intelligenteste Volk der Welt."

Kurz: Wir sind die Besten. Chinesisches Nationalgefühl ist also ausgeprägt. Blind ist es deshalb noch lange nicht. Denn so sehr Chinesen auch kollektiv stolz darauf sind, dem klügsten Volk der Erde anzugehören, so heftig misstrauen sie einander genau deshalb im persönlichen bzw. geschäftlichen Umgang. Schließlich gibt es in der chinesischen Gesellschaft keine verbindlichen Rechtsnormen, die den einen vor den Machenschaften des anderen schützen. Noch nie habe ich Angehörige irgend eines anderen Volkes getroffen, die ihren eigenen Landsleuten pauschal soviel Schlechtigkeit zutrauten, wie ausgerechnet die auf ihr Chinesentum so stolzen Chinesen.

Auge in Auge mit dem Ausländer

Das starke Bewusstsein der eigenen Exklusivität prägt also den Umgang mit den Fremden. Doch es äußert sich von Mensch zu Mensch unterschiedlich.

Bei manchen ist die **Begeisterung** für die eigene Kultur meilenweit entfernt von Dünkel oder Arroganz. Für sie ist einfach alles Chinesische erhaben und schön und außerdem viel chinesischer als irgend etwas aus dem Westen: Es macht ihnen eine ehrliche Freude, die Schönheiten ihres Landes mit ausländischen Freunden zu teilen. Sie geben uns das tröstliche Gefühl, dass wir zwar Fremde sind, aber im Großen und Ganzen nichts dafür können.

Andere entwickeln regelrechte **Beschützerinstinkte** für den oder die Fremden, die da ein wenig hilflos in der chinesischen Welt herumstehen und nicht wissen, was los ist. Sie helfen uns aus Mitleid weiter. Schließlich sind wir ja keine Chinesen, sondern nur die viel harmloseren Ausländer.

Wieder andere geben gerne Erklärungshilfen, die zwar gut gemeint sind, aber letztlich doch darauf hinauslaufen, dass die Ausländer unbedarft und die Chinesen ihnen haushoch überlegen sind. Der junge Mann, der die folgende Äußerung machte, sprach Millionen seiner Landsleute aus der Seele:

„Englisch ist simpel, Chinesisch aber kompliziert. Die westliche Kultur versteht doch jeder, aber uns Chinesen versteht ihr nicht. Wir finden uns im Westen zurecht, aber ihr nicht bei uns."

Manche zeigen auch eine offene **mitleidige Ignoranz** gegenüber den Fremden, die dieselben zur Weißglut treibt. Vor Jahren hörte ich von einer Unterhaltung, die zwei Experten über chinesische Kunst führten. Der chinesische Experte ging sachlich überhaupt nicht auf die Argumente seines westlichen Kollegen ein, lobte aber am Ende des fruchtlosen Gesprächs ausdrücklich, wie schön der Westler doch mit Stäbchen esse!

Doch ob sehr herzlich oder leise herablassend – oft zeigen Chinesen Fremden gegenüber viel mehr **Hilfsbereitschaft** als untereinander. Kaum einer Chinesin würde es passieren, dass sie im Regen steht und jemand plötzlich einen Schirm über sie hält; Ausländer können dies zumindest auf Taiwan durchaus erleben. Viele von uns profitieren von dieser freundliche Haltung zu Ausländern, sogar ohne es zu bemerken. Die große Geduld, die Taiwan-Chinesen z. B. den Sprachschwierigkeiten der ausländischen Anfänger entgegenbringen, hat nirgends in der westlichen Welt ihresgleichen. Sie mögen davon ausgehen, dass Ausländer ihre Sprache nie halbwegs akzeptabel erlernen, aber sofern sie etwas Erfahrung im Umgang mit Fremden haben, werden sie sich große Mühe geben, so einfach und verständlich wie möglich zu sprechen. Sie sind sich mehr als wir bewusst, dass ein Ausländer mit dem Hörverständnis Schwierigkeiten haben kann, wenn man nuschelt, Slang-Ausdrücke gebraucht und obendrein zu schnell spricht.

Das ist das Gegenteil von der verbreiteten europäischen Überheblichkeit, die davon ausgeht, dass der Ausländer, „der noch nicht mal richtig deutsch (in England: englisch, in Frankreich: französisch usw.) kann", ein nicht ganz voll zu nehmender Mensch ist. Nicht nur Taiwanesen, sondern auch gebildete Chinesen in der Volksrepublik China nehmen es durchaus nicht als Selbstverständlichkeit, dass Ausländer fließend Chinesisch sprechen oder eine chinesische Zeitung lesen. Sie finden es bemerkenswert, wenn wir mit ihren Busfahrplänen und Straßenkarten zurechtkommen oder selbst eine Adresse finden. Sie enthalten sich selten eines lobenden Kommentars, wenn Ausländer mit Stäbchen essen, obwohl es tatsächlich viel einfacher ist, das Essen mit Stäbchen zu lernen, als die verschiedenen Bewegungsabläufe beim Hantieren mit Messer und Gabel elegant zu bewältigen.

Sie setzen bei uns also weder Kenntnis der chinesischen Sprache noch der chinesischen Sitten als selbstverständlich voraus, und das ist einerseits gut und

Chinesische Familie nach einem Restaurantbesuch

andererseits schlecht. Es ist gut, weil es Ausländern, die sich nur kurz im Land aufhalten, oder denen, die nicht integriert werden möchten, eine Menge Luft zum Leben lässt. Es wohnt sich angenehm unter Menschen, die so **geringe Ansprüche an die Lernfähigkeit von Fremden** stellen. Westler, die das genießen, gibt es genug. Sie leben seit Jahrzehnten unter Chinesen und verstehen immer noch nicht einigermaßen gut Chinesisch. Manche sprechen nicht mehr als „Danke" und „Guten Tag" und auch das nur mit einem scheußlichen Akzent. Sie machen nicht den geringsten Versuch, sich chinesischen Sitten anzupassen oder sich in chinesische Denkweisen einzufühlen. Sie essen tatsächlich nicht mit Stäbchen. Sie kugeln sich vor Lachen, wenn Chinesen im Englischen Fehler machen wie „She marries with him", und wissen nicht einmal, dass das dem chinesischen Ausdruck entspricht. Dennoch sind sie oft sehr beliebt. Ihre Ignoranz wird ihnen ohne weiteres verziehen, vermutlich weil sie dem Klischee vom tolpatschigen Ausländer („Ist er nicht süß?!") genau entsprechen.

Schlecht ist diese Form von Toleranz, weil sie leicht dazu führt, dass Ausländer von der chinesischen Wirklichkeit abgeschirmt werden. Die Geduld mit der vermeintlichen und tatsächlichen Unfähigkeit von Ausländern, sich im chinesischen Kulturkreis zurechtzufinden, die Kultivierung zweier ziemlich unterschiedlicher Maßstäbe für ausländisches und chinesisches Verhalten ist letzten Endes die Fortführung einer Splendid-Isolation-Politik mit touristenfreundlichen Mitteln.

Verstärkt wird diese Tendenz durch das chinesische Bedürfnis, vor Ausländern so etwas wie ein **kollektives Gesicht zu wahren.** Dieses Bedürfnis wurde und wird von vielen Ausländern stark unterschätzt. Schnell kommen sie dahin, die Ausnahmen, die für sie gemacht werden, mit dem chinesischen Alltag zu verwechseln. Nicht zufällig trieb dieses Bestreben der Chinesen seine wundersamsten Blüten während der im Prinzip so fremdenfeindlichen Kulturrevolution. Eine chinesische Schriftstellerin beschreibt, wie einem Arbeiter der auf dem Markt erstandene Fisch am Marktausgang wieder abgenommen wird, weil der Fischstand sonst bald keine Fische mehr hätte, die man ausländischen Besuchern vorführen könne. Auf seinen Protest hin erklärt man ihm:

„'Wir warten alle, bis die Fremden wieder abgereist sind, bevor wir versuchen, etwas von den besonderen Waren zu kaufen.' 'Man kann sie auch kaufen, ehe die ausländischen Besucher kommen', sagte jemand sarkastisch. 'Allerdings muß man sie dann wieder zurückbringen. Als neulich Prinz Sihanouk in Nanjing war, hatte man sogar Truthähne von irgendwoher herbeigeschafft. Einer meiner Nachbarn hatte noch nie einen Truthahn gesehen. Er ging hin und kaufte einen. Aber damit kam er nur bis zum Hinterausgang des Marktes. Da wurde er wieder zurückgeschickt. Später hieß es, man habe den Verkauf mit fünf Truthähnen begonnen und nach zwei Tagen lebhaften Verkaufs immer noch fünf Truthähne gehabt.'" [87]

Vielleicht ein extremes Beispiel. Doch ob es sich nun um die Errichtung Potemkimscher Dörfer für Ausländer handelt oder um die Vorzugsbehandlungen der Fremden im Alltag – beides hat zur Folge, dass die **Integration von Ausländern** in das ganz normale chinesische Leben erheblich erschwert wird. Ein Ausländer im chinesischen Kulturkreis bleibt für immer ein Ausländer. Seine besten Freunde mögen ihn selbst das vergessen lassen, sie dagegen vergessen es garantiert nicht, von all den anderen ganz zu schweigen.

Am deutlichsten wird das denen bewusst, die mit chinesischen Partnern liiert sind. Spätestens dann zeigt sich an der Reaktion von Verwandten, Freunden oder auch Unbekannten auf der Straße, die sich abfälliger Kommentare nicht enthalten können, dass chinesische Gastfreundschaft und Aufgeschlossenheit für Fremde zwei völlig verschiedene Dinge sind.

Freundschaften und Mischehen

„Wer einen Freund hat
unter dem Himmel,
der ist selbst am Ende der Welt
nicht in der Fremde."
(Chinesisches Sprichwort)

In **Taiwan** unterliegen westlich-chinesische Kontakte keinen Restriktionen. Entsprechend herzlich und unbefangen werden Ausländer dort behandelt, zumindest solange sie nicht gerade den eigenen Sohn oder die eigene Tochter heiraten wollen.

Auch in der **Volksrepublik China** sind freundschaftliche Kontakte zwischen Ausländern und VR-Chinesen derzeit (1995) ohne weiteres möglich. Noch vor zwei Jahren hätte sich der Normalbürger ohne besondere Beziehungen wohl davor gefürchtet, einen Ausländer privat bei sich einige Tage wohnen zu lassen. Denn das Thema Freundschaft zwischen Westlern und Chinesen innerhalb der Grenzen der Volksrepublik war in der Vergangenheit oft heikel. Kontakte zwischen Einheimischen und Ausländern wurden seit Gründung der VR China mit Misstrauen beobachtet, registriert und gegebenenfalls untersagt. Zahlreiche ideologische Kampagnen hatten u. a. die Verdammung des dekadenten westlichen Auslandes zum Inhalt. Zu solchen Zeiten konnte es schon gefährlich werden, mit Ausländern unangemeldet, d.h. ohne Genehmigung, Gespräche zu führen, wie belanglos sie auch sein mochten.

Dass trotz alledem herzliche **Freundschaften** zwischen Ausländern und Chinesen entstehen konnten und können, ist eine Erfahrung, für die viele Fremde sehr dankbar sind. Es ist der menschliche Kontakt in China, der behördliche Sturheit und die Rüpeleien des Alltags nebensächlich werden lässt. Allerdings ist die Freundschaft zu Ausländern immer dann, wenn ein politischer Frühling einer neuen Eiszeit weicht, eine potentielle Gefahr für die betreffenden Chinesen. Briefkontakt nach einer China-Reise zu halten ist schön, aber die Briefe werden unter Umständen auch von anderer Stelle gelesen. Man lasse also vorsichtshalber Diskretion walten. Das gilt im Übrigen auch für Gespräche. Es kommt vor, dass Chinesen Ausländer schon allein deshalb als vertrauenswürdige Gesprächspartner betrachten, weil sie keine Chinesen sind. Ihnen werden u.U. Dinge anvertraut, die man mit der gleichen Offenheit keinem chinesischen Bekannten erzählen würde und die, wenn sie an den Falschen gelangen, möglicherweise Schaden anrichten. Die kommunistische Partei und die staatstragenden Kräfte halten ihre ideologischen Ansprüche vielleicht nur noch zum Schein aufrecht, doch die Geheimpolizei, die **gonganju,** ist immer noch gefürchtet.

Während diverser ausländerfeindlicher Kampagnen konnten Ausländer oft die Beobachtung machen, dass manche Chinesen eine ausgesprochene Scheu davor hatten, mit ihnen in der Öffentlichkeit gesehen zu werden, während andere ohne weiteres eine ganze Gruppe von Ausländern ins Restaurant einluden. Nicht immer wird dabei die persönliche Courage der betreffenden Person ausschlaggebend gewesen sein. Der eine oder andere hatte vielleicht nur deswegen keine Angst vor der *gonganju,* weil er selber Informant war.

Auch im westlichen Ausland werden VR-Chinesen observiert, bzw. sie observieren sich gegenseitig. Wer mehrere Chinesen gleichzeitig einlädt, sollte politische Themen meiden. Es ist zwar unwahrscheinlich, dass ein Volksrepublikaner in Gegenwart eines Landsmanns seine ehrliche Meinung sagt, aber wenn es ausnahmsweise doch zu freimütigen Äußerungen kommen sollte, dann gibt es eigentlich nur zwei Möglichkeiten: Der Betreffende wird es bereuen, oder aber er hat ohnehin nichts zu fürchten und provoziert die anderen nur zu Unvorsichtigkeiten.

Eine völlig anders geartete Schwierigkeit im Kontakt mit Chinesen in der Volksrepublik liegt darin, dass manche von ihnen, wenn auch durchaus nicht alle, mit ihrem offensichtlich „berechnenden" Verhalten einen Westler sehr irritieren können. Es ist der besondere Status von Ausländern, der es zwangsläufig mit sich bringt, dass sie gelegentlich als Mittel zum Zweck betrachtet werden, sei es, um an schwer erhältliche Waren heranzukommen, sei es, um eine Arbeitsstelle im Ausland zu finden und das Land zu verlassen. Ausländer, die tief enttäuscht sind, weil sich eine Freundschaft schließlich als **Zweckbündnis** entpuppt, mögen bedenken, dass gerade in der heutigen chinesischen Gesellschaft der Nutzwert einer Freundschaft von ihrem Gefühlswert nicht unbedingt klar zu trennen ist. Auch manche Chinesen schließen untereinander Zweckfreundschaften, ebenso wie es aber auch andere gibt, die ein solches Verhalten ablehnen und ähnlich darüber denken wie wohl die meisten Westler. Es ist letzten Endes eine Frage der Erfahrung und des Instinktes herauszuspüren, mit welcher Absicht jemand Kontakt sucht.

Die Aussicht, ausreisen zu dürfen, kann den Ausländer übrigens auch als potentiellen Heiratskandidaten aufwerten. Dabei muss noch nicht einmal Kalkül im Spiel sein. Es erhöht einfach seine Attraktivität. Wenn solche Ehen halten, was sie versprachen, haben die Beteiligten Glück gehabt.

Traditionell werden **Mischehen** jedoch eher negativ beurteilt. Das gilt für Taiwan ebenso wie für China oder chinesische Gemeinden Indonesiens. Chinesen oder Chinesinnen mit ausländischen Partnern stoßen außerhalb intellektueller und international orientierter Kreise auf Befremden und Unverständnis. Vor allem, wenn der einzige oder älteste Sohn mit einer Ausländerin nach Hause kommt, sind die wenigsten Eltern begeistert. Westlerinnen gelten als *„kaifang"*, als „offen", was nach chinesischem Verständnis „jederzeit zu haben" bedeutet und äußerst verachtenswürdig ist. Chinesischen Männern, die mit einer Westlerin zusammen sind, werden auch aus diesem Grund zunächst einmal die unlautersten Absichten unterstellt.

Hinzu kommt, dass bei einer solchen Mischehe der Stammhalter, den sich alle chinesischen Großeltern in spe wünschen, ein Mischling sein wird, und das ist eine schwer zu verkraftende Vorstellung. Mischlinge gelten nicht als richtige Chinesen. Ebenso wenig würde ja auch bei uns ein afroeuropäisches Mischlingskind als richtiger Deutscher, Franzose oder Engländer akzeptiert. So verschieden sind die Standpunkte also nicht. Westlich-chinesische Mischlinge gehören auch in China nie ganz dazu. Über die, die sympathisch, erfolgreich und tüchtig sind, sagt man: „Sieh an! Sie ähneln ja doch uns Chinesen." Über die Unsympathischen, Erfolglosen oder gar Kriminellen heißt es: „Kein Wunder. Es sind ja auch Ausländer."

So sind Ehen zwischen westlichen Frauen und chinesischen Männern heutzutage eine sehr große Ausnahme. Häufiger kommt es vor, dass Chinesinnen westliche Partner heiraten. Sie müssen zwar mit genau demselben Befremden ihrer Umgebung rechnen, dafür aber wird die Frage der Nachkommenschaft oft weniger problematisch gesehen, denn Tochterkinder gehören traditionell zur Familie des angetrauten Mannes. Immer noch gilt in vielen chinesischen Familien die konfuzianische Regel, dass nur die Söhne die Ahnenreihe fortsetzen können.

Fremdeln oder die gegenseitige Wahrnehmungsverzerrung

Kind:
„Ma, ist das ein Mann oder eine Frau?"
Mutter:
„Das ist kein Mann und keine Frau.
Das ist ein Ausländer."
(Von Ausländern erzählte Anekdote)

„Verstehen Sie die Chinesen?" fragte ein älterer Österreicher und fügte hinzu: *„Ich lebe jetzt schon seit 20 Jahren unter ihnen und verstehe sie immer noch nicht."*

Sein zufriedener Ton verriet, dass es sich hierbei um die Erfahrung eines wahren China-Kenners handeln musste. Sprüche wie diese beeindrucken natürlich jeden China-Neuling. Obendrein entsprechen sie auch genau der chinesischen Selbstdarstellung: „Ihr werdet uns nie verstehen, weil ihr Ausländer seid."

Niemand wird leugnen wollen, dass es „chinesische" Verhaltensweisen gibt, die sich von westlichen unterscheiden. Wie jede Kultur hat auch die chinesische ihre unverwechselbaren kulturellen Eigenheiten. Doch es gibt **kulturelle Besonderheiten** von ganz verschiedener Art: primäre, sekundäre und eingebildete.

Zu den **primären Besonderheiten** zählen die, die vielleicht so ausschlaggebend, so prägend für das Kind oder den Heranwachsenden sind, dass ein kulturfremder Erwachsener sie nie in dem Maße verinnerlichen wird wie einer, der in dieser Kultur groß geworden ist. Dabei geht es allerdings nur um ein Mehr oder Weniger an kulturellen Erfahrungen. So wird ein chinesisches Kind, das in einer Kommunikationskultur des Hinfühlens aufwächst, eher jene besonderen Antennen für die Stimmungen und unausgesprochenen Gedanken seines Gegenübers entwickeln als zum Beispiel ein deutsches, das sich am Hinhören des tatsächlich Gesagten zu orientieren lernt. Das heißt nicht, dass ein deutsches Kind mit einer Andeutung überhaupt nichts anzufangen wüsste oder ein chinesisches Kind nie etwas wörtlich versteht, nur die Tendenz zu dieser oder jener Verständigungsart ist unterschiedlich ausgeprägt.

Neben solchen wohl grundlegenden kulturellen Eigenschaften gibt es eine Vielzahl von **sekundären Besonderheiten,** die den Signalreiz des „Fremden" auslösen. Das sind gemeinhin diejenigen Dinge, die uns fast sofort einfallen, wie: „Chinesen essen mit Stäbchen", „Asiaten lächeln die ganze Zeit" und ähnliches. Sie machen das Spektakuläre, den exotischen Flair des „Anderen" aus, obwohl sie tatsächlich nur Gewohnheiten oder Konventionen sind. Essen mit Stäbchen ist ebenso erlernbar wie gewisse Formen der chinesischen Höflichkeit, zu denen das Lächeln gehört. Übrigens pflegen sowohl Chinesen als auch Westler gerade um diese Konventionen das meiste Aufheben zu machen: Westler gelten als unhöflich, weil sie ihren anreisenden Besuch zu Hause und nicht schon auf dem Bahnhof empfangen. Chinesen sagt man Unaufrichtigkeit nach, weil sie einem nicht in die Augen sehen können ... usw.

Dann gibt es noch eine dritte Art von kulturellen Besonderheiten, nämlich die **eingebildeten Unterschiede.** Dies sind die weitaus hinderlichsten, denn da sie sowieso nicht in der Wirklichkeit existieren, lassen sie sich nur schwer widerlegen. Sie resultieren aus einem diffusen Gefühl des Andersseins. Das Anderssein muss nicht näher bestimmt sein – im Gegenteil. Je unbestimmter das Gefühl, desto irrationaler die Reaktion. Sie führt immer dazu, den Fremden abzuweisen, ihm klarzumachen: Du bist nicht von uns. Bei Kleinkindern ist ein solches Verhalten als „Fremdeln" bekannt. Es existiert aber bei Erwachsenen genauso und wird manchmal sogar von dem gleichen charakteristisch verstörten Gesichtsausdruck begleitet.

Es gibt ganz verschiedene Arten von **Fremdeln.** Fremdelnde Europäer neigen dazu, den Fremden, wo sie können, zu ignorieren. In einer Dreier-Unterhaltung zwischen zwei Deutschen und einem fremdländisch aussehenden Ausländer wird innerhalb kürzester Zeit die Kommunikation über den Kopf des letzteren hinweg geführt werden. Ausländer in deutscher Begleitung beobachten nicht selten, dass eine Frage, die sie einem Dritten gestellt haben, von diesem mit ausschließlichem Blickkontakt zu dem Deutschen beantwortet wird. Der letzte Sitzplatz, der in einem Bus besetzt wird, ist oft der neben einem Afrikaner.

Chinesen fremdeln auf umgekehrte Weise, indem sie **Ausländern deutlich erhöhte Aufmerksamkeit schenken.** Je nach Temperament werden sie dabei steif oder besonders mitteilsam, abweisend oder überfreundlich, ängstlich oder aufdringlich. Manche werden auch extrem lustig, letzteres eine vor allem bei jungen Mädchen zu beobachtende Reaktion. Einfach alles an uns lässt sie kichern. Es ist wahrscheinlich die charmanteste Weise zu nerven, aber es kann Wochen dauern, bis es abklingt ...

Das Fremdeln der einfachen Bevölkerung erschöpft sich in stillem Gaffen. Besonders in ländlichen Gebieten Festland-Chinas begegnet uns immer wieder jener in Befremden erstarrte Gesichtsausdruck, der nichts mit freundlicher Neugier gemein hat. Er wirkt auch nicht bedrohlich; er erinnert überhaupt nicht an eine Reaktion auf den Anblick eines normalen menschlichen Wesens. So ähnlich fassungslos und konsterniert würden wir uns vielleicht einen schwangeren Mann anschauen.

Für Touristen spielt das keine Rolle. Vier oder sechs Wochen hält man es wohl aus, seine Nudeln unter den Blicken einer halben Straße zu verspeisen, oder völlig unschuldig Verkehrsunfälle zu verursachen, weil die Fahrer ihre Blicke auf den Ausländern statt auf der Fahrbahn hatten. Nur als Dauerzustand ist das Begafftwerden schwer zu ertragen. Was, so fragt man sich nach einer Weile gequält, ist so anders an mir? Die Chinesin *Jung Chang* beschrieb ihren Eindruck von den „fremden Teufeln":

„Ausländer waren in meiner Vorstellung schreckliche Wesen. Da alle Chinesen schwarze Haare und braune Augen haben, erscheinen Menschen mit andersfarbigen Haaren und Augen fremdartig. Mein Ausländerbild entsprach mehr oder weniger dem offiziellen Stereotyp: wirre rote Haare, stechende Augen in einer unheimlichen Farbe und eine unvorstellbar lange Nase. Ausländer torkelten betrunken durch die Straßen und schütteten ab und zu Coca-Cola in sich hinein, wobei sie die Beine höchst unschön von sich spreizten. Ausländer waren Amerikaner, die in seltsamem Tonfall 'Hallo' sagten. Ich wußte nicht einmal, was 'Hallo' bedeutete, und nahm an, es sei ein Schimpfwort. Wenn wir 'Guerillakrieg' spielten, unsere Version von 'Cowboy und Indianer', bekam die gegnerische Seite lange Nasen angepappt und brüllte ständig 'Hallo'." [88]

Doch wie immer das Fremdeln sich auch äußert, ob im geflissentlichen „Übersehen" wie im Westen oder im erschrocken genauen Hinschauen wie in China, es hat fast immer den gleichen Effekt: Am Ende benimmt sich keiner der Beteiligten mehr normal: A empfindet B als fremdartig und verhält sich dementsprechend unnatürlich. B registriert die Unnatürlichkeit von A und reagiert darauf mit Befangenheit oder Ablehnung. A nimmt dies wiederum als Zeichen der Andersartigkeit von B und wird nun erst recht unsicher ...

In der Praxis sieht das zum Beispiel so aus: Chinesische Freunde treffen sich in geselliger Runde. Man will zusammen kochen und essen und fängt gemeinsam an, alles vorzubereiten. Die Stimmung ist bestens. Es wird geflachst und gelacht, bis der Ausländer, den einer von ihnen dazugeladen hat, zur Gruppe stößt. Sofort verkrampft sich die Atmosphäre. Man will ja nicht unhöflich sein, aber was soll man bloß mit dem Fremden reden? Hin und wieder fällt ein verstohlener Blick auf ihn. Dem Armen fällt in diesem Moment natürlich auch nichts ein, um die Stimmung zu entspannen. Also stehen sie allesamt einträchtig verlegen da und benehmen sich unnatürlich. Auf diese Weise bestätigen sich Vorurteile von der Fremdartigkeit des Fremden allein durch ihre bloße Existenz.

Chinesen, die sich abfällig über Westler äußern, oder Westler, die wenig schmeichelhaft über Chinesen reden, sprechen oft aus einer solcherart verzerrten Erfahrung: Chinesen sind steif und unzugänglich, Westler sind kalt und arrogant ... Fremdeln verfremdet.

Fremdeln hat in China eine lange **Tradition.** Bis heute sind fast alle Chinesen, die nie im westlichen Ausland waren, der sehr schwer zu erschütternden Überzeugung, Ausländer seien Wesen von einem anderen Stern. Ausländer, das sind Westler, also Europäer oder Amerikaner. Asiaten oder Afrikaner sind nicht *die* Ausländer, sondern Japaner, Phillipinos, Malaien oder Schwarze.

Die jahrhundertelange **Abschottung Chinas** gegen die umliegende Welt ist sicherlich mit schuld daran, dass das Phänomen des Fremdelns immer noch so verbreitet und so ausgeprägt ist. Die Ströme wohlhabender Touristen, die in den letzten Jahrzehnten auf sorgfältig gewählten Routen durch China geschleust wurden, waren nicht unbedingt geeignet, Fremdenscheu zu überwinden. Sie traten pulkartig auf und wirkten mit ihrer Kleidung, ihrem Geld und ihrer lauten fremden Sprache auf die Einheimischen grell.

Doch auch Erziehung und **Propaganda** haben sicherlich dem Fremdeln Vorschub geleistet. Praktisch jede Kampagne gegen politische „Feinde" im Inneren war von einer Verteufelung des Auslands begleitet. Auch loser Kontakt mit Ausländern konnte gefährlich werden. Einer chinesischen Studentin wurde mit Deportation nach Heilongjiang[89] gedroht, weil sie ein halbstündiges Gespräch mit einem deutschen Professor nicht gemeldet hatte. Manche Leute liefen noch in den achtziger Jahren davon, wenn Ausländer sie nur nach der Uhrzeit fragten.

Nicht zuletzt ist das Fremdeln auch Bestandteil **chinesischen Selbstverständnisses.** „Anders zu sein" als die anderen, die westlichen Völker, ist die Bestätigung dafür, chinesisch zu sein. Umgekehrt ausgedrückt: Was chinesisch ist, kann nicht gleichzeitig auch westlich sein.

„Sind bei euch Westlern Katzenbabys genauso süß wie bei uns Chinesen?" fragte ein chinesischer Bekannter. Es widerspricht dem chinesischen Sinn für die eigene Exklusivität, dass irgend etwas in unseren Kulturen ganz einfach gleich sein könnte.

Aus dieser Vorstellung resultiert der rührende Drang vieler Chinesen, einem Westler gegenüber permanent zu erklären, was sie für eine Eigenart ihres Volkes halten. Solche Kurzvorträge beginnen mit der Formel „Wir Chinesen sind ..." und werden von vielen Westlern gefürchtet. „Wir Chinesen sind ..." impliziert in der Regel „Ihr seid wahrscheinlich nicht ...", denn sonst müsste man es ja nicht groß erklären.

„Wir Chinesen sind so, dass bei uns Eltern ihre Kinder lieben." sagte eine Freundin, die immerhin schon mehrere Jahre Umgang mit Westlern hatte. Ich erwiderte,

das sei im Westen genauso. Sie war ehrlich erstaunt. Der Gedanke war ihr noch nie gekommen. Der Glaube, westlichen Eltern sei das Wohlergehen der eigenen Kinder egal, ist seltsamerweise weit verbreitet. Vermutlich sind hier amerikanische Filme missverstanden worden. Bezeichnend ist der folgende Brief, in dem ein chinesischer Familienvater seinen westlichen Bekannten das Wesen der chinesischen Liebe zum Kind erklärte:

„Da unsere Kulturen verschieden sind, gibt es auch unterschiedliche Wertvorstellungen (...) Einer der Vorzüge der Chinesen ist die Selbstlosigkeit (...) Selbstlosigkeit für das eigene Kind ist im Herzen der Chinesen tief verwurzelt."

Auch eheliche Treue ist aus chinesischer Sicht ganz und gar chinesisch, das heißt unwestlich. Ein chinesischer Bekannter in Deutschland berichtete eines Tages von einer deutschen Ehefrau, die ihren Mann nicht verlassen hatte, obwohl er durch einen Unfall ein Koma erlitten hatte und danach wie ein Kleinkind alles neu erlernen musste:

„Ich hätte nie gedacht, dass deutsche Frauen das tun. Ich dachte, sie lassen alle ihren Mann im Stich, wenn so etwas passiert. So liest man es ja auch in der Zeitung. Eine Chinesin würde natürlich unter allen Umständen bei ihrem Mann bleiben!"

Auch auf sexuellem Gebiet existieren die abenteuerlichsten Vorstellungen. Dass zum Beispiel die westliche Freizügigkeit im Umgang mit dem anderen Geschlecht eine Folge der sexuellen Revolution ist und keine angeborene Charaktereigenschaft, ist vielen Chinesen schwer zu vermitteln. Westler sind treulos und sexuell unersättlich, weil sie Westler sind. „Sie sind eben anders als wir Chinesen."

Zum „Anderssein" gehört, dass Ausländer außerstande sind, die Chinesen zu begreifen. „Viele Chinesen", so ein Tourist, „sagen mir immer und immer wieder, dass wir sie nie verstehen werden."

Zu einem geringeren Teil ist das ein Erfahrungswert. Chinesen, die sich im Umgang mit Westlern so indirekt ausdrücken wie gegenüber Chinesen, machen tatsächlich ständig die Erfahrung, nicht verstanden zu werden. Doch davon abgesehen, kann man oft beobachten, dass sich die **„Niemand-versteht-uns"-Haltung** auf eine bizarre Weise verselbständigt. „Verstehen" kann man dabei fast schon wörtlich nehmen: Vor allem in Festland-China fremdeln viele Menschen so stark, dass es mehrerer Anläufe bedarf, bis sie wahrgenommen haben, dass ein Westler mit ihnen Chinesisch spricht. „Wie geht es zum Bahnhof?" fragt da zum Beispiel ein Ausländer im schönsten Mandarin seinen Nebenmann im Bus. Der schaut ihn verständnislos an und zuckt mit den Achseln. Wenig später hört unser Ausländer den Mann zu seiner Frau sagen: *„Das Englisch da eben klang genauso wie auf Chinesisch: Wie geht es zum Bahnhof?"*

Eine Chinesin, die sich selbst beobachtet hatte, meinte: *„Es ist so verblüffend für mich. Ich habe noch nie in meinem Leben mit einem Westler Chinesisch gesprochen. Jetzt rede ich mit dir wie mit einem Chinesen. Das kommt mir total komisch vor."*

Weniger nachdenkliche Geister ziehen es vor, die Tatsache, dass ein Westler mit ihnen Chinesisch spricht, schlichtweg zu übergehen, auch wenn sie genau wissen, dass ihr Gegenüber Chinesisch kann. Es ist, als beleidige die Tatsache, dass ihre Muttersprache ein in Grenzen erlernbares Medium der Kommunikation sei, die Authentizität des Chinesentums: *„Ich glaube nicht, dass Ausländer das so schwere Chinesisch jemals lernen können!"*, stellte eine resolute Dame fest, die ausgezeichnet Deutsch sprach. Punktum. Nun ist Chinesisch zwar nicht einfach, aber es ist bestimmt nicht schwieriger als Deutsch für Chinesen, dessen Deklinationen und Konjugationen von Nicht-Muttersprachlern ja auch kaum je richtig zu beherrschen sind. Doch rationale Argumente verfangen in solchen Fällen nie. Chinesen, die ihre Unsicherheit im Ausland dadurch kompensieren, dass sie aus ihrem Unverstandensein ein Prinzip machen, wollen sich einfach nicht vom Gegenteil überzeugen lassen.

Offenere Gemüter unter den Chinesen können hin und wieder aber nicht umhin, festzustellen, dass die Unterschiede zwischen den Menschen gar nicht so groß sind. Sie formulieren es meistens so: „Dieser Westler oder diese Westlerin ist ja richtig chinesisch!" Es kommt nicht selten vor, dass Chinesen, die einen Westler kennen lernen, diesen nach längerer Zeit geradezu „unglaublich chinesisch" oder „chinesischer als die Chinesen" finden, einfach deshalb, weil sie an ihm Vertrautes, nämlich Menschliches, entdecken. Darüber hinaus gibt es eine Skala von ganz bestimmten äußeren Verhaltensweisen, die Chinesen als typisch „chinesisch" wiedererkennen. Westler, die wissen, worauf sie zu achten haben, können damit viel Eindruck machen.

„Richtig chinesisch!" – worauf Ausländer achten sollten

„In der Ignoranz der Fremden gegenüber chinesischen Sitten liegt ein weiterer Grund für das Überlegenheitsgefühl der Chinesen."
(A. Smith, Chinese Characteristics, S. 101)

Das Äußere

Die alte Frau sah auf die Arme ihres ausländischen Gastes und begann zu kichern: *"Er hat Häärchen auf den Armen"*, gluckste sie, *"das kommt daher, weil die Ausländer in der Evolution dem Affen näher stehen als wir Chinesen."*

Das war fortschrittlich gedacht. Nicht viele Chinesen halten die Darwinsche Theorie überhaupt für plausibel. „Das haben wir auf der Schule gehabt", erzählte ein Shanghaier. „Aber der Lehrer hat uns gleich gesagt, dass es nicht wahr ist." Wenn die Ausländer glauben, sie stammten vom Affen ab, so die verbreitete Meinung, bitte sehr, dann ist das ihre Sache. Chinesen stammen jedenfalls nicht vom Affen ab. Sie haben ja auch keine Körperbehaarung. Vor diesem Hintergrund ist verständlich, dass bärtige Männer Chinesen suspekt sind. Mit **Bärten** wird Schmutz und Schmuddeligkeit assoziiert. Chinesen haben heutzutage kaum Bartwuchs. Vor tausend Jahren mag das anders gewesen sein. Freskenmalereien aus dem achten Jahrhundert zeigen Gelehrte mit langen dichten Vollbärten. Aber irgend wann haben sich die Erbanlagen wohl geändert. Das heutige Schriftzeichen für Bart jedenfalls setzt sich zusammen aus den Zeichen für Haar und Barbar. Lange Haare bei Männern werden ebenfalls nicht geschätzt. Vereinzelt lassen sich Rocksänger wie *Cui Qian* zum Zwecke der Provokation lange Haare wachsen, doch das sind Ausnahmen.

Überhaupt ist eine **gepflegte Erscheinung** für Frauen und Männer gleichermaßen wichtig. Kleider machen auch in China Leute, und der Schein ist mindestens so wichtig wie das Sein. Es kommt sicherlich nicht von ungefähr, dass sich Japaner und Chinesen in Deutschland das elegante, modebewusste Düsseldorf zu ihrem Zentrum erkoren haben.

Schultern, Armansatz und Dekolleté sind für Chinesen hocherogene Zonen und sollten daher möglichst bedeckt sein. Von oben ohne ist natürlich abzuraten, Bein zu zeigen ist dagegen viel weniger problematisch. Das traditionelle Frauenkleid, der *qipao*, ist fast bis zum Hüftansatz geschlitzt und wird auch in seriösen Restaurants von Kellnerinnen getragen. Zerschlissene Jeans, ungebügelte, verwaschene Kleidung oder schrille Farben sollte man vielleicht besser vermeiden. Auch wenn der südchinesische Modegeschmack hier und da einen Stich ins Karnevalistische hat (was übrigens den Chinesinnen besser steht als uns), so bevorzugen die meisten doch eine eher dezente Kleidung.

Nicht ganz unwichtig sind die *Schuhe*. Manche Chinesinnen laufen selbst im heißen chinesischen Sommer mit Nylonstrümpfen und geschlossenen Schuhen herum. Zur Not kann man auf luftige Sandalen ausweichen, doch hinten offene Schlappen werden als Zeichen niedrigen Niveaus betrachtet. In Taiwan kann es passieren, dass Schlappenträger aus öffentlichen Gebäuden wie z. B. Bibliotheken gewiesen werden.

Körperhygiene wird in China großgeschrieben, und Ausländer sollten besonders darauf achten, da westlicher und afrikanischer Körpergeruch von Chinesen sehr stark wahrgenommen wird, während wir umgekehrt chinesischen Körpergeruch nur schwach riechen.

Tischsitten

Im umgekehrten Verhältnis zur Raffinesse der chinesischen Küche steht die Einfachheit chinesischer Tischsitten. Tischtücher sind keine Dekoration, sondern die Unterlage für alles, was der Essende an Knochen, Gräten und ähnlichem abgenagt oder ausgespuckt neben sich platziert. Das erleichtert das Tischabräumen nach dem Essen, weil man das gesamte Geschirr mit dem Tischtuch abziehen kann. Schmatzen ist nicht durchweg verbreitet, wird aber zumindest bei Männern nicht beanstandet. Suppe kann laut geschlürft werden. Als weniger vornehm gilt eine besonders in Festland-China verbreitete Sitte, das Schälchen mit der Hand bis zum Mund zu führen und den Inhalt mit den Stäbchen mit großer Geschwindigkeit in den Mund zu schaufeln.

Essen mit Stäbchen ist übrigens viel einfacher, als es aussieht. Ein paar Sunden Übung reichen aus. Man sollte nur vermeiden, mit den Stäbchen Stücke aufzuspießen oder die Stäbchen über Kreuz auf der Schale abzulegen. Letzteres ist ein Omen für Streit. Auch sie senkrecht in ein gefülltes Reisschälchen zu staken, verrät den Anfänger. Das ist nur bei Totenopfern in Hongkong üblich, also kein angenehmer Anblick bei Tisch. Braucht man die Stäbchen gerade nicht, legt man sie auf Tisch oder Schälchen ab.

Während des Essens werden vielleicht Bier oder andere **alkoholische Getränke** konsumiert. Es ist nicht sehr höflich, für sich allein zu trinken, ohne einem anderen aus der Runde dabei zuzuprosten. „Prost" heißt auf chinesisch *ganbei*: „Trockne den Becher!". Männer, die auf sich halten, nehmen das wörtlich und kippen den Inhalt eines ganzen Glases in einem Zug hinunter. Wem zugeprostet wird, der muss übrigens mittrinken. Es ist eine grobe Beleidigung, das nicht zu tun. Während des Trinkens schaut man sich tief in die Augen.

Wenn Sie der einzige Ausländer in einer größeren Runde von Chinesen sind, die unbedingt testen möchten, wie viel Sie vertragen, haben Sie Pech, sofern Sie ein Mann sind. Frauen können jederzeit sagen, dass sie keinen Alkohol vertragen. Es macht sich sogar viel besser, als wenn sie mittrinken oder womöglich das Glas jedesmal austrinken. Einem Mann nimmt man keine Ausrede ab. Chinesische Männer, die tatsächlich keinen Alkohol vertragen, weil ihnen wie manchen Ostasiaten das alkoholabbauende Enzym fehlt, lösen das Problem bei offiziellen Anlässen, indem sie in Abständen die Toilette aufsuchen. Als westlicher Mann können Sie in der Regel darauf vertrauen, dass man mit dem Zuprosten einhält, wenn Sie die ersten Anzeichen von Trunkenheit zeigen. Doch Vorsicht!

Manche Spaßvögel verlässt im Umgang mit Nicht-Chinesen Taktgefühl und Augenmaß.

Nicht unhöflich, aber ausgesprochen unfein ist es, sich bei Tisch oder überhaupt vor anderen Leuten zu **schneuzen.** Das bringt Ausländer, die den Temperatursturz von sommerlichen 36 Grad draußen auf 21 Grad in den klimatisierten Räumen drinnen noch nicht gewöhnt sind, in Bedrängnis. Gerade im Sommer sind viele ständig verschnupft. Wer sich also die Nase putzen muss, aber nicht ständig dazu hinausgehen will, der schneuze sich wenigstens so geräuschlos wie möglich und wende sich dabei zur Seite oder nach hinten.

Wer sich auf der Straße einen Snack kauft, sollte sich irgend wo hinsetzen oder wenigstens im Stehen essen. **Im Gehen zu essen** gehört sich nicht. Es ist eines der ganz wenigen Relikte von Benimmregeln in der Öffentlichkeit, die auch heute noch in der Volksrepublik befolgt werden. Nur Jugendliche sieht man gelegentlich im Gehen essen.

Einladungen zum Essen

Werden Sie zu jemandem nach Hause eingeladen, vergewissern Sie sich als erstes, ob Sie tatsächlich willkommen sind. Das merken Sie am schnellsten, wenn Sie die Einladung mehrfach höflich ablehnen. Wechselt man dann das Thema, so wissen Sie Bescheid: Es war reine Höflichkeits-Rhetorik. Bestürmt man Sie aber weiter, doch zu kommen, und haben Sie selber ein gutes Gefühl dabei, können Sie davon ausgehen, dass die Einladung gilt.

Wenn immer Sie es im Westen passend finden würden, Blumen mitzubringen, können Sie auch in China und Taiwan **etwas mitbringen,** allerdings keine Blumen, sondern teures Obst in der entsprechenden Geschenkpackung.

Machen Sie sich darauf gefasst, dass Sie beim Betreten einer chinesischen Wohnung (auch im Westen!) die **Schuhe ausziehen** müssen. Man wird Ihnen stattdessen Hausschlappen anbieten. Wer den Dreck auf chinesischen Straßen kennt, kann sich den Sinn dieser Sitte erklären.

Zur **Begrüßung** gibt man sich nicht die Hand, es sei denn, Ihr Gastgeber hat sich soweit westlichen Sitten angepasst, dass er es von sich aus tut. Die Zeit zwischen Ihrem Eintreffen und dem Essen wird man mit Unterhaltung überbrücken.

Da die Gänge eines **chinesischen Essens** möglichst gleichzeitig serviert werden sollen (Ausnahme: Hochzeiten), Koch oder Köchin aber in der Regel mit sieben, acht Gerichten auf einmal überfordert sind, dauert es dann meist doch eine ganze Weile, bis alles auf dem Tisch steht. Die ersten Speisen sind dann schon kalt, was Chinesen aber überhaupt nicht stört. Die Gastgeber entschuldigen sich zu Beginn des Essens oft für das armselige und schlecht zubereitete Mahl. Das ist natürlich nicht wörtlich gemeint, und es wird auch erwartet, dass der Gast mit Lob nicht geizt. Man sollte nicht unbedingt überschwenglich auch die Speisen loben, die man nur mit Mühe herunterkriegt, denn die Gastgeber werden darin eine Aufforderung sehen, dem Gast das, was ihm angeblich so gut schmeckt, ungefragt ins Schälchen zu häufen. Dazu benutzt man in China übrigens die eigenen Stäbchen.

Möglicherweise hat man gerade dem Fremden zuliebe ein paar ganz besondere Leckerbissen zubereitet: Seegurke z. B. oder Seesterne. Wer davor zurückzuckt, lasse es sich möglichst nicht anmerken, sondern bedauere, wegen einer Allergie gegen Meeresfrüchte leider passen zu müssen. Obwohl Chinesen so viele Vorbehalte gegenüber westlichem Essen haben, kommt es ihnen oft nicht in den Sinn, dass es Westlern umgekehrt mit der chinesischen Küche genauso gehen könnte. Was ihnen schmeckt, muss dem Ausländer doch auch schmecken! Es macht einen schlechten Eindruck, wenn es das nicht tut.

Beim Essen redet man übrigens über leichtverdauliche Dinge (am besten überhaupt übers Essen!) und vermeidet Grundsatzdiskussionen. Wer meint, eine wichtige Angelegenheit bedürfe der Klärung, sollte solange warten, bis sein chinesisches Gegenüber später von sich aus darauf kommt. Die Mahlzeit jedenfalls ist von netter, **angenehmer Unterhaltung** begleitet.

Das ist nicht das einzige, was gesellige chinesische Runden von westlichen unterscheidet. Während man auf westlichen Zusammentreffen oft beobachten kann, dass immer dieselben Leute besonders viel reden, während auch immer dieselben Leute besonders viel zuhören, ist in einer chinesischen Runde jeder mal dran. Man gibt sich Mühe, auch stille Menschen mit ins Gespräch einzubeziehen und so eine Atmosphäre zu schaffen, in der sich alle wohlfühlen. Niemand wird überfahren, von der Konversation ausgeschlossen oder an die Wand geredet – zumindest gehört sich das nicht. Versuchen Sie also, wenn Sie es gewohnt sind, im Mittelpunkt geselliger Aufmerksamkeit zu stehen, sich ein wenig zurückzuhalten. Selbst wenn man Ihr Unterhaltungstalent zu schätzen weiß und Sie möglicherweise noch dazu ermuntert, als Alleinunterhalter/in zu brillieren, so ist ein solches Verhalten für Chinesen doch reichlich exotisch. Seien Sie Teil einer Gesellschaft, nicht deren Mittelpunkt und bringen Sie auch andere zum Reden. Interessiert zuhören zu können gilt unter Chinesen als Tugend. Vor allem als Frau werden Sie mehr Eindruck machen, wenn Sie weniger reden – „wie eine richtige Chinesin".

Eine Mahlzeit kann sich zwei bis drei Stunden hinziehen. Dann wird normalerweise erwartet, dass die Gäste gehen, falls man nicht ausdrücklich zum Trinken (Tee oder Alkohol) eingeladen wird. Die Gäste werden mindestens bis zur Haustür gebracht und gebeten wiederzukommen, sobald sie Zeit dazu haben. Das ist als höfliche Floskel zu verstehen. *„Man zou"* („Geh langsam!") ruft man zuletzt, zu deutsch: Komm gut heim!

Bei **Einladungen ins Restaurant** entfällt die Frage der Mitbringsel. Da anders als bei uns nicht jeder eine Speise für sich bestellt, sondern eine Vielzahl von Speisen auf den Tisch kommt, von denen alle gemeinsam essen, überlegt man sich die Bestellung des Essens nicht unbedingt unter dem Aspekt der persönlichen Vorliebe, sondern der Vielfalt. Man kann die Bestellung auch derjenigen Person überlassen, die sich in dem Restaurant schon auskennt und weiß, was gut ist. Meistens werden verschiedene Fleischsorten bestellt, dazu Fisch, Sojabohnenquark und Gemüse. Reis ist eine entbehrliche Beilage. Die Suppe kommt stets zum Schluss. Alles was über Konversation während des Essens schon gesagt wurde, gilt auch hier.

Bezahlt wird nie getrennt. Einer übernimmt die Rechnung für alle, und das ist eine Ehre, für die man zu kämpfen hat! Selbst wer inständig hofft, diesen Kampf zu verlieren, wird so tun, als wolle er unbedingt zahlen. Wenn Sie sich bereits das zweite Mal mit Freunden im Restaurant treffen und wieder dieselbe Person das Portemonnaie zückt, sollten Sie zur Tat schreiten. Es ist zwar ein leicht komisches Bild, wenn zwei Leute gleichzeitig der Bedienung einen Schein unter die Nase halten und „Ich zahle!" rufen, aber die ist solche Szenen gewöhnt. Rituale wie diese bereichern chinesische Sketche zuhauf.

Wenn Sie **in Deutschland Chinesen zum Essen einladen,** dann ist eine Einladung ins China-Restaurant bestimmt keine schlechte Lösung. Die wenigsten Chinesen sind neugierig auf Kassler mit Sauerkraut, Leberknödel, Linsensuppe oder andere lokale Spezialitäten. Wenn Sie trotzdem unbedingt zu Hause kochen wollen, sehen Sie von der Verwendung von Käse oder Sahne ab und versuchen Sie auch nicht, etwas Original-Chinesisches auf den Tisch zu bringen, es sei denn Sie sind sich Ihrer Sache sehr sicher. Denn nur wenige der hier erhältlichen chinesischen Rezepte und Zutaten zeitigen Ergebnisse, die Chinesen an heimisches Essen erinnern.

... und einige allgemeine Verhaltensweisen

- „Wir Chinesen stecken unsere Gefühle weg", lautet ein chinesisches Statement, das von einer charakteristischen Handbewegung in Richtung Jackentasche begleitet ist. Behalten Sie **Ihre Launen** und ihre Probleme für sich und setzen Sie ein freundliches Lächeln auf. Niemand muss wissen, wie Ihnen tatsächlich zumute ist, es sei denn, es handelt sich um wirklich gute Freunde.
- Untertreiben Sie höflich **Ihre eigenen Fähigkeiten.** Keine Angst: Anders als im Westen werden Sie nicht wörtlich genommen, wenn Sie behaupten, etwas nicht besonders gut zu können. Lediglich mit Chinesen, die westlichen Umgang gewöhnt sind, kann es zu Missverständnissen kommen.
- Wehren Sie Lob bescheiden ab: „Woher denn, woher denn ..." *(nali, nali)*. Wahrscheinlich werden Sie, wenn Sie auch nur ein paar chinesischer Worte mächtig sind, ununterbrochen **Komplimente** über Ihr Sprachtalent zu hören bekommen. Sie sollten schon allein deshalb mit *nali, nali* antworten, weil diese Komplimente sowieso nie ernst gemeint sind.
- Nehmen Sie Rücksicht auf das Gesicht Ihres Gegenübers und brüskieren Sie es nicht mit ungeschminkten **Absagen.** Eine fadenscheinige Ausrede ist immer noch besser als keine.
- Vermeiden Sie **Ironie.** Die wenigsten Chinesen können damit etwas anfangen. Chinesischer Humor ist ein lustvoll übertreibender Humor mit viel Sinn für Situationskomik, aber das Ätzende, Spaltende der westlichen Ironie ist ihm ziemlich fremd. Außerdem besteht Ironie zumeist darin, dass man das Gegen-

teil von dem sagt, was man eigentlich meint. Chinesen tun das in der Regel aus Höflichkeit und verstehen daher nicht, dass dies etwas mit Humor zu tun haben soll.

● Mischen Sie sich nie in eine **Auseinandersetzung zwischen zwei Chinesen** ein. Chinesen würden das auch nicht tun, denn bei der Kompliziertheit chinesischen Umgangs miteinander weiß außer den Betroffenen sowieso niemand so recht einzuschätzen, was vorgefallen ist und worum es wirklich geht.

● Chinesen haben (übrigens auch im Ausland) **netzartige Kommunikationsstrukturen.** Eine Bemerkung, die heute in Hamburg gemacht wird, ist morgen vielleicht in Berlin oder Freiburg angekommen. Meistens redet jeder mit jedem über jeden. Erzählen Sie besser nichts „im Vertrauen", wenn Sie nicht absolut sicher sind, dass man Ihnen gegenüber loyal ist. Viele Chinesen sind mit dem Kontakt zu ihren eigenen Landsleuten im Ausland vorsichtig, weil sie den Tratsch, der über viele Ecken geht, fürchten.

● Beim **Kennen lernen des anderen Geschlechts** sollte man berücksichtigen, dass für Chinesen zwischen der Entstehung einer Freundschaft und Intimkontakten normalerweise Welten liegen. Und: Junge Chinesen sind, was die Liebe (nicht die Ehe) betrifft, ausgesprochene Romantiker. Die Unverblümtheit, mit der einzelne Westler offensichtlich nur „das Eine" wollen, wirkt auf Chinesen plump und barbarisch. Auch der „One-night-stay" erfreut sich keiner großen Beliebtheit. Besonders Chinesinnen, die sich mit Westlern anfreunden, erwarten nicht selten eine dauerhafte Beziehung, wenn nicht die Ehe.

Zuletzt: Haben Sie **Geduld** mit sich selbst. Es wird eine Weile dauern, bis Sie in chinesischen Gesichtern lesen können und Situationen ungefähr einzuschätzen wissen. Auf Anhieb kommt fast kein Westler mit der chinesischen Art zurecht.

Unterwegs in Taiwan

„Taipeh ist die neue Regel
von der Ausnahme von der
Regel der Nicht-Regel."
(Taipeher Spruch)

Es gibt viele gute Gründe, nach Taiwan zu fahren. Taiwans berühmte Touristenziele, wie der Sonne-und-Mond-See oder der Li-shan, gehören *nicht* dazu. Sie waren ehedem ein Geheimtipp für eine Handvoll Einheimische und Ausländer, wurden aber in den letzten Jahren zum beliebten Ausflugsziel mit allem, was der taiwanesische Stadtmensch an der unberührten Natur schätzt: Karaoke, Discos, Kirmes (genannt *Fantasy Land*), Nachtmärkten, fliegenden Händlern, teuren Hotels und selbstverständlich jeder Menge Spezialitäten-Restaurants, die der umgebenden Tierwelt mit vereinten Kräften den Garaus machen. Einzige Ausnahme von dieser Regel sind die staatlichen Reservate, die aber ebenfalls oft überlaufen sind.

Das Schöne am Unterwegssein in Taiwan ist nicht das Ankommen, sondern das schiere Unterwegssein. Taiwan hat wilde und **grandiose Berglandschaften,** in denen man stundenlang fahren kann, ohne eine Siedlung zu entdecken. Bekanntere Strecken sollte man vielleicht meiden, denn ihr Verkehr ist lebensgefährlich. An besonders tödlichen Kurven, zum Teil alle fünfhundert Meter, stehen Warnschilder, die die Fahrer zu mehr Vorsicht auffordern. Wahrscheinlich ist das ein Fehler. Verspielte Naturen scheinen die Hinweise als einen Anreiz zu betrachten, hier erst recht zu überholen. Die vielen Autowracks, die man an Taiwans Straßenrändern sieht, sehen dementsprechend zerquetscht aus.

Doch neben solchen halsbrecherischen Pisten gibt es eine Vielzahl von kleinen, nahezu leeren Straßen, die sich durch eine atemberaubende Dschungel-Wildnis schlängeln. Busse fahren hier nicht, man muss also auf einen **Leihwagen** oder ein Leihmotorrad umsteigen. Es empfiehlt sich, die Fahrt so zu kalkulieren, dass man spätestens um sieben Uhr an einem Ort mit Hotel angekommen ist. Die tropische Dämmerung geht innerhalb einer halben Stunde in tiefste Dunkelheit über.

Auch **Taipeh** ist eine Reise wert. Es ist die derzeit weltoffenste aller chinesischen Städte. Nirgends sonst sieht man Westler und Chinesen so zwanglos miteinander ausgehen, nirgendwo sonst gibt es so viele multikulturelle Pärchen, und hier können Sie mit Toleranz rechnen. Taipeh ist die Stadt der Jugend, die aus ganz Taiwan hierher zusammenströmt, um zu studieren oder zu arbeiten oder es ganz einfach zu genießen, dem strengen Elternhaus in der Provinz entronnen zu sein. Aber Taipeh ist nicht nur lebenssprühend, vital und gut gelaunt, sondern wie so viele chinesische Städte dreckig, laut, chaotisch und verwahrlost. Taipehs Schönheit liegt nicht in seinen Gebäuden, sondern in der großen Lebensfreude seiner Menschen. Touristen, die kein Wort Chinesisch verstehen und keine Bekannten oder Freunde dort haben, haben es allerdings nicht leicht, den Charme dieser Stadt zu entdecken.

Reisen in Taiwan ist ähnlich unproblematisch wie z. B. Reisen in Deutschland. In den Städten gibt es alles zu kaufen, die hygienischen Verhältnisse sind annehmbar, und um die Sicherheit ist es ähnlich bestellt wie hier auch. Geschäftliche Seriosität ist selbstverständlich: Wer sich nicht gerade in die Domäne der Spielhöllen und Prostituierten begibt, wird selten Betrug erleben. Außerdem ist Taiwan ein sehr (Ausländer-) freundliches Land, und so wären allein schon seine Bewohner ein guter Grund, es zu besuchen. Volksrepublik-Chinesen, die anlässlich eines Kongresses nach Taiwan eingeladen werden, erinnert der Standard der taiwanesischen Umgangsformen an das höfliche China vor der Kulturrevolution.

Unterkunft

Hotels sind in ländlichen Gebieten mitunter rar, doch in den größeren und kleineren Städten in allen Preislagen vorhanden. Auffällig glitzernde Leuchtreklame spricht dafür, dass es sich um eine Unterkunft mit besonderem Service handelt: Im taiwanesischen Prostitutionsgewerbe sind vor allem Mädchen der Ureinwohner *Shandiren* tätig, die von ihren oft alkoholkranken Vätern an die Bordelle verkauft wurden. In Orten mit natürlichen warmen Quellen ist es nicht immer einfach, ein normales Hotel zu finden. Die niedrigen Preisklassen sind selten sauber, die Bettwäsche ist oft nicht frisch.

Auch in **buddhistischen Tempeln,** welche einfach, aber billig und sauber sind, kann man manchmal übernachten. Ein Geheimtipp sind Missionsstationen bei den *Shandiren* in kleinen, oft wunderschön gelegenen Bergdörfern. Allerdings hat nicht jede Station Übernachtungsmöglichkeiten.

Verkehrsmittel

Die **Züge** sind längst nicht so voll wie in China, wenn es auch nicht immer Sitzplätze gibt. Eine günstige Alternative sind die Reisebusse, die allerdings wie alle anderen Kraftfahrzeuge auch oft im Stau steckenbleiben. Sehr viele Taiwanesen benutzen inzwischen das **Flugzeug,** das viel Zeit spart und nur etwas teurer ist.

Der **Stadtverkehr** ist überall chaotisch, am schlimmsten in Taipeh, wo man derzeit am angeblich größten U-Bahn-System der Welt baut und sich ganze Straßen in Baustellen verwandelt haben. Stau ist Taipehs Gesprächsstoff Nr 1. Seit Einführung einer Busspur, die tatsächlich von den Auto-und Taxifahrern respektiert wird, sind jedoch zumindest die Stadtbusse nicht mehr vom Stau betroffen.

Anders die **Taxen.** Die Fahrer sind übrigens im Großen und Ganzen ehrlich und auf die für ihr Land typische Weise liebenswürdig. Lediglich direkt am Bahnhofsgelände und am Flughafen gibt es Ausnahmen.

Taxen werden herangewunken, doch es gibt keine Beförderungspflicht, Sie müssen damit rechnen, dass man Sie nicht immer mitnimmt, vor allem dann,

wenn das Fahrtziel in einem Staugebiet liegt. Wenn Sie einen Fahrer jedoch sehr freundlich fragen, ob er Sie mitnehmen kann, lässt sich der eine oder andere womöglich erweichen, da Taiwanesen Ausländern immer noch nur ungerne eine höfliche Bitte abschlagen. Man setzt sich in allen Taxen auf den Hintersitz. Es ist übrigens nicht üblich, dem Kunden beim Verstauen des Gepäcks zu helfen, denn sein Gepäck ist schließlich seine eigene Sache. Wenn man Ihnen trotzdem hilft, ist dies Freundlichkeit gegenüber Ausländern. Trinkgeld erwarten die Fahrer nicht, außer zum chinesischen Neujahr. Dann fordern einige es geradezu ein, was auch die meisten Taiwanesen empört. Doch bevor sich friedfertige Chinesen auf eine lautstarke Auseinandersetzung wegen ein paar Euro einlassen, zahlen sie lieber und schlucken ihren Ärger hinunter. Manche Taxifahrer kauen Betelnuss, eine Art Droge, die aufputschend wirkt und die Zähne blutrot färbt. Man erkennt die Betelnusskauer daran, dass sie wie betrunken fahren, aber noch äußerst reaktionsschnell sind. Dennoch ist ihre Fahrweise nicht ganz ungefährlich, und Unfälle sind ausgesprochen häufig.

Busse müssen auch herangewunken werden. Es kann passieren, dass sie trotzdem durchfahren, sei es, weil der Fahrer den Winkenden übersehen hat, sei es, weil er es nach stundenlangen Bugsieren im Stau einfach leid ist, ständig

Suppenküche

anzuhalten. Hin und wieder kann man sogar ganz leere Busse durch die Straßen brettern sehen; dann hat der Fahrer wahrscheinlich einen Koller bekommen, was niemanden wundert, denn es erfordert übermenschliche Nerven, durch das allgegenwärtige Gewühl von Autos, Motorrädern und Fußgängern einen Bus zu lenken. Die Busfahrpläne sind dem Verkehrschaos entsprechend angelegt; so gibt es keine Abfahrtszeiten, sondern nur Angaben über die Häufigkeit, mit der eine Linie verkehrt, z. B.: Linie 214 kommt alle 10 bis 20 Minuten. Dabei handelt es sich sehr wahrscheinlich um den Tagesdurchschnitt, denn es geschieht durchaus, dass besagte Linie eine ganze Stunde gar nicht fährt und dann wieder im Zwei-Minuten-Takt. Die Busse sind selten überfüllt, und das Einsteigen geht zivilisiert vor sich. Sie machen sich nicht lächerlich, wenn Sie einem alten Menschen einen Sitzplatz anbieten.

Für **Fußgänger** gilt die Regel: Autos haben immer Vorfahrt! Kein Fahrer kommt auch nur auf die Idee, für einen Fußgänger anzuhalten. Gewöhnen Sie es sich besser ab, bei Grün einfach über die Straße zu gehen, denn eine rote Ampel beeindruckt einen Taiwanesen nur dann, wenn mit Autoverkehr aus der Querrichtung zu rechnen ist. Man überfährt zwar nicht gerne Ausländer, zum einen aus traditioneller Freundlichkeit gegenüber Ausländern, zum anderen weil man Scherereien fürchtet, dennoch ist es sicherer, sich nicht darauf zu verlassen.

Einkaufen, Essen

Einkaufen können Sie in Taipeh internationaler als in München oder Hamburg. Es gibt alles, und zwar zu fast jeder Tageszeit. Die großen Kaufhäuser schließen um zehn Uhr abends, die kleineren Geschäfte zumeist irgend wann später, wenn der Ladeninhaber ins Bett geht. Handeln ist nur im Straßenhandel üblich, die Spanne liegt aber nur bei wenigen Prozenten. Selbst Ausländer werden in der Regel nicht betrogen, weil man zu stolz dazu ist.

Essen ist in Taiwan ein ungetrübtes Vergnügen. Restaurants gibt es in großen Mengen und jeder Preislage. Auch ganz billige Garküchen auf Rädern können sehr gut und stadtberühmt sein. In sehr teuren Restaurants wird übrigens Trinkgeld erwartet, die Getränke kann man dort auch nicht von draußen mitbringen. Die Bedienung wird nicht wie in China mit Hallo! *(wei!)* angeredet, sondern mit Fräulein (*xiaojie*) oder Herr (*xiansheng*).

Sicherheit

Die Kriminalität spielt sich in Taiwan zunehmend auch außerhalb der Unterweltkreise ab. Raubüberfälle, Raubmorde und Kindesentführungen haben in den letzten Jahren sehr zugenommen, wobei manche Schwerverbrechen allerdings private Racheakte darstellen. Handtaschendiebstahl insbesondere abends bzw. nachts kommt ebenfalls häufiger vor als früher. Abends sollten sich vor allem Frauen nur in Taxen setzen, die auch an ein Funknetz angeschlossen sind. In taiwanesischen Taxen können die Fahrer alle Türen automatisch verriegeln, so dass Fahrgäste im Ernstfall nicht fliehen können. Viele Chinesinnen sind auf diese Weise vergewaltigt worden und auch Ausländerinnen waren in einigen wenigen Fällen unter den Opfern. Vorsicht geboten ist auch bei den „Modellagenturen", die auf der Straße oder in Kneipen Ausländerinnen als Mannequins anwerben. Es gibt durchaus seriöse Angebote, aber man bzw. frau sollte lieber vorsichtig sein.

Begegnungen

Kontakte bekommen sie schnell in Taiwan. Hier gilt dasselbe wie für Kontakte in China (siehe folgendes Kapitel), nur dass Taiwan-Chinesen um vieles freundlicher und ausgeglichener auf Ausländer reagieren, als das in der Volksrepublik der Fall ist. Vor allem junge Taiwanesen strahlen eine Wärme und Weltoffenheit aus, die man in unseren Breiten nur selten antrifft.

Da Taiwan nach wie vor das Land der traditionellen chinesischen Höflichkeit und Herzlichkeit ist, sollten Ausländer versuchen, sich nicht nur ein freundliches, sondern auch ein **bescheidenes Auftreten** anzugewöhnen. Mit rüdem Befehlston oder Hemdsärmeligkeit kommt man auf Taiwan nicht sehr weit, denn Stolz und Selbstachtung sind traditionelle chinesische Wesenszüge und hier besonders ausgeprägt.

Unterwegs in der VR China

*„Dem (...) Reisenden treten hier (...)
zum erstenmal chinesische Gestalten,
Formen und Gebräuche in der Weise
entgegen, daß sein Auge von ihnen
gefesselt wird. Er findet das, was er
sieht, so überaus fremdartig, seinem
gewohnten Fühlen und Denken so
fernliegend, daß er sich unwillkürlich
fragt, ob es ihm möglich sein werde,
unter diesen neuen Eindrücken
der Alte zu bleiben."* [90]
Karl May

China ist für Individual-Touristen kein einfaches Reiseland. **Pauschal-Gruppenreisende** bezahlen zwar ungleich mehr Geld und geben in wenigen Wochen leicht soviel aus, wie ein chinesischer Arbeiter in zehn Jahren verdient. Aber sie haben dafür eine Reihe von Vorteilen: Sie übernachten in bequemen, vorgebuchten Hotels, sie fahren mit sicheren, komfortablen Bussen auf erprobten Reiserouten von einer Sehenswürdigkeit zur nächsten, sie werden von Dolmetschern begleitet, es wird ihnen chinesische Wirklichkeit in so bekömmlichen Dosen präsentiert, dass die meisten von ihnen absolut begeistert nach Hause fahren. Das China der gut organisierten Pauschalreisen ist ein faszinierendes und wunderschönes Land.

Der **Einzel-Tourist,** der sich auf eigene Faust quer durch China begibt, macht zumeist Erfahrungen ganz anderer Art. Er lernt das China der Chinesen kennen, und das vielleicht gründlicher, als ihm lieb ist. Er erfährt hautnah, wie ermüdend das stundenlange Anstehen nach einer Fahrkarte ist, wie gefährlich das irrsinnige Gedrängel beim Einsteigen in den Zug und wie anstrengend es ist, mangels Sitzplatz eine Tagesstrecke durchzustehen. Obendrein wird er die Erfahrung machen, dass das chinesische Reisebüro (*China International Travel Service*), bisher zuständig für die ausländischen Touristen, sich nicht immer von seiner hilfsbereiten Seite zeigt. Der Individual-Tourist, der möglichst wenig Geld ausgeben möchte, durchkreuzt das Konzept der staatlichen Tourismusindustrie, die möglichst viel ausländisches Geld einnehmen möchte. Man wappne sich also mit Geduld und guten Nerven.

Zweitens gehört eine **gute Kondition** zum Reisen in China. Es ist davon abzuraten, krank zu werden und die Bekanntschaft mit chinesischen Krankenhäusern von innen zu machen. Es gibt zwar einige gute Ausländer-Krankenhäuser vor allem in Peking, aber das Gros der chinesischen Kliniken ist nach Augenzeugen-Berichten auf einem hygienisch sehr zweifelhaften Niveau. Spritzen sind nicht unbedingt steril oder werden mehrfach benutzt usw. In ernsten Fällen ist ein Flug nach Hongkong sicher die bessere Lösung.

Drittens schließlich mache sich der Einzelreisende klar, dass er sich in ein Land begibt, in dem traditionell **keine rechtsstaatlichen Verhältnisse** herrschen und dem der jahrtausendealte moralische Konsens abhanden gekommen ist. Es wäre ein Wunder, wenn man nicht von allen Seiten versuchen würde, Ihnen Geld aus der Tasche zu ziehen, und es ist zwecklos, sich darüber aufzuregen. Westler gelten in der VR China immer noch als Dukatenesel. Wenn Sie das alles nicht abhält, kann es losgehen.

Vor dem Bahnhof in Shanghai

Unterkunft

Vielleicht haben Sie Glück und kommen bei chinesischen Bekannten unter, was bei dem derzeitigen politischen Klima ohne weiteres möglich ist. Ansonsten werden Sie in einem der **Ausländer-Hotels** übernachten, deren Preisklassen von teuren, gut ausgestatteten Einzelzimmern bis zu billigen Schlafsälen reichen. In letzteren wird die Bettwäsche nicht unbedingt wöchentlich gewechselt, doch dafür ist gelegentlich die einheimische Fauna mit ihren typischsten Vertretern anzutreffen: Kakerlaken und Ratten. Die problembewusste Hotelleitung hat im Schadensfalle ein Schild in der Schublade parat, das dem Gast auf Englisch nahelegt, das Anknabbern seines Gepäcks selbst zu verhindern.

Studenten können versuchen, in den **Dormitories** von Universitäten und Sprachschulen unterzukommen. Da es in den billigeren Bleiben oft nicht den ganzen Tag lang heißes Wasser gibt, erkundigen Sie sich am besten gleich nach den Heißwasserstunden. Kleine und sehr billige Hotels sind oft allein Chinesen vorbehalten; sie dürfen gar nicht an Westler vermieten.

Verkehrsmittel

Auf Reisen können Sie sich in der Regel darauf verlassen, dass Schiffe, Überlandbusse und Züge pünktlich abfahren. Es gibt bequeme und unbequeme

Möglichkeiten, mit dem **Zug** durch China zu fahren. Die feudalste ist der Softsleeper, der aus geräumigen abschließbaren Schlafwagenabteilen mit je vier Betten besteht. Er wird von hohen Kadern, reichen Leuten und ausländischen Touristen gerne benutzt. Eine Strickjacke ist im Softsleeper unerlässlich, denn er hat eine Klimaanlage, die sich von den Passagieren nicht ausschalten lässt. Klimaanlagen heißen auf chinesisch Kältemaschinen, sie produzieren daher keine angenehmen Temperaturen, sondern Kälte. Das Pendant zum Softsleeper ist auf Tagesstrecken der Softseater, ebenfalls nicht von jedermann frequentiert.

Stets voll belegt ist dagegen der Hardsleeper der Abteile zu sechs Betten hat, zum Gang hin offen und einsehbar ist. Trotz der Enge ist der Hardsleeper durchaus annehmbar. Unterste Preisklasse ist der Hardseater. Er bietet wenig Bequemlichkeit, vor allem, wenn man keinen Sitzplatz hat. Das bedeutet unter Umständen stundenlanges Stehen dicht an dicht gedrängt, so dass z. B. ein Durchkommen zur Toilette kaum möglich ist. Es ist ein Erlebnis, das einem den chinesischen Alltag sehr nahebringt. In der Regel haben alle Züge **Speisewagen,** außerdem wird Essen portionsweise in Styroporbehältern (*biandang*) in den Abteilen verkauft. Auf den Bahnhöfen stehen kleine Küchen auf Rädern bereit. Für geregelte Verpflegung ist in China meistens gesorgt.

Im ganzen Land verkehren die gleichen Busse

Reisen mit **Überlandbussen** ist noch billiger, und in vielen Gebieten gibt es auch keine andere Transportmöglichkeit. Ein Sitzplatz steht jedem Mitreisenden zur Verfügung. Zwar sind lange Fahrten in den ungefederten Bussen auf holprigen Landstraßen ziemlich anstrengend, doch andererseits bieten sie Gelegenheit, einen Blick auf chinesisches Dorfleben zu werfen was vom Zug aus schwer möglich ist. Die Fahrweise ist oft temperamentvoll. Essenspausen werden immer wieder an diversen Bus-Raststätten eingelegt.

Die Benutzung chinesischer **Passagierflugzeuge** birgt ein Risiko, denn der Standard der Flugsicherheit ist mit 8,7 Unfällen auf eine Million Starts (Zahlen 1990) einer der niedrigsten der Welt. Schlecht ausgebildetes Bodenpersonal, schlampig gewartete Maschinen, überladene Flugzeuge und der aus militärischen Gründen sehr enge Luftkorridor sind die Hauptgefahrenquellen.

Dagegen sind **Schifffahrten** in landschaftlich reizvollen Gegenden eine Touristenattraktion, die man sich nicht entgehen lassen sollte. Reisen zu Wasser ist übrigens die klassische Art des chinesischen Reisens, und sie hat viele Dichter zu schwermütigen Versen inspiriert, wie diesen:

> *Grasfarben verlaufen in öden Klippen.*
> *Sanft zieht der Nebel in ferne Häuser.*
> *Blätter sammeln sich auf herbstlichem Wasser.*
> *Blüten fallen dem Angler aufs Haupt.*

Im alten Hohlstamm verstecken sich Fische.
An tiefe Zweige bindet der Gast sein Boot.
Verlassen sind Nächte voll Wind und Regen.
Wieder schreckt aus dem Traum die wachsende Traurigkeit.
(Yu Xuanji, Nonne, 8. Jh.)

Heutzutage sind es die weniger poetischen Spuckgeräusche der Mitreisenden, die den Touristen durch das Blau der „zehntausend Berge" längs des Ufers begleiten. Es ist trotzdem eines der schönsten Reiseerlebnisse, das man in China haben kann. „Aus Sicherheitsgründen" wird Ausländern gelegentlich der Zugang zu dieser oder jener Fähre untersagt. Ausnahmsweise handelt es sich dabei nicht um den Versuch, sie zur Benutzung teurerer Gefährte zu zwingen, sondern um eine vorbeugende Maßnahme. Die „Sicherheitsprobleme" (*anquan de wenti*) chinesischer Schiffe bestehen darin, dass sie randvoll beladen werden.

Der Stadtverkehr ist lebhaft, chaotisch und vor allem laut, denn als wichtigstes Teil eines Gefährtes gilt die Hupe bzw. die Klingel. Sie wird beiläufig betätigt, nicht warnend oder aggressiv, sondern eher wie zur Bestätigung: *Ich hupe, also bin ich.* Fahrradklingeln und Autohupen gehören zum Dauerkonzert einer chinesischen Stadt.

Neben Privatautos, Mopeds und Fahrrädern gibt es verschiedene öffentliche Verkehrsmittel, die das neue gesellschaftliche Gefälle von reich zu arm widerspiegeln. Ganz Vornehme benutzen ein **Taxi,** und zwar nicht ein kleines japanisches Billigtaxi, wie es sich schon viele Leute leisten können, sondern ein klimatisiertes Nobeltaxi, in dem die Passagiere noch hinten sitzen. Touristen können erwarten, dass man ihnen hilft, das Gepäck zu verstauen, aber nicht, dass jeder Taxifahrer sie mitnimmt. Besonders, wenn das Fahrtziel zu nah oder zu weit ist oder mitten in gefürchtetes Staugebiet führt, muss mit Ablehnung gerechnet werden. Man sollte übrigens nicht erwarten, dass alle Taxifahrer ehrlich sind. Manche verlangen einfach den doppelten Kilometer-Preis oder geben falsch heraus und sind verschwunden, bevor der Kunde etwas merkt. Die Fahrer haben den Heimvorteil auf ihrer Seite, und sie wissen das genau. Trinkgelder sind traditionell nicht üblich, aber vielerorts werden sie von westlichen Touristen schon erwartet, und einzelne Fahrer können unangenehm werden, wenn sie keins bekommen.

Eine dritte Taxi-Art ist das Sammeltaxi, meist ein Kleinbus, der von pfiffigen Klein-Unternehmern auf viel frequentierten Strecken, z. B. vom Zentrum zum Bahnhof, eingesetzt wird.

Dann gibt es noch **Busse:** Luxusbusse und einfache Busse. Festgelegte Abfahrtszeiten existieren nicht, zumal das bei dem Stau in chinesischen Städten

Eine Dorfstraße

auch kaum funktionieren könnte. Die Busse kommen, wenn sie kommen. Luxusbusse sind klimatisiert und kosten das Vier- bis Fünffache der einfachen Busse. Dafür findet man oft sogar einen Sitzplatz. Einfache Busse bieten nach wie vor ein unverfälschtes China-Erlebnis. Sie sind übervoll und mit Schaffnerinnen bestückt, die des Andrangs dadurch „Herr" werden, dass sie die Bustür einfach irgend wann schließen und zwar egal, wer und was sich dazwischen befindet. Sollte es Ihr Fuß sein, ist das Pech; es tut höllisch weh. Hin und wieder kann man Schaffnerinnen beobachten, die, selbst wenn der Bus noch leer ist, die Tür für die einsteigenden Menschen alle paar Sekunden schließen, so dass wirklich jeder eingequetscht wird. Allerdings fordert der Job einer Schaffnerin in chinesischen Bussen vermutlich verborgene sadistische Talente geradezu heraus.

Die **Verkehrssicherheit** in China ist trotz des Stau-Chaos, das schnelles Fahren unmöglich macht, nicht sehr hoch. Machen Sie es beim Überqueren einer Straße wie die Chinesen. Warten Sie solange, bis sich eine Menschentraube um Sie gebildet hat, und wagen Sie dann gemeinsam mit ihr den Vorstoß. Für einen einzelnen Fußgänger hält kein Autofahrer gerne an, aber die meisten scheuen doch davor zurück, eine Gruppe umzufahren. An Ampeln ist übrigens Vorsicht geboten, denn in derselben Sekunde, in der es für die Fußgänger rot wird, wird es für die Autofahrer grün; letztere fahren dann natürlich los. Es ist unangenehm, wenn man sich dann noch auf der Mitte der Fahrbahn befindet.

Einkaufen, Essen

Einkaufen ist in China nicht immer ein ausgesprochenes Vergnügen. Wer nicht betrogen werden will, kauft am besten nur in staatlichen Geschäften, deren Markenzeichen feste Preise und oft desinteressiertes Personal sind. Manche Verkäuferinnen tragen einen spezifisch abweisenden Gesichtsausdruck zur Schau, der offensichtlich potentielle Kunden abschrecken soll. Wer es dennoch wagt, nach einer Ware zu fragen, wird beim ersten Anlauf ignoriert. „Bitte, haben Sie vielleicht das Buch Soundso?" Keine Antwort. Der Kunde versucht es ein zweites Mal, diesmal ein wenig lauter: „Bitte, haben sie das Buch Soundso?" Die Verkäuferin zieht ein unendlich verächtliches Gesicht und macht eine vage Handbewegung nach hinten, die den gesamten Laden umfasst. *„Haben wir"*, heißt das, *„aber suchen musst du schon selber. Ich bin schließlich nicht hier, um zu arbeiten!"* Geben Sie nicht auf! Über kurz oder lang wird es wahrscheinlich zu lästig werden, Sie zu ignorieren, und man wird Sie bedienen.

Die Versuchung, bei Privathändlern zu kaufen, ist unter solchen Umständen natürlich groß. Es empfiehlt sich jedoch, eine ungefähre Preisvorstellung im Kopf zu haben. Sie können immer versuchen zu feilschen, aber wenn jemand Phantasiepreise verlangt, sollten Sie lieber den Laden wechseln. Der reelle chinesische Händler lässt manchmal innerhalb einer gewissen Spanne mit sich handeln, doch dabei geht es um zehn Prozent oder etwas mehr. Es ist nicht üblich, das Zehnfache zu verlangen und sich dann um neunzig Prozent herunterhandeln zu lassen.

Auch interessiert viele private Händler das schnelle Geld mehr als der gute Ruf. In einer Originalflasche französischen Cognacs kann sich sehr wohl ein selbstgemachter Billig-Fusel befinden. Echt sind bei vielen Waren nur die Etiketten.

Essengehen ist niemals ein Problem, und gute **Restaurants** erkennt man auf Anhieb. Sie sind hoffnungslos überfüllt. Da, wo die Einheimischen hingehen, können Sie stets gutes Essen zu annehmbaren Preisen erwarten, auch wenn Sie längere Zeit auf einen Sitzplatz warten müssen. Das Ambiente ist anders als in europäischen Lokalitäten, sehr schlicht. Die Tische wackeln vielleicht, an der Decke hängt eine triste Glühbirne, und der Boden ist seit Tagen oder Wochen nicht mehr geputzt ... Macht alles nichts! Hier gibt es trotzdem die berühmtesten Rindfleischnudeln der ganzen Stadt. Für Chinesen ist das Essen das Wichtigste an einem Restaurant. Nouvelle Cuisine mit ihren riesigen Tellern und ihren winzigen Portionen hätte in China nicht die geringste Chance.

Eigene Stäbchen kann man übrigens mitbringen. In den einfachen Restaurants wird es auch niemand beanstanden, wenn Sie draußen gekaufte Getränke auf den Tisch stellen. Trinkgeld wird in Restaurants grundsätzlich nicht gegeben.

Die Anrede des Kellners oder der Kellnerin kann „Herr" (*xiansheng*) bzw. „Fräulein" (*xiaojie*) lauten; viele rufen auch einfach nur „Hallo!" (*wei*). Letztere

Anrede sollten Sie in Taiwan übrigens auf jeden Fall vermeiden. Sie klingt in den Ohren höflicher Chinesen so wie „Hey! Sie da!".

Wenn die Rechnung kommt, sind nicht wenige Touristen überrascht. Eine uralte Ausrede für höhere Preise ist die, dass angeblich größere Portionen bestellt worden wären. Man kann solche Situationen umgehen, indem man im Voraus bezahlt. Ansonsten: freundlich bleiben, auf dem alten Preis beharren und abwarten, was passiert. Dass der ausländische Gast die Auseinandersetzung gewinnt, ist zwar unwahrscheinlich, aber vielleicht reduzieren sich die Forderungen.

Sauberkeit und Sicherheit

Die chinesische Vorstellung von **Hygiene** beschränkt sich hauptsächlich auf den eigenen Körper und vielleicht auch noch auf die eigene Wohnung. Die deutsche Redewendung „Es war so sauber, dass man beinahe vom Boden essen konnte" ist für viele Chinesen ein Witz, der schallendes Gelächter erntet. Boden, jedenfalls Boden außerhalb der eigenen vier Wände, ist für Chinesen der Inbegriff des Schmutzigseins. Zigarettenasche wird auch in den Restaurants auf den Boden geschnippt, auf die Straße wird gespuckt und die Nase ausgeschnieft. Dazu hält man sich mit der einen Hand ein Nasenloch zu und pustet das andere kräftig aus. Man kalkuliere die Windrichtung mit ein und wahre Abstand.

Spucken ist verboten worden, aber dieses Verbot scheint kein Mensch zu kennen. Die Luftverschmutzung ist übel, und besonders im Winter leiden viele Leute an den Bronchien. Da Chinesen der Überzeugung sind, dass es ungesund sei, den Schleim herunterzuschlucken, husten sie ihn hervor und spucken ihn aus. Das Hervorhusten ist oft etwas gewaltsam und klingt wie eine Mischung aus Würgen und Röcheln. Selbst zierliche Fräuleins bringen es dabei auf eine beachtliche Lautstärke.

In manchen Teehäusern und Restaurants mag das Geschirr keinen vertrauenswürdigen Eindruck machen. Chinesen trösten sich hier mit einem alten Spruch: „Dreck im Essen macht nicht krank."*(bu gan bu jing, chide mei bing)*. Außerdem ist in vielen Städten das Trinkwasser so stark gechlort, das man sich nur schwer vorstellen kann, dass in den damit zubereiteten Tees und Suppen, deren Chlor-Aroma übrigens auch durch Gewürze kaum überdeckt werden kann, noch eine Bakterie lebt.

Öffentliche Toiletten sind nach Männern und Frauen getrennt, was auch schon das Beste ist, was man über sie sagen kann. Die oft nur meterhohen oder sogar gar nicht vorhandenen Zwischenwände und das häufige Fehlen von Türen sind gewöhnungsbedürftig. Zumeist hockt man sich über eine Rinne. Manche Rinnen werden nicht ständig gespült, dem Geruch (und Aussehen) nach oft tagelang nicht. Es hilft, zur Decke zu sehen. Toilettenpapier sollte man auf Reisen stets dabei haben.

Die **Kriminalität** ist zu einem Problem in China geworden. Vorbei sind die Zeiten, in denen Touristen eine Sicherheitsnadel nachgetragen wurde, die sie im Hotel vergessen hatten. Begeben Sie sich nicht in Situationen, die Sie nicht einschätzen können. Zwar fallen zurzeit hauptsächlich Auslandschinesen Kriminellen zum Opfer, doch man sollte sich nicht zu sehr darauf verlassen, dass einem schon nichts passieren würde, weil man Westler sei. Bargeld und Wertsachen sollten Sie im Brustbeutel mitnehmen. Sollte Ihnen Geld oder anderes abhanden kommen, überlegen Sie sich, ob Sie Anzeige erstatten wollen. In der Vergangenheit sind ertappte Diebe, die Ausländer bestohlen hatten, mitunter sogar mit dem Tod bestraft worden. Auch eine Verurteilung zu nur ein oder zwei Jahren Arbeitslager entpuppt sich für viele als ein Weg ohne Wiederkehr (siehe Glossar, *Gefängnissystem*), was nur wenige Ausländer wissen.

Begegnungen

Kontakte mit Einheimischen werden sich schnell ergeben, da viele Leute gerne ihr Englisch ausprobieren. „Wo kommst du her?" „Wie lange bist du hier?" „Was tust du hier?" „Wie gefällt es dir?" Diese Frage ist übrigens stets positiv zu beantworten. Auch wenn Chinesen sich selbst kritisch über ihr Land äußern, freuen sie sich, wenn ein Ausländer ihnen widerspricht. Es ist so ähnlich wie mit einer Mutter, die zwar über ihr eigenes Kind schimpft, aber zutiefst beleidigt ist, wenn irgend jemand anderes sagt „Du hast ja so recht!" Seien sie großzügig im

Verteilen von Lob. Vielleicht fragt man Sie auch: „Warum gefällt es dir?" Chinesen möchten es schon gerne genau wissen. Andere typische Fragen sind: „Wie alt bist du?", „Bist du verheiratet?" und „Was bist du von Beruf?" Unter Umständen erkundigt man sich auch nach Ihrem Einkommen, wie in Amerika üblich, da viele nicht wissen, dass Europäer diese Frage grundsätzlich ungerne ehrlich beantworten. Gelegentlich kann es vorkommen, dass man sich über Ihr Äußeres offen lustig macht, auch wenn Sie sich an die einheimische Kleiderordnung halten. Vor allem Kinder und schlichte Gemüter finden die großen Nasen der Westler faszinierend. Der simple Versuch einer ausländischen Frau, ein paar Schuhe zu erstehen, kann regelrechte Lachsalven des ganzen Ladens zur Folge haben. Die Füße der Westlerin sind ja so groß wie ein Kahn! Rundliche Menschen müssen mit der Frage rechnen: „Warum bist du eigentlich so dick?" Das ist selten kränkend gemeint, doch haben manche Chinesen eine sehr einfache Vorstellung von der westlichen „Direktheit". Sie versuchen, sie im Umgang mit Ausländern zu imitieren – mit zweifelhaftem Erfolg. Auch die hellen Haare der Westler wecken Neugier. Wenn Sie im Bus auf einmal ein leichtes Ziepen auf der Kopfhaut spüren und beim Umdrehen ein Kind sehen, das seine Hände

Mülleimer darf man auf Märkten kaum erwarten

Marktszene mit Minderheiten-Frauen

blitzschnell hinter dem Rücken versteckt, dann haben Sie mit wenig Aufwand jemanden glücklich gemacht. Ganz bestimmt werden Sie oft fotografiert. Chinesen lassen sich mit Vorliebe vor Sehenswürdigkeiten ablichten, und Ausländer zählen als solche.

Da Sie des Öfteren von Leuten, die Sie besser kennen lernen, kleine Geschenke wie z. B. Scherenschnitte bekommen, wäre es gut, wenn Sie selber ähnliche folkloristische Kleinigkeiten dabei haben, um sich zu revanchieren. Das könnten Schlüsselanhänger mit europatypischen Motiven sein oder ähnliches.

Ausklang

Extreme Gegensätze begleiten den China-Reisenden auf Schritt und Tritt. Da sind auf der einen Seite unübersehbare Menschenmassen und die Grobheiten des Straßenlebens, da ist die Sturheit der Behörden, die gigantische Umweltzerstörung und die Geldgier vieler, die mit uns zu tun haben; da sind auf der anderen Seite aber auch überwältigende Landschaftspanoramen, die Wärme und Feinfühligkeit unter Freunden, die oft überraschende Hilfsbereitschaft gegenüber Fremden, und eine Kultur, die der unseren an Reife und Raffinesse vielfach überlegen ist. China ist ein Land, dass niemanden kalt lässt, ungerührt oder unerschüttert.

Manche sind am Ende überrascht, wie schwer ihnen der Abschied fällt und wie lange ihnen einzelne persönliche Begegnungen noch nahegehen. Nachhaltiger als Architektur und Landschaft, Verwahrlosung und Ruppigkeit bleiben den meisten Reisenden wohl die Menschen in Erinnerung, die ihren Weg kurz kreuzten, und deren Stolz, deren Lachen und deren gefasste, geduldige Haltung gegenüber dem schwierigen chinesischen Alltag so beeindruckend sind. Der eine oder andere Ausländer hat vielleicht Freundschaften geschlossen, die er nie mehr vergisst. Und vielleicht wird er Abschied nehmen, wie man in China seit Menschengedenken Abschied zu nehmen pflegt:

„Holn wir doch Wein und reden über den Tag
Wie klein du beim Trinken aussiehst.
Alles ringsum torkelt und freut sich
So schön kann man untergehn und der Abschied
Läßt uns ungetrennt leben; und nun
Gibt es nichts mehr zu sagen.
Allmählich zerstreun sich die Freunde wie Wolken
Und ich bin auch nur ein leichter Staub." [91]

Anhang

Anmerkungen

[1] Lun yu, 6.20.
[2] Lun yu, 11.11.
[3] Legge (übers.), Da xue, Vol. I, S. 359.
[4] Forke, Geschichte der alten chinesischen Philosophie, S. 127.
[5] Lun yu, 12.1.
[6] Forke, S. 204.
[7] Forke, S. 129.
[8] Forke, S. 136.
[9] Lin Yutang, Vom Glück des Verstehens, S. 200.
[10] Forke, S. 137.
[11] Forke, S. 261.
[12] Laozi, Kap. 65.
[13] Forke, S. 278.
[14] Laozi, Kap. 80.
[15] Zhuangzi, Buch 7 (Yingdiwu).
[16] Zhuangzi, Buch 26 (Waiwu).
[17] Zhuangzi, Buch 2 (Qiwulun).
[18] Chow Ching-lieh, Die Sänfte der Tränen, S. 15. Abdruck dieses und der folgenden Zitate von Chow Ching Lieh mit freundlicher Genehmigung des Ullstein Verlages.
[19] Han Suyin, Zwischen zwei Sonnen, S. 150-152.
[20] Han Suyin, S. 148-149.
[21] Li Dazhao, einer der Hauptvertreter des 4. Mai. Die Zitate stammen aus Li Dazhao wenji, Bd. 1, S. 621 und Bd. 2, S. 44.
[22] Lu Xun, Was passierte, als Nora von zu Hause fortging, in: Der Einsturz der Lei-Feng-Pagode, S. 28.
[23] Egon Erwin Kisch, China geheim, S. 81. Abdruck mit freundlicher Genehmigung des Verlags Simon & Magiera.
[24] ebenda, S.161.
[25] Lao She, Luotuo xiangzi, S. 253. Eine deutsche Übersetzung ist im Suhrkamp Verlag erschienen: Lao She, Rikschakuli.
[26] Han Suyin, Die eiserne Straße, S.42-43.
[27] Oskar Weggel, Geschichte Chinas im 20. Jahrhundert, S. 86.
[28] Die Zahlen in den Geschichtsbüchern variieren.
[29] Liu Bo-tcheng u.a: Erinnerungen an den langen Marsch, S. 96.
[30] ebenda, S. 138-139.
[31] Weggel, op. cit., S.113-114.
[32] Chow Ching Lieh: Die Sänfte der Tränen, S. 35.
[33] Xiao Hong, Der Ort des Lebens und des Sterbens, S. 112. Mittelpunkt des Romans ist das chinesische Dorfleben der dreißiger und vierziger Jahre aus Sicht der Frauen.
[34] Chow Ching Lieh, S. 249-252.
[35] Jung Chang, Wilde Schwäne, S. 236-239.
[36] Yue Daiyun, Als hundert Blumen blühen sollten, S. 39-40. Abdruck dieses und der folgenden Zitate mit freundlicher Genehmigung des Scherz-Verlages, Bern.
[37] Bao Ruo-wang: Gefangener bei Mao, S. 26-27.
[38] Zhang Xianliang, Getting Used to Dying, S.121.
[39] Yue Daiyun, Als hundert Blumen blühen sollten, S.86-88.
[40] Jung Chang, S. 270-271.
[41] ebenda, S.272.

⁴² Wang Xingyuan, Der Eiserne Inspektor. Aus „Chinesische Erzähler der letzten Jahrzehnte", S. 256-257.
⁴³ Jung Chang, S.346.
⁴⁴ Yue Daiyun, S. 166-167.
⁴⁵ Jung Chang, S. 352.
⁴⁶ Yue Daiyun, S. 199-200.
⁴⁷ Yue Daiyun, S. 178.
⁴⁸ Niu-Niu, Keine Tränen für Mao, S. 24-26.
⁴⁹ Aus: Die Auflösung der Abteilung für Haarspalterei, S. 66. Abdruck mit freundlicher Genehmigung des Herausgebers.
⁵⁰ Yue Daiyun, S. 176-177.
⁵¹ Yao Mingle: Die Verschwörung; Aufstieg und Fall des Lin Biao.
⁵² Fei Ma, im Jahre 1978.
⁵³ Gedicht von Gu Cheng, einer der so genannten „Obskuren"
⁵⁴ Sang Ye, Zhang Xinxin: Pekingmenschen. Zusammengezogenes Zitat aus dem Interview Chef einer 10.000-Yuan- Familie. Abdruck mit freundlicher Genehmigung des Herausgebers.
⁵⁵ Jochen Schmidt, FAZ, 15.9. 1994.
⁵⁶ Weggel: Geschichte Chinas im 20. Jahrhundert, S. 315.
⁵⁷ Aus: Frauen in China, S. 146-147.
⁵⁹ A. H. Smith, Chinese Characteristics, S. 272-273.
⁶⁰ Bo Yang, Der häßliche Chinese.
⁶¹ Vollständige Übers. in: R. Wilhelm, Dschuang Dsi, S. 257.
⁶² Gudula Linck, Auch Lei Feng ist in die Jahre gekommen. Sonderdruck.
⁶³ Aus T. Heberer, Wenn der Drache sich erhebt, S. 121.
⁶⁴ Lu Xun, kuangren riji, übersetzt in: Einige Erzählungen, S. 15.
⁶⁵ Lu Xun, kuangren riji, Übers.: Chen.
⁶⁶ „der alte Ausländer"- es klingt ähnlich wie „Japs" auf Deutsch.
⁶⁷ Heberer, op.cit.
⁶⁸ Die Chinesische Originalausgabe erschien 1929. Übersetzung: Guo Muoruo, Kindheit, S. 47-51. Abdruck mit freundlicher Genehmigung des Insel-Verlags.
⁶⁹ A. Smith, Chinese Characteristics, S. 199.
⁷⁰ Zitiert nach der Hongkonger Zeitschrift Jiushi niandai, Juli 1994, S.14-15.
⁷¹ Shijing (Buch der Lieder), Sigan.
⁷² Han Suyin, Zwischen zwei Sonnen, S. 219-220.
⁷³ Zahl nach Geo, 1994/1, S. 53.
⁷⁴ Arthur Smith, Chinese Characteristics (1894), S. 198. Der Autor berichtet aus seiner zwanzigjährigen Missionszeit in China.
⁷⁵ Smith, ebenda, S. 201-202.
⁷⁶ Jenner, Chinas langer Weg in die Krise, S. 296.
⁷⁷ „Am neunten Tag des neunten Monats" trifft man sich mit nahen Verwandten oder besonders guten Freunden.
⁷⁸ Ende der achtziger Jahre gab es wöchentlich, dann sogar täglich eine Entführungsmeldung, bis die Berichterstattung eingeschränkt wurde, weil man befürchtete, die Medien könnten zusätzlich zur Nachahmung anregen.
⁷⁹ Zhuangzi, Lie yu kou, 12.
⁸⁰ Aus Huai Nanzi, übersetzt in Needham, Science an Civilisation in China, Vol. IV, S. 245.
⁸¹ W. Bauer, China und die Hoffnung auf Glück, 197-198. Der Text stammt aus dem dritten/vierten nachchristlichen Jahrhundert.
⁸² Zahlen nach World Watch Institute Report, 1993.
⁸³ Zahlen nach World Watch Institute Report, 1994. Zitat S. 23.

[84] Sarah Lloyd, China erfahren, S. 211-212. Abdruck mit freundlicher Genehmigung des Rowohlt-Verlags.
[85] Lu Xun, An den Füßen aufgehängt. In: Die große Mauer, S. 419.
[86] Übersetzt in: Das neue China, März, 1994.
[87] Chen Jo-hsi, Die Exekution des Landrates Yin, S. 157-159. Mit freundlicher Genehmigung des Ullstein-Verlags.
[88] Jung Chang, Wilde Schwäne, S. 198.
[89] Heilongjiang, die ehemalige Mandschurei, ist berüchtigt für ihre Arbeitslager.
[90] Karl May, Und Friede auf Erden, S. 183. Abdruck mit freundlicher Genehmigung des Karl-May Verlages, Bamberg
[91] Lu Xun: Elegie für Fan Ainong; Übertragung von Sarah Kirsch. Lu Xun, Zeitgenosse, S. 52. Abdruck mit freundlicher Genehmigung der Leibnizgesellschaft für kulturellen Austausch.

Quellennachweise

Chinesische Originalquellen sind nicht aufgeführt.

- **Andersen, H.C.,** Bilderbuch ohne Bilder; Hermann Laatzen, Hamburg 1948.
- **Die Auflösung der Abteilung für Haarspalterei;** (Hrsg: H. Martin, C. Hammer), Rowohlt, Reinbeck, 1991.
- **Bao Ruowang,** Gefangener bei Mao; Scherz, Bern und München 1975
- **Bauer, W.,** China und die Hoffnung auf Glück; Hanser, München 1971.
- **Cannetti, Elias,** Die Blendung; Carl Hanser Verlag, München 1992.
- **Chen Johsi,** Die Exekution des Landrates Yin und andere Stories aus der Kulturrevolution; Ullstein, Berlin und Hamburg 1979.
- **Chinesische Erzähler der letzten Jahrzehnte;** Hegner, Köln 1973.
- **Chow Ching Lie,** Die Sänfte der Tränen; Ullstein, Berlin und Hamburg 1976.
- **Forke, A.,** Geschichte der alten chinesischen Philosophie; Cram, de Gruyter & Co, Hamburg 1964.
- **Frauen in China,** dtv, München 1986.
- **Guo Muoruo,** Insel, Kindheit; Frankfurt 1981.
- **Han Suyin,** Die eiserne Straße; Konosso, Genf 1965.
- **Han Suyin,** Zwischen zwei Sonnen; Bechtle Verlag in der F. A. Herling Verlagsbuchhandlung GmbH, München 1971.
- **Heberer, T.,** Wenn der Drache sich erhebt; Signal, Baden-Baden 1988.
- **Jenner, J. W. F.,** Chinas langer Weg in die Krise; Klett-Cotta, Stuttgart 1993.
- **Jung Chang,** Wilde Schwäne; Droemer Knaur Verlag, München 1991.
- **Kisch, E. E.,** China geheim; Simon& Magiera, Lizenzausgabe, Berlin 1986.
- **Lin Yutang,** Vom Glück des Verstehens; Klett, Stuttgart 1979.
- **Linck, G.,** Auch Lei Feng ist in die Jahre gekommen; Sonderdruck.
- **Linck, G.,** Frau und Familie in China, Beck, München 1988.
- **Liu Bo-tscheng u.a.,** Erinnerungen an den langen Marsch; Verlag für fremdsprachige Literatur, Peking 1980.
- **Lloyd, Sarah,** China erfahren; Übers. P. Post, Rowohlt Taschenbuch Verlag, Reinbeck 1988.
- **Lu Xun,** Einige Erzählungen; Verlag für fremdsprachige Literatur, Peking 1974.
- **Lu Xun,** Der Einsturz der Lei-Feng-Pagode; Übers. H. C. Buch, Rowohlt Taschenbuch Verlag, Reinbeck 1973.
- **Lu Xun,** Die große Mauer; Greno, Nördlingen 1987.
- **Lu Xun: Zeitgenosse,** Leibnizgesellschaft für kulturellen Austausch. Berlin 1979.
- **May, Karl,** Und Friede auf Erden; Karl-May-Verlag, Bamberg 1958.

- **Niu-Niu,** Keine Tränen für Mao; Gustav Lübbe Verlag, Bergisch-Gladbach 1990.
- **Sang Ye, Zhang Xinxin,** Pekingmenschen; (Hrsg: H. Martin) Diederichs, München 1986.
- **Smith, A. H.,** Chinese Characteristics; Fleming H. Revell Company, New York 1894.
- **Weggel, O.,** Geschichte Chinas im 20. Jahrhundert; Kröner, Stuttgart 1989.
- **Wilhelm, R.,** Die Seele Chinas; Insel, Frankfurt 1980.
- **Wu, Hongda H.,** The Chinese Gulag; London, 1991.
- **Xiao Hong,** Der Ort des Lebens und des Sterbens; Herder, Freiburg 1989.
- **Yue Daiyun,** Als hundert Blumen blühen sollten; Scherz, Bern, München, Wien 1986.
- **Zhang Xianliang,** Getting Used to Dying; London 1990.

Lesetipps

- Bauer, W.: **China und die Hoffnung auf Glück,** Hanser, München 1971. Anspruchsvoll geschrieben; nach wie vor ein Klassiker zur chinesischen Geistesgeschichte.
- Debon, G.: **Mein Haus liegt menschenfern. Dreitausend Jahre chinesischer Poesie,** Diederichs, München 1988. Wunderschöne Übersetzungen von dem Experten für chinesische Lyrik.
- Falkus, Chr. u. G: **Lebensalltag in China,** Das Beste, Stuttgart, 1997. Farbenprächtige Darstellung des vormodernen chinesischen Alltags 1644–1911.
- Jenner, W. J. F.: **Chinas langer Weg in die Krise. Die Tyrannei der Geschichte,** Klett, Stuttgart 1993. Scharfsichtige, wenn auch im Tenor sehr negative Analyse der gesellschaftlichen Entwicklungen in China. Spannend geschrieben.
- Jäger, Henrik: **Mit den passenden Schuhen vergisst man die Füße. Ein Zhuangzi-Lesebuch,** Herder, Freiburg 2003. Wunderbar geschriebene Einführung in die Gedankenwelt des großen daoistischen Dichterphilosophen Zhuangzi.
- Jung Chang: **Wilde Schwäne,** Knaur, München 1993. Fesselnder autobiographischer Familienroman, der die jüngere Geschichte Chinas zum Erlebnisbericht werden lässt.
- Linck, Gudula: **Yin und Yang. Auf der Suche nach Ganzheit im chinesischen Denken,** Beck, München 2000. Gut lesbarer Überblick zur chinesischen Geistesgeschichte.
- Lu Xun: **Einige Erzählungen,** Verlag für fremdsprachige Literatur, Peking 1971. Der wohl bedeutendste chinesische Schriftsteller des 20. Jahrhunderts. Vor allem während und nach einer China-Reise kann man Lu Xuns Gestalten geradezu lebendig vor sich sehen.
- Martin, H. (Hrsg.): **Die Auflösung der Abteilung für Haarspalterei,** Rowohlt, Reinbeck 1991. Kurzgeschichten und Romanauszüge. Querschnitt durch die zeitgenössische Literatur Chinas.
- Seitz, Konrad: **China. Eine Weltmacht kehrt zurück,** Berliner Taschenbuchverlag, Berlin 2002. Seitz zeichnet kenntnisreich die jüngere Geschichte und die neuesten wirtschaftlichen und sozialen Entwicklungen in China nach.

Alle Reiseführer von Reise

Reisehandbücher
Urlaubshandbücher
Reisesachbücher
Rad & Bike

Afrika, Bike-Abenteuer
Afrika, Durch, 2 Bde.
Agadir, Marrak./Südmarok.
Ägypten individuell
Alaska ↗ Canada
Algarve
Algerische Sahara
Amrum
Amsterdam
Andalusien
Äqua-Tour
Argentinien, Urug./Parag.
Athen
Äthiopien
Auf nach Asien!

Bahrain
Bali und Lombok
Bali, die Trauminsel
Bali: Ein Paradies ...
Bangkok
Barbados
Barcelona
Berlin
Borkum
Botswana
Bretagne
Budapest
Bulgarien
Burgund

Cabo Verde
Canada West, Alaska
Canada Ost, USA NO
Chile, Osterinseln
China Manual
Chinas Norden
Chinas Osten
Cornwall
Costa Blanca
Costa Brava
Costa de la Luz
Costa del Sol
Costa Dorada
Costa Rica
Cuba

Dalmatien
Dänemarks Nordseek.
Dominik. Republik
Dubai, Emirat

Ecuador, Galapagos
El Hierro
Elsass, Vogesen
England – Süden
Erste Hilfe unterwegs
Europa BikeBuch

Fahrrad-Weltführer
Fehmarn
Florida
Föhr
Fuerteventura

Gardasee
Golf v. Neapel, Kampanien
Gomera
Gran Canaria
Großbritannien
Guatemala

Hamburg
Hawaii
Hollands Nordseeins.
Honduras
Hongkong, Macau, Kanton

Ibiza, Formentera
Indien – Norden
Indien – Süden
Iran
Irland
Island
Israel, palästinens. Gebiete, Ostsinai
Istrien, Velebit

Jemen
Jordanien
Juist

Kairo, Luxor, Assuan
Kalabrien, Basilikata
Kalifornien, USA SW
Kambodscha
Kamerun
Kanada ↗ Canada
Kap-Provinz (Südafr.)
Kapverdische Inseln
Kenia
Kerala
Korfu, Ionische Inseln
Krakau, Warschau
Kreta
Kreuzfahrtführer

Ladakh, Zanskar
Langeoog
Lanzarote
La Palma
Laos
Lateinamerika BikeB.
Libyen
Ligurien
Litauen
Loire, Das Tal der
London

Madagaskar
Madeira
Madrid
Malaysia, Singap., Brunei
Mallorca
Mallorca, Leben/Arbeiten
Mallorca, Wandern auf
Malta
Marokko
Mecklenb./Brandenb.: Wasserwandern
Mecklenburg-Vorp. Binnenland
Mexiko
Mongolei
Motorradreisen
München
Myanmar

Namibia
Nepal
Neuseeland BikeBuch
New Orleans
New York City
Norderney
Nordfriesische Inseln
Nordseeküste NDS
Nordseeküste SLH
Nordseeinseln, Deutsche
Nordspanien
Normandie

Oman
Ostfriesische Inseln
Ostseeküste MVP
Ostseeküste SLH
Outdoor-Praxis

Panama
Panamericana, Rad-Abenteuer
Paris
Peru, Bolivien
Phuket
Polens Norden
Prag
Provence
Pyrenäen

Qatar

Rajasthan
Rhodos
Rom
Rügen, Hiddensee

Sächsische Schweiz
Salzburg
San Francisco
Sansibar
Sardinien
Schottland
Schwarzwald – Nord
Schwarzwald – Süd
Schweiz, Liechtenstein
Senegal, Gambia
Singapur
Sizilien
Skandinavien – Norden
Slowenien, Triest
Spaniens Mittelmeerküste
Spiekeroog
Sporaden, Nördliche
Sri Lanka
St. Lucia, St. Vincent, Grenada
Südafrika
Südnorwegen, Lofoten
Sydney

Know-How auf einen Blick

Sylt
Syrien

Taiwan
Tansania, Sansibar
Teneriffa
Thailand
Thailand – Tauch- und Strandführer
Thailands Süden
Thüringer Wald
Tokyo
Toscana
Transsib
Trinidad und Tobago
Tschechien
Tunesien
Tunesiens Küste

Uganda, Ruanda
Umbrien
USA/Canada
USA, Gastschüler
USA, Nordosten
USA – der Westen
USA – der Süden
USA – Südwesten, Natur u. Wandern
USA SW, Kalifornien, Baja California
Usedom

Venedig
Venezuela
Vereinigte Arabische Emirate
Vietnam

Westafrika – Sahel
Westafrika – Küste
Wien
Wo es keinen Arzt gibt

Edition RKH

Abenteuer Anden
Burma, Land der Pagoden
Durchgedreht
Finca auf Mallorca
Geschichten/Mallorca
Goldene Insel
Mallorca, Leib u. Seele
Mallorquinische Reise
Please wait to be seated!
Salzkarawane, Die
Schönen Urlaub!
Südwärts Lateinamerika
Traumstr. Panamerikana
Unlimited Mileage

Praxis

Aktiv Algarve
Aktiv frz. Atlantikküste
Aktiv Gran Canaria
Aktiv Marokko
Aktiv Polen
All Inclusive?
Als Frau allein unterwegs
Bordbuch Südeuropa
Canyoning
Clever buchen/fliegen
Clever kuren
Daoismus erleben
Drogen in Reiseländern
Dschungelwandern
Essbare Früchte Asiens
Fernreisen a. eigene Faust
Fernreisen, Fahrzeug
Fliegen ohne Angst
Fun u. Sport im Schnee
Geolog. Erscheinungen
GPS f. Auto, Motorrad
GPS Outdoor
Heilige Stätten Indiens
Hinduismus erleben
Höhlen erkunden

Inline-Skaten Bodensee
Inline Skating
Internet für die Reise
Islam erleben
Kanu-Handbuch
Kommunikation unterw.
Konfuzianismus erleben
Kreuzfahrt-Handbuch
Küstensegeln
Maya-Kultur erleben
Mountain Biking
Mushing/Hundeschlitten
Orientierung mit Kompass und GPS
Paragliding-Handbuch
Pferdetrekking
Reisefotografie
Reisefotografie digital
Reisen und Schreiben
Respektvoll reisen
Richtig Kartenlesen
Safari-Handbuch Afrika
Schutz vor Gewalt ...
Schwanger reisen
Selbstdiagnose unterwegs
Sicherheit/Bärengeb.
Sicherheit/Meer
Sonne/Reisewetter
Sprachen lernen
Survival/Naturkatastrophen
Tauchen kalte Gewässer
Tauchen warme Gewässer
Transsib: Moskau-Peking
Trekking-Handbuch
Trekking/Amerika
Trekking/Asien Afrika
Tropenreisen
Unterkunft/Mietwagen
Verreisen mit Hund
Vulkane besteigen
Wandern im Watt
Wann wohin reisen?
Was kriecht u. krabbelt in den Tropen

Wein-Reiseführer Dtschl.
Wein-Reiseführer Italien
Wildnis-Ausrüstung
Wildnis-Backpacking
Wildnis-Küche
Winterwandern
Wohnmobil-Ausrüstung
Wohnmobil/Indien
Wohnmobil-Reisen
Wracktauchen weltweit

KulturSchock

Afghanistan
Ägypten
Brasilien
China, VR/Taiwan
Golf-Emirate, Oman
Indien
Iran
Islam
Japan
Jemen
Leben in fremden Kulturen
Marokko
Mexiko
Pakistan
Russland
Spanien
Thailand
Türkei
Vietnam

Wo man unsere Reiseliteratur bekommt:

Jede Buchhandlung der BRD, der Schweiz, Österreichs und der Benelux-Staaten kann unsere Bücher beziehen.
Wer sie dort nicht findet, kann alle Bücher über unsere Internet-Shops unter **www.reise-know-how.de** oder **www.reisebuch.de** bestellen.

China entdecken

Ein kommunistisches Riesenreich, eine boomende Kapitalismus-Metropole und ein kleiner Inselstaat, faszinierende Reiseländer, eine Herausforderung für jeden Traveller! REISE KNOW-HOW bietet verlässliche Reisehandbücher mit aktuellen Informationen für Reisen auf eigene Faust, praktische Ratgeber und leicht verständliche Sprachführer für die Region:

Taiwan
600 Seiten, 65 Karten und Pläne,
durchgehend illustriert, mit chinesischen
Schriftzeichen zu jedem Ort, Hotel, Highlight

Chinas Osten
648 Seiten, 80 Karten und Pläne,
durchgehend illustriert, mit chinesischen
Schriftzeichen zu jedem Ort, Hotel, Highlight

China Manual
768 Seiten, 150 Karten und Pläne,
durchgehend illustriert, mit chinesischen
Schriftzeichen zu jedem Ort, Hotel, Highlight

Hongkong, Macau, Kanton
456 Seiten, über 40 Karten und Pläne, durchgehend illustriert, mit chinesischen Schriftzeichen

Daoismus erleben
Der Ratgeber, um die chinesische Mentalität besser zu verstehen. Reihe PRAXIS, 128 Seiten

Konfuzianismus erleben
Eine alte Lehre im heutigen Leben wiederfinden.
Reihe PRAXIS, 160 Seiten

Hochchinesisch Wort für Wort
Kantonesisch Wort für Wort
Reihe Kauderwelsch, je 160 Seiten,
Begleitendes Tonmaterial erhältlich.

Reise Know-How Verlag, Bielefeld

- Weggel, O.: **Geschichte Chinas im 20. Jahrhundert,** Kröner, Stuttgart 1989. Fakten- und detailreiches Standardwerk.
- Weggel, O.: **China,** Beck, München 1986. Stets Standard-Landeskunde.
- Wilhelm, R. (Übers.): **Dschuang Dsi. Das wahre Buch vom südlichen Blütenland,** Diederichs, Düsseldorf, Köln, 1969. Der daoistische Klassiker.
- Yue Daiyun: **Als hundert Blumen blühen sollten,** Scherz, Bern, München, Wien 1986. Detailreiche Quelle zur jüngeren Geschichte. Die Autorin war überzeugte Kommunistin und zugleich Opfer von Kampagnen der KPCh.

Glossar

Ahnenkult: derzeit vor allem in Südchina, Hongkong und Taiwan praktizierte rituelle Verehrung verstorbener Vorfahren.

Anrede: Im Chinesischen wird das Wort Herr (*xiansheng*) bzw. Frau (*taitai* oder *nüshi*) oder Fräulein (*xiaojie*) hinter den Familiennamen gesetzt. Herr *Mao* lautet also *Mao xiansheng*.

baibai: beten mit aneinandergelegten Handflächen.

Boxeraufstand: Aufstand des Geheimbundes der *yihe quan* mit dem Ziel, die Westmächte aus dem Land zu jagen. Höhepunkt Mai bis August 1900. Seine Niederschlagung war mit der Einnahme Pekings durch Alliierte Truppen am 14. August besiegelt.

Chan: eine vom indischen Mönch Boddhidharma (480-528) in China gegründete Richtung des Buddhismus, die Erleuchtung durch Meditation zum Ziel hat. Im Westen unter dem japanischen Namen Zen bekannt.

danwei: siehe Einheit.

Deng Xiaoping (1904–1997): Mitbegründer der KPCh, lange Zeit dem engeren Kreis um *Mao Zedong* zugerechnet. Wurde 1966 im Zuge der Kulturrevolution entmachtet, 1973 rehabilitiert. Zwischen 1976 und 1977 Machtkampf mit *Maos* Witwe, den *Deng* gewann. Gab in den achtziger Jahren die höchsten Partei- und Regierungsposten ab, galt aber noch lange Zeit danach als der wichtigste Mann im Staat. Unter dem Motto „Es ist egal, ob die Katze weiß oder schwarz ist, Hauptsache, sie fängt Mäuse!" leitete er die Entideologisierung ein, führte das Land in den Früh-Kapitalismus.

doufu: Sojabohnenkäse, auch Sojabohnenquark genannt.

Drache: Symbol des Kaisers und der männlichen Kraft *yang*. Glückverheißendes Emblem. Weibliches Gegenstück ist der Phönix.

Einheit: chin. *danwei*, Mini-Gemeinschaft, bestehend aus Mitgliedern eines Betriebes, Wohnviertels, Dorfes. Die Wohn- und die Arbeitseinheit sind im Idealfall identisch. Zurzeit lockern sich die Strukturen, da viele *danweis* pleite sind.

Einkindfamilie: seit Mitte der 1980er Jahre fester Bestandteil chinesischer Familienplanung. Greift auf dem Lande nicht, da viele Bauern genug Geld haben, um die finanziellen Nachteile, die bei der Geburt eines zweiten Kindes entstehen, zu verkraften.

Entenstopfen: einem Kind soviel an auswendig zu lernendem Wissen eintrichtern, wie es eben fassen kann.

fengshui: s. Geomantie

Freundschaftsläden: ursprünglich die chinesische Variante des Intershop; heutzutage jedermann zugängliches Geschäft mit teureren Waren.

Füßebinden: kam im zehnten Jahrhundert zunächst in der Oberschicht in Mode, wurde später von weiten Kreisen der Bevölkerung praktiziert. Angeblich geht diese Sitte auf eine Tänzerin zurück, deren Füße so klein waren, dass sie auf einer auf dem Boden nachgebildeten Lotosblüte tanzen konnte. Daher auch der Name „Lotossprossen" für die verstümmelten Füße.

Gefängnissystem: Zurzeit schätzt man die Anzahl der im chinesischen Gulag arbeitenden Personen auf etwa sechzehn bis zwanzig Millionen, wovon acht Millionen in den Arbeitslagern (laogai und laojiao) leben sollen. Das chinesische Gefängnissystem kennt sechs verschiedene Lagertypen. Ihr gemeinsames Merkmal ist die Zwangsarbeit.

Internierungslager sind in der Regel Durchgangslager für Inhaftierte, die auf ihre Verurteilung warten. Theoretisch muss seit 1982 eine solche Verurteilung innerhalb von sechzig Tagen erfolgen. Sehr viele warten Monate oder Jahre auf ihr Urteil, einige bleiben sogar ohne Verurteilung lebenslänglich dort. Die Zahl der Internierungslager in China wird auf 200 geschätzt, insgesamt sollen sie fünf- bis sechshunderttausend Menschen umfassen.

Gefängnisse im engeren Sinne sind nach offiziellen Angaben nur etwa dreizehn Prozent aller Häftlinge vorbehalten. Sämtliche chinesischen Gefängnisse fungieren gleichzeitig als Fabriken und haben dementsprechend Doppelnamen. Die „Pekinger Plastikfabrik" etwa ist ein Synonym für das Pekinger Gefängnis Nr. 1. Der Unterschied zwischen Gefängnissen und anderen Arbeitslagern besteht vor allem in den verschärften Sicherheitsvorkehrungen. Man schätzt die Zahl der Gefängnisse auf ein- bis anderthalbtausend mit einer Gesamt-Insassenzahl von fünf- bis siebenhunderttausend.

Lager für jugendliche Deliquenten ähneln den Disziplinierungs- und Erziehungslagern. Es sollen fünfzig bis achtzig Lager in China existieren. Insgesamt beherbergen sie vielleicht zwei- bis dreihunderttausend Menschen.

Disziplinierungslager sind ihrem Namen nach dazu gedacht, Kriminelle „durch Arbeit" in neue Menschen zu *„verwandeln"* (*laogai*). Disziplinierungslager gibt es in jeder chinesischen Provinz, ihre Einrichtung erfolgt je nach wirtschaftlicher Notwendigkeit. Die Zahl der Lager schätzt man auf sechshundert in ganz China mit derzeit drei bis vier Millionen Insassen insgesamt. Neu-Ankömmlinge werden in Studien-Gruppen zusammengefasst, wo sie sich in drei Stufen mit ihrer Straftat auseinandersetzen sollen. Stufe eins lautet: „Gestehe dein Verbrechen"; Stufe zwei: „Übe Selbstkritik"; Stufe drei: „Zeige Reue und gehorche den Autoritäten". Die Studien-Sitzungen ziehen sich mit jeweils zwei zehnminütigen Pausen über den ganzen Tag hin; Gehen, Stehen oder Unterhaltung ist verboten; Die zwei Mahlzeiten am Tag reichen zum Überleben, doch ist Hungern wie auch sonst in den Lagern und Gefängnissen als Dauerzustand üblich. Nach Übernahme in einen Arbeitstrupp arbeitet der Häftling neun bis zehn, oft zwölf Stunden täglich, alle zwei Wochen gibt es einen freien Tag. Eine Bezahlung erfolgt überhaupt nicht, doch werden den Verurteilten pro Jahr ein Kleidungsstück ohne Unterwäsche und ein Paar Plastikschuhe zur Verfügung gestellt. Wie die Gefängnisse führen auch die Disziplinierungslager Doppelnamen. Oft ist nur den Sicherheitskräften bzw. den gerichtlichen Stellen bekannt, dass es sich bei der Fabrik Nr. X in Wirklichkeit um ein Lager handelt. Die Arbeit erfolgt nach vorgegebenen Quoten. Wer die Quoten nicht erfüllen kann, sei es als Anfänger, sei es wegen Schwäche, Ungeschick oder Krankheit, gilt als arbeitsunwillig und bekommt entsprechend weniger zu essen.

Nur wenig unterscheidet die Disziplinierungslager von den so genannten Erziehungslagern *(laojiao:* Erziehung durch Arbeit). Offiziell gelten in Erziehungslagern Internierte noch als Bürger mit allen bürgerlichen Rechten und nicht als Verurteilte im juristischem Sinn: Um Insasse eines Erziehungslagers zu werden, bedarf es keiner rechtskräftigen Verurteilung. Eine simple Festnahme genügt. Praktisch sieht es mit den bürgerlichen Rechten in den Erziehungslagern genauso aus wie in den Disziplinierungslagern. Die Aufnahmeprozedur ist nahezu identisch, ebenso die Arbeitszeit, der Tagesablauf, die Wohnverhältnisse und die Disziplinierungsmaßnahmen. Ein gewisser Unterschied besteht in der Bezahlung. Die Häftlinge erhalten einen geringen Lohn (etwa dreißig Prozent vom Einkommen eines normalen Arbeiters), müssen davon allerdings ihre Kleidung und Abgaben für das Essen selbst bezahlen. Was dann noch übrig bleibt, ist nur wenig mehr als das Taschengeld der Gefangenen in den Disziplinierungslagern. Die Zahl der Insassen in den Erziehungslagern wird derzeit in ganz China auf drei bis fünf Millionen Menschen geschätzt.

Die letzte und bevölkerungsreichste Art von Arbeitslager stellen jene Einrichtungen dar, die unter der euphemistischen Bezeichnung **„Arbeitszuweisung"** *(jiuye)* laufen. Sie wurden für Häftlinge eingerichtet, die ihre Strafe in den Disziplinierungslagern oder Erziehungslagern bereits verbüßt haben. Haftzeiten in den letzteren beiden Lagern sind in der Regel begrenzt. Die Gefangenen haben zumindest immer noch eine Hoffnung, nach Jahren oder Jahrzehnten freizukommen. Spätestens in dem Moment ihrer „Freilassung" erfahren sie, dass ihre Hoffnung sie betrogen hat. Tatsächlich verbleiben sie im Lagersystem, nur hat sich jetzt ihre Bezeichnung geändert, die Vergütung geringfügig verbessert. Ein Arbeitszuweisungs-Häftling gilt als „freier Arbeiter". Die Wahrscheinlichkeit, dass er für immer in seine Heimat oder zu seiner Familie außer zum Sterben zurückkehren darf, ist verschwindend gering. (Angaben nach *Harry Hongda Wu*, The Chinese Gulag)

Geomantie: Mischung aus (Landschafts-) Architektur und magischen Vorstellungen, nach denen bestimmte Bauweisen glücksverheißend oder unheilbringend sind. Wird heute noch sehr ernst genommen.

gonganju: das „Büro für öffentliche Sicherheit", die gefürchtete Geheimpolizei.

guanxi: Beziehungen

Guomindang: die Nationale Volkspartei. Die von *Sun Yatsen* mitbegründete Partei verlor nach dessen Tod 1925 rasch ihr idealistisches Profil und verwandelte sich unter Führung *Jiang Kaisheks* zu einem faschistischen Organisationsapparat, der seinem eigenen Machterhalt diente. In Taiwan regierte sie in Alleinherrschaft, bis sie sich in den achtziger Jahren zögernd von innen reformierte und eine Opposition anerkannte. Heute ist die GMD eine Partei, die sich demokratischen Grundsätzen verschrieben hat.

haohan: „toller Kerl"; volkstümlicher Held.

Jiang Kaishek *(Jiang Jieshi)* (1887-1975): übernahm nach dem Tode *Suns* die Herrschaft über die GMD. Zwischen 1927 und 1937 Präsident Chinas. Wurde 1949 von den Kommunisten vertrieben und wich nach Taiwan aus, wo er bis zu seinem Tod als Diktator regierte. Die Vergangenheit *Jiangs* ist schillernd, er wird mit diversen Morden in Verbindung gebracht; seine Beziehungen zur Mafia sind nie geklärt worden.

Kalligraphie: die Kunst des Schreibens. In China als Kunstform noch mehr geschätzt als die Malerei.

Karaoke: ursprünglich japanische Bar, in der die Gäste zu vorgegebenen Melodien Schlagertexte singen dürfen. Auch in China sehr beliebt.

Konfuzius (551-479): Philosoph, der die Tradition seiner Zeit auf eine ethische Grundlage stellte und in ein System brachte.

KPCh: 1921 in Shanghai gegründet. Gründer waren u. a. *Mao Zedong, Deng Xiaoping* und *Zhou Enlai*.

Kulturrevolution (1966-1976): innerparteilicher Macht- und Linienkampf, bei dem es *Mao* gelang, die städtische Jugend gegen die Funktionäre der ersten Stunde zu mobilisieren. Die bürgerkriegsähnlichen Zustände, die nach zwei Jahren entstanden, wurden mit Hilfe der Armee beseitigt. Die Ziele der Kulturrevolution wurden bis zu *Maos* Tod 1976 weiterverfolgt.

Kurzzeichen: Steno-Version der gebräuchlichsten chinesischen Schriftzeichen, in der VR China schrittweise eingeführt.

Langzeichen: ausgeschriebene Form der Schriftzeichen. Heute in Taiwan, Hongkong und Macau in Gebrauch.

Laozi: der legendäre Urvater des Daoismus und angebliche Verfasser des *Daodejing (Tao te king)*. Sein Name bedeutet „Altes Kind", womit angedeutet wird, dass der wahre Weise sich die unschuldige Weltsicht eines reinen Kindes bewahrt. Er lebte angeblich im 6. Jahrhundert v. Chr. und machte sich nach Abfassung des *Daodejing* in den Westen auf und davon. Eines der schönsten Gedichte *Brechts* handelt von dieser Geschichte: *„Über die Entstehung des Taoteking"*.

Lei Feng (eine vermutlich erfundene Gestalt): In den sechziger Jahren Vorbild einer Kampagne, die gegenseitige Hilfsbereitschaft und Altruismus fördern sollte.

Li Bai (701-762): mit seinem Zeitgenossen *Du Fu* einer der bedeutendsten chinesischen Dichter.

Lu Xun: der wichtigste chinesische Schriftsteller des 20. Jh. Scharfsichtiger Kritiker chinesischen Lebens, daher von manchen Chinesen nicht sehr geschätzt. In *„Die wahre Geschichte des A Q."* porträtierte er den „hässlichen Chinesen" mit der Lu-Xun-typischen Mischung von beißender Schärfe und Mitgefühl.

mafan: Ärger, Widrigkeiten, Last, Umstände

majiang: ein dominoähnliches Spiel (Majong), das sehr beliebt ist.

Mao Zedong (1893-1976): Bauernsohn aus Shaoshan. Erkannte nach seiner Bekehrung zum Kommunismus als einer der ersten die Bedeutung der Bauern für die Revolution in China. Strategisch im Bürgerkrieg hochbegabt, gelang es ihm nicht, sich auf die mühsame Aufbauarbeit der Friedenszeit zu konzentrieren. Zahlreiche ideologische Kampagnen erschütterten das Land und behinderten seine wirtschaftliche Entwicklung. *Maos* Verdienst war es auf der anderen Seite, die überkommenen konfuzianischen Werte gründlich in Frage zu stellen und wenigstens den Versuch zu machen, den Ballast der patriarchalischen Tradition abzuwerfen. Die Gleichstellung der Frau bedeutete für Millionen Frauen eine echte, spürbare Befreiung von den alten Zwängen. *Maos* Gesammelte Werke dienen immer noch als Grundlage ideologischer Kampagnen.

MTV: Videothek mit kleinen Fernsehzimmern, in denen man sich zu zweit oder zu mehreren ein Video anschauen kann.

Namen: der Nachname, fast immer einsilbig, steht vor dem Vornamen. Bei *Mao Zedong* ist also *Mao* der Familienname. Die Vornamen können frei gewählt werden. Sie bedeuten stets etwas. Bei Frauen ist häufig *mei*, „schön", oder ein entsprechendes anderes Adjektiv Bestandteil des Namens.

Opiumkrieg (1839-1842): Versuch der chinesischen Regierung, den englischen Opiumhandel in Kanton zu unterbinden, da Silbergeld in großen Mengen aus China abfloss und die Außenhandelsbilanz zunehmend negativ wurde. Der beauftragte Sonderkommissar *Lin Zexu* (1785-1850) hätte vermutlich die Engländer erfolgreich aus Kanton vertreiben können, wenn das Kaiserhaus nicht von interessierten Parteien infiltriert gewesen wäre, die am Opiumhandel mitverdienten. Weitgehend auf sich gestellt, scheiterte *Lin*, und China musste in dem ersten der „ungleichen Verträge" (gemeint sind unfaire Verträge) Hongkong an England abtreten und vier große Küstenstädte dem Außenhandel öffnen.

pachinko: Glücksspiel am Automaten.

Peking-Dialekt: im Nordchina gesprochene Sprache, aus der das heutige Mandarin entwickelt wurde.

putonghua: Mandarin = Hochchinesisch. Bis auf Weglassung der er-Endungen mit dem Peking-Dialekt identisch.

Radikal: Teil eines Schriftzeichens, dient zum Ordnen der Wörter.

renao (Adjektiv): „es ist was los!", reges Treiben. Inbegriff der chinesischen Vorstellung von Kurzweil.

Renminbi: Währung der VR China.

Schamane: Zauberpriester, der in Trance Verbindung mit Geistern und Göttern aufnimmt.

Schattenboxen: langsame Körperübungen nach bestimmten Mustern, die Geist und Körper in Harmonie bringen sollen; heutzutage der Sport der alten Leute.

suanming: chinesische Wahrsagekunst.

Sun Yatsen (Sun Zhongshan) (1866-1925): Arzt und Visionär, dessen Schrift *Sanmin zhuyi* (Drei Grundlehren vom Volk) zum Manifest der Revolution in China wurde. Zettelte mehrere glücklose Aufstände an, hielt sich aber als das Kaiserhaus 1911 tatsächlich stürzte, in den USA auf. Dennoch kürte man ihn zum Präsidenten. Er trat die Macht wenig später an den General *Yuan Shikai* ab und gründete gleichzeitig die *Guomindang* mit dem Ziel, China eine mehr oder weniger demokratische Verfassung zu geben. Als er starb, war China vom Bürgerkrieg der Warlords zerrissen; seinem Schwager *Jiang Kaishek* blieb es vorbehalten, China zur Einigung und der Guomindang zur Alleinherrschaft zu verhelfen, die faktisch allerdings wenig mit Suns Idealen zu tun hatte. *Suns Witwe Song Qingling* wurde Zeit ihres Lebens von den Kommunisten hofiert, denn er war zum Symbol eines Neuen Chinas und zum Inbegriff politischer Integrität geworden.

taiji quan: s. Schattenboxen

taitai: Anrede für die verheiratete Frau in Südchina und Taiwan.

Tantrismus: tibetische, mystische Form des Buddhismus, die sich verschiedener Meditationshilfen wie Mandalas, wiederholtem Hersagen bestimmter Silben oder Weltformeln u.ä. bedient.

tianya: s. Entenstopfen

Trinkspiele: Beliebt ist das so genannte Fingerraten, bei dem zwei Mitspieler durch ausgestreckte oder geballte Hände jeweils die Zahlen null (vier Fäuste), fünf (drei Fäuste, eine ausgestreckte Hand), zehn (zwei Fäuste, zwei ausgestreckte Hände), fünfzehn und zwanzig zeigen. Einer der beiden muss während des blitzschnellen Handzeigens die richtige Zahl rufen. Der Verlierer muss trinken und verliert noch mehr Reaktionsschnelligkeit.

Viererbande: politische Gruppierung um *Maos* Frau *Jiang Qing*; *Wang Hongwen*, *Yao Wenyuan*, *Zhang Chunqiao* und *Jiang Qing* selbst gelten als Hauptakteure der Kulturrevolution.

Vierte-Mai-Bewegung: Protestbewegung gegen die Abtretung ehemals deutscher Gebiete in China an Japan im Jahre 1919. Weitete sich von einer Studentenaktion schnell zu einer nationalen Bewegung aus, die politisch zunächst jedoch keine Erfolge zeitigte.

waihuiquan: 1994 abgeschaffte Sonderwährung für Touristen in China.

Wirtschaftssonderzonen: 1979 errichtete Zonen, in denen schrittweise die Marktwirtschaft erprobt werden soll: Shenzhen, Zhuhai, Shantou und Xiamen. Der Erfolg der mittlerweile boomenden Gebiete führte zur Einführung eines etwas begrenzteren Wirtschaftssonderstatus in 14 Städten an Chinas Ostküste.

xiaojie: Fräulein. Auch schmeichelhafte Anrede für verheiratete Frauen.

yangguizi: abfällig für „Westler"; wörtl: Übersee-Teufel.

yin und **yang:** das weibliche und das männliche Prinzip, abgeleitet von dem Bild eines Berges, der eine Sonnen- (männlich=yang) und eine Schattenseite (weiblich=yin) hat. Yang ist die positive Kraft, das Helle, das Feuer, das Aufstrebende, das Trockene usw. Yin ist die negative Kraft, das Dunkle, das Wasser, das Abgründige, die Feuchtigkeit usw.

Zhou Enlai (1898-1976): der „Aristokrat" der kommunistischen Revolution. Einer von *Maos* ganz frühen Weggefährten und einer der wenigen, die eines natürlichen Todes starben. Er repräsentierte (als Ministerpräsident) Weltgewandtheit und Kultiviertheit der Partei. Zum Schluss beim Volk beliebter als *Mao Zedong* selbst, dessen zunehmend extremistische Politik er zu mäßigen versuchte.

Zhuangzi: daoistischer Philosoph, lebte vielleicht im 4. Jh. vor Chr.; das ihm zugeschriebene „*Wahre Buch vom Südlichen Blütenland*" setzt sich aus den verschiedensten Quellen zusammen, ist aber trotz seiner Uneinheitlichkeit ein amüsant zu lesendes Meisterwerk der Weltliteratur.

Mit Reise Know-How ans Ziel

Die Landkarten des **world mapping project** bieten gute Orientierung – weltweit.

- Moderne Kartengrafik mit Höhenlinien, Höhenangaben und farbigen Höhenschichten
- GPS-Tauglichkeit durch eingezeichnete Längen- und Breitengrade und ab Maßstab 1:300.000 zusätzlich durch UTM-Markierungen
- Einheitlich klassifiziertes Straßennetz mit Entfernungsangaben
- Wichtige Sehenswürdigkeiten, herausragende Orientierungspunkte und Badestrände werden durch einprägsame Symbole dargestellt
- Der ausführliche Ortsindex ermöglicht das schnelle Finden des Zieles
- Wasserabstoßende Imprägnierung
- Kein störender Pappumschlag, der den behindern würde, der die Karte unterwegs individuell falzen möchte oder sie einfach nur griffbereit in die Jackentasche stecken will

Derzeit rund 70 Titel lieferbar (siehe unter www.reise-know-how.de), z. B.:

Kreta	1:140.000
Cuba	1:850.000
Thailand	1:1,2 Mio

world mapping project
Reise Know-How Verlag, Bielefeld

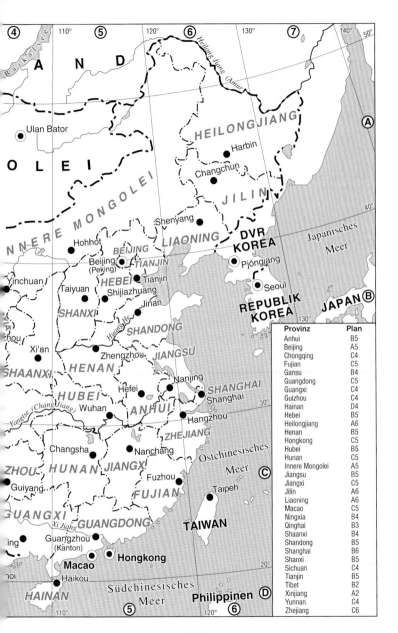

Über die Autorin

Hanne Chen, Jahrgang 1961, aus Duisburg begeisterte sich früh für die chinesische Kultur und begann sich mit fünfzehn selber chinesische Schriftzeichen beizubringen. Sie studierte Sinologie und Germanistik und verbrachte insgesamt viereinhalb Jahre in China und auf Taiwan, nach denen sie Assistentin am neu gegründeten Kieler Institut für Sinologie wurde. Wiederholte Reisen führten sie nach China, Hongkong, Singapur, Macao und nahezu jährlich nach Taiwan. Nach zwei Jahren in Silicon Valley, wo sich die zweitgrößte chinesische Gemeinde des Westens gebildet hat, lebt sie nun mit Mann und zwei Kindern in der Nähe von Cambridge in England als freie Autorin.

Veröffentlichungen (Auszug):
- Daoismus erleben, Reise Know-How Verlag, Bielefeld, 2001
- (Hrsg. und Mitautorin): KulturSchock: Mit anderen Augen sehen. Leben in fremden Kulturen, Reise Know-How Verlag, Bielefeld, 2002.
- Der Mondkönig, Jungbrunnen, Wien, 2004.
- Konfuzianismus erleben, Reise Know-How Verlag, Bielefeld, 2003